베이징 이야기

김진아 · 김윤진

한국외국어대학교 출판부

일러두기

1. 제2장 베이징 볼거리를 중심으로 우리에게 잘 알려진 지명뿐 아니라 인명은 독자의 이해를 돕기 위해 처음 언급되었을 경우 중국어 표기와 한자음을 본문에 병기하였으며, 그 다음부터는 중국어 표기를 원칙으로 하였다.

2. 일반적으로 중국인명의 표기는 신해혁명(1911)을 기준으로 이전의 사람은 한자음을 이후의 사람은 중국어 표기를 원칙으로 하는데, 이 책에서는 백화운동을 주창한 후스부터 중국어로 표기하였다. 예를 들면 이연영李蓮英처럼 환관이름에는 한자음 표기만을 사용했다.

3. 성이나 시, 현 등과 같은 행정구역은 중국어 표기와 한자음을 혼용하였다. 예를 들면 허베이성河北省, 베이징시北京市, 이현易縣 등이다. 또한 호수와 강 이름은 중국어 표기를 원칙으로 하였다. 예를 들어 시후西湖, 황허黃河 등이 그러하다.

4. 능 이름, 대전, 궁 이름은 한자음만을 사용하는 것을 원칙으로 하였다. 예를 들면 정릉定陵, 태화전太和殿, 곤녕궁坤寧宮 등이다.

저자서문

21세기는 문화의 세기다.

지구촌 시대 새로운 아이콘으로 떠오른 문화는 어느새 과거 예술 작품과 같은 고차원적인 인간 정신활동의 표현이라는 협의의 탈을 벗고 인간의 삶의 방식과 그 표현을 문화로 이해하는 시각이 두드려지고 있다. 따라서 문화는 명사형에서 동사형으로 역동적인 개념이 되었다. 이에 발맞추어 자본과 상품, 정보의 이동을 자유롭게 하는 전지구화의 물결은 국가와 민족의 경계를 넘는 문화 간의 접촉을 증가시켜 세계는 바야흐로 문화의 전지구화 시대를 맞고 있다. 우리가 향유하는 한국문화는 이제 우리만의 것이 아니듯이 우리의 이웃인 중국의 문화 역시 중국인들의 것만이 아니다. 전세계 다양한 지역문화는 문화간 접촉과 만남을 통해 서로의 문화를 받아들이고 이를 분석해 새로운 문화를 창출하고 있기 때문이다.

동북아시아에서 핵을 이루고 있는 한국과 중국의 외교, 문화적 관계의 기원을 따지자면 기원전으로 거슬러 올라가야만 할 것이다. 중국문화의 중심지였던 세계 4대 문명의 발상지 황허黃河에서 시작된 중국문화는 3천 년의 고도古都 베이징에서 그 화려한 꽃을 피웠고 우리와 일본까지 전해져 각각 혼과 정신, 형形과 색色으로 이를 계승하였다. 때문에 가끔은 중국에서 사라진 문화원형이 우리에게 고스란히 남아있는 경우나 그 정신과 혼을 계승발전 시켜 변형된 문화를 창출한 흔적을 종종 발견하고는 문화의 전파력과 위대성을 새삼 실감한다.

베이징은 시내 중심을 동서로 가로지르는 창안제長安街와 천안문과 천안문 광장을 중심으로 해서 주위를 에두르는 도로인 얼환二環, 싼환三環, 쓰환四環이 있으며 이를 따라 압축되고 농축된 유구한 중국 역사와 전통이 살아 숨을 쉬고 있다. 거대한 문화도시이자 세계적인 관광명소인 베이징은 이에 안주하지 않고 2008년 8월 8월 베이징 올림픽을 계기로 세계적인 문화도시로 비약적인 발전을 하기 위해 몸부림에 가까운 안간힘을 쓰고 있다. 어찌 보면 21세기 문화전쟁에 중국이 현명하게도 일찌감치 도전장에 내밀고 있다는 생각을 지울 수가 없다.

《베이징 이야기》는 특별히 지리적으로 가깝고도 무서운 이웃인 중국의 중국문화를 겁 없이 섭렵하고 소비하는 우리에게 있어 가장 중요한 것은 중국 문화에 녹아있는 역사와 전통을 이해하는 일이며, 이는 타문화를 제대로 읽어내는 타문화 바로읽기의 가장 기본이라는 인식에서 쓰여졌다. 아울러 타문화를 역사와 전통의 맥락에서 읽어내야 진정한 참맛을 느낄 수 있을뿐더러 타문화를 수용해 새로운 문화 창조나 문화 변동을 이룰 때 주도적인 역할을 할 수 있을 것이다.

실제 우리는 중국을 두루뭉술하게 알고 있으면서 다 알고 있는 양 착각에 빠져있기도 하고 무조건 중국민을 싸잡아서 비하하는 발언도 서슴지 않는다. 그러나 중국은 2002년 2020년까지 GDP를 2000년의 4배로 만들겠다며 21세기 '현대화건설 3단계 전략'이라는 옹골진 계획을 세우고 자신감을 내비치고 있으며 중국이 앞으로 부딪칠 여러 가지 문제에도 불구하고 세계경제학자들은 중국이 세계경제를 계속해서 이끌어가고 그 흐름을 좌우할 만한 힘을 가지고 있다는 장밋빛 전망을 내놓고 있다. 이뿐 아니다. 중국은 미래의 자원전쟁에 맞설 준비를 지금 착실히 진행하고 있으며 게다가 문화전쟁까지 염두에 두고 새로운 판을 짜고 있다고 해도 과언이 아니다. 때문에 적을 알아야 싸움에서 이길 수 있듯이 한류를 타고 문화전쟁의 기선을 잡은 우리가 이제 그 여세를 몰아가기 위해서는 타문화를 바로 읽어내는 초심으로 돌아가야 할 것이다.

《베이징 이야기》를 누구나가 쉽게 이해할 수 있도록 쉽고 평이하게 쓴 까닭은 누구라도 중국의 근 · 현대사에 대한 이해와 고찰을 쉽게 하기위함이며, 베이징이란 지역이 갖는 한계성에도 불구하고 지역을 베이징으로 국한시킨 까닭은 물론 전부는 아니지만 베이징 문화가 중국문화를 대변할 수 있는 대표성을 갖기 때문이다.

시나브로 다가오고 있는 치열한 문화전쟁에서 우리가 전세계 문화를 주도하는 그 날을 꿈꾸어본다.

| 차례 |

베이징 제1장 이야기

1) 베이징 올림픽

2) 베이징의 황사, 대기오염

3) 베이징 사람들

4) 베이징의 도로와 교통망

5) 베이징의 택시문화

6) 베이징의 한인촌 왕징望京

제1장 베이징 이야기

1992년 한국은 중국과의 수교를 맺은 후 지금까지 경제 무역을 중심으로 많은 분야에서 급진적인 교류가 이루어졌다. 중국은 우리와 지리적으로 가깝고, 눈부신 경제성장으로 세계적인 시장으로 주목 받고 있어 우리 기업과 기술 인력들이 대거 진출하였다.

지난 세기 근 50년 간 죽竹의 장막으로 가리워졌던 베이징은 1990년 제 11회 아시안 게임을 치르면서 중국의 수도라는 이점을 살려 세계 각국과 경제, 무역, 과학기술, 교육, 문화 등 여러 분야에서 소통을 시작한 이후 끊임없이 교류를 강화하고 있다. 베이징시는 현재 72개 국 124개 대도시와 우호적인 관계를 유지하며 시로 왕래하고 있고, 137개 나라의 대사관이 주재하고 있다. 2008년 제 29회 베

▲ **베이징올림픽 주경기장** : 2008년 8월 8일 개최되는 베이징올림픽 주경기장은 새둥지 모양을 하고 있어 니아오차오鳥巢라고 부른다.

이징 올림픽을 준비하고 있는 베이징은 국제적인 도시로 새로운 도약을 꿈꾸고 있다.

베이징은 또한 전국시대戰國時代 연燕나라 때부터 오늘에 이르기까지 중국의 수도로서 3천 년의 역사를 자랑하는 고도古都이다. 따라서 베이징은 현재와 과거가, 중국과 세계가 어우러진 문화공간으로서의 역할도 톡톡히 담아내고 있다. 그래서인지 요즘, 거리도 가깝고 문화적인 유산이 풍부한 베이징으로 여행하는 우리나라 관광객의 수가 급증하고 있다. 아울러 해외문화체험의 일환으로 중 · 고등학교에서 단체로 베이징을 여행하는 경우도 부쩍 늘었다.

어느 곳이든 여행을 하려면 사전 정보가 큰 도움이 되듯이, 베이징을 여행하는 사람들 혹은 여러 가지 이유로 베이징에 대해 알고 싶은 사람들을 위해 베이징을 간략하게 소개하고자 한다.

중국의 수도 베이징과 서울은 거리상 무척 가깝다. 인천공항에서 베이징수도국제공항北京首都機場까지는 비행기로 약 1시간 30분이 소요된다. 기원전 221년부터 기원후 937년 진시황이 중국을 통일하기까지 베이징은 중국의 수도로서 행정구역의 중심지였다. 938년 중국 북쪽에 위치한 요遼 나라가 당시에는 옌징(燕京, 연경)이라고 불렸던 베이징을 수도로 정한 후 금金, 원元, 명明, 청淸을 거치면서 오늘에 이르기까지 베이징은 수도로서 약 3000년의 역사를 지니고 있다. 이처럼 오랜 역사를 자랑하다 보니 자연히 역사나 문화적으로 또는 예술적으로 세계적인 가치를 지닌 명승고적지가 많이 분포되어 있다. 이토록 역사가 깊은 도시 베이징에서는 2008년 8월 아시아에서는 세 번째로 세계인의 축제인 제 29회 베이징 올림픽이 열린다.

1) 베이징 올림픽

중국은 이번 베이징 올림픽을 역사상 가장 성공적인 올림픽으로 기록될 수 있도록 많은 노력을 기울이고 있다. 중국은 그 동안 보여준 비약적인 경제성장과 대국의 이미지를 올림픽을 통해 전세계에 선전하고 싶은 바람을 언론을 통해 공개하고 있다. 선전효과가 좋다면 물론 세계적인 기업들의 투자유치와 경기 부양 등 경제적 부수입이 따라오는 것은 당연하다. 올림픽을 중국 경제를 한층 더 끌어 올리는 계기로 삼겠다는 중국인들의 야심 찬 계획은 올림픽 개막식 날짜에서 엿볼 수 있다.

얼링링바 넨 바 위에 바 하오 바 덴 바 펀 바 먀오!(2008년 8월 8일 8시 8분 8초)

중국인들이 가장 좋아하는 숫자는 '8'이다. 숫자 팔의 발음인 'ba(八)'와 '부자가 되다(發財)'라는 뜻의 'fa(發)'와 발음이 비슷하기 때문에 중국인들은 전화번호, 핸드폰 번호, 차량번호에 숫자 '8'을 선호할 뿐 아니라 심지어 이러한 번호는 더욱 비싼 가격에 팔리기도 한다. 중국의 베이징과 서울의 기후가 비슷한 것을 감안할 때 8월은 무더위가 한창이다. 1964년 제 18회 동경 올림픽과 1988년 제 24회 서울 올림픽의 개막식은 각각 10월과 9월에 열렸다. 요즘은 지구 온난화 문제로 같은 8월이라고 해도 예전의 8월과는 다르다. 더위가 한창인 그때를 올림픽 개막식으로 굳이 정한 것은 중국인들이 올림픽을 통해 경제적 비약을 꿈꾸는 열망이 얼마나 큰지를 가늠하도록 하는 대목이다. 중국은 어쩌면 우리가 누렸던 88 서울 올림픽 특수를 염두에 두고 있는지도 모를 일이다.

일본 통치 36년과 6·25 전쟁으로 폐허가 되었던 한국은 1960년대에는 세계 최빈국에 불과했으나 1981년 '바덴바덴의 기적'을 일으키며 당시 이미 선진 대열에 들어섰던 일본의 나고야를 물리치고 아시아에서 두 번째로 비서방 국가 올림픽 유치에 성공했다.

1988년 서울 올림픽을 통해 한국은 개발도상국에서 신흥 공업국으로 국가 경쟁력을 한 단계 업그레이드했다. 통계에 따르면, 1981년부터 1988년에 이르는 7년의 기간 동안 한국은 올림픽 개최 준비를 하면서 엄청난 경제적 이득을 챙겼다. 34만 명에 달하는 일자리를 창출했으며 1981년부터 1988까지 매년 12.4퍼센트에 달하는 경제 성장률을 기록했다. 뿐만 아니라 1985년부터 1990년에 이르는 기간 동안에는 1인당 GDP가 2300달러에서 6300달러로 증가하였다.

한국은 놀라운 속도로 경제가 성장하면서 아시아 네 마리 용에

▲ **칭짱青藏열차** : 칭짱열차 운행구간은 4064킬로미터이며, 베이징에서 티베트 라싸拉薩까지이다. 티베트를 가려면 여행 허가서가 있어야 한다. 신청 후 4-6일 후면 허가서를 받을 수 있다.

포함되는 등 세계 경제의 기적을 이루었다. 세계 경제 전문가들은 88 서울 올림픽을 통한 국민 경제의 전반적 성장과 경기 호황을 "올림픽 생산효과"라고 불렀다.

중국은 매우 특색 있고 수준 높은 올림픽을 치러냄으로써 제고된 중국의 이미지를 통해 더 많은 외국인 투자를 이끌어 내어 국내 소비를 진작시키고 보다 많은 일자리를 창출하려고 한다. 하지만 최근 발발한 티베트 유혈사태와 지진을 비롯한 잇단 자연재해에 대한 위기관리 능력과 해결은 성공적인 올림픽 개최에 하나의 커다란 변수가 될 수도 있다. 또 다른 문제는 베이징시의 대기오염 상태다. 미국은 이번 올림픽 기간 동안 베이징의 공기가 너무 좋지 않아 선수들의 건강을 고려하여 숙소를 한국으로 정한다고 발표하였고, 몇몇 국가들 또한 베이징시의 대기오염을 문제 삼고 있다.

이에 대해 베이징시는 코앞으로 다가온 올림픽 기간 동안 교통혼

잡을 막고 대기오염을 줄이기 위한 방안의 하나로 오는 7월 중순경 부터 차량 홀수짝수 운행제를 시행할 방침이다. 따라서 한 달 이상 차량 운행에 불편을 겪게 될 베이징 시민들을 위로하기 위해 베이징 시는 도로주행세 등 차량에 대한 세금감면 혜택을 검토하고 있다. 올림픽을 시작하기도 전에 중국 정부와 베이징시는 커다란 두 가지 숙제를 껴안고 고민하고 있다.

2) 베이징의 황사, 대기오염

베이징은 북위 39도, 동경 116도에 위치하고 있고, 베이징시는 해발고도가 43.71미터이다. 사계절이 분명하지만 봄과 가을이 여름과 겨울에 비해 상대적으로 짧다. 여름에는 매우 덥고, 겨울에는 춥고 건조하다. 연평균 기온이 섭씨 10도 내지 12도 가량 되며, 1월은 가장 추운 달로 평균기온이 영하 4도에서 영하 7도이다. 섭씨 영하 27.4도가 베이징의 최저기온으로 기록되어 있다.

▲ 중국은 전 국토면적의 18퍼센트인 25억 헥타르에 사막화가 진행 중이며, 사막화에 노출된 인구는 약 4억에 이르고 있다.

가장 더운 달은 7월로 평균기온이 섭씨 25도에서 26도 가량이며, 섭씨 42도까지 기온이 올라간 적도 있다. 베이징은 매년 봄이면 고비사막에서 불어오는 바람이 모래를 동반하여 황사를 일으킨다. 때문에 봄만 되면 황사로 베이징시 주민들은 몸실을 앓는다.

황사는 일종의 지구 온실효과, 엘리뇨 현상과 같은 자연재해로

산림의 감소, 자연환경의 파괴, 동물의 멸종, 이상기온 등과 밀접한 관계가 있다. 황사의 주된 요인은 인구팽창으로 자연을 과도하게 개발하여 대량의 삼림이 벌목되었기 때문이다. 황사는 강도 높은 바람을 동반하기 때문에 유풍지대에서 주로 발생하지만 그렇다고 모두 유풍지대에서만 발생하는 것이 아니라, 기후가 매우 건조하고 풀이나 수목이 적은 곳에서도 쉽게 발생한다. 중국의 서북부는 자연지형에 따라 원래부터 삼림 분포율이 매우 적은 곳이다. 빈곤한 서북 지역의 주민들은 건초와 벌목, 그리고 광산개발로 생계를 유지하여야 했기 때문에 벌목된 황량한 토지가 점차 바람에 휘말리면서 강력한 황사를 일으키게 되었다.

현재 중국 전 국토면적의 18퍼센트인 25억 헥타르에 달하는 면적이 이미 사막화가 진행되고 있으며, 사막화에 노출되어 있는 인구는 약 4억 명에 달한다. 사막화는 1950년대부터 시작하여 해마다 그 면적이 확대되고 있다. 지금은 사막화가 가속화되고 있어, 토양유실 면적이 55억 헥타르에 이르는데, 이는 국토면적의 38퍼센트에 이른다. 인구와 경제의 고속성장은 산림자원의 소비를 부추기는 악순환을 낳고 있다.

황사의 계절인 봄이 되면 아무리 창문을 꼭꼭 닫아도 어디서부터 그렇게 미세한 먼지가 들어오는지 여기 저기 온통 흙먼지가 집안 가득하다. 먼지 알러지가 있는 아이들은 감기에 걸린 듯, 자다가 한밤중에 숨 넘어가는 기침을 하기도 한다. 공기 청정기를 집안 구석 구석에 두고 가동시켜도 해마다 심해지는 황사를 막을 수 없다. 황사가 심한 날에 밖에 볼일이 있어 외출을 하고 돌아오면 입안에는 모래먼지가 씹히고, 머리 속도 온통 먼지로 뒤덮여 화가 날 정도로 짜증스럽다. 황사가 야밤을 틈타 기습해오면 자동차가 두꺼운 진흙 먼지

▲ 황사를 비롯한 대기오염이 심각한 베이징 시내 전경

를 뒤집어 쓰고 있는 꼴이 꼭 온 세상이 눈으로 뒤덮여 하얗듯이 온 세상이 온통 진흙으로 누렇게 뒤덮인 듯하다. 마치 진흙 나라에 온 것 같은 착각이 들 정도이다.

베이징시 겨울 하늘은 더더욱 걱정스럽다. 베이징의 겨울 하늘은 때론 먹구름이 잔뜩 낀 채, 태양을 볼 수 없는 날이 여러 날 지속되기도 한다. 심지어 50미터 앞도 보이지 않을 정도로 안개가 자욱한 경우도 많다. 이는 대기 오염 때문이다. 날로 늘어나는 인구, 그에 따라 가중되는 쓰레기, 불어나는 차량, 차량에서 뿜어내는 매연, 품질이 낮은 연료 소비로 겨울이면 베이징시 전체 공기가 메케한 것이 마치 어디서 연탄을 피워대고 있는 느낌이다. 겨울에 중국을 처음 여행하는 경우라면 아마도 며칠 동안의 여행이 썩 유쾌하지 않을 것이다.

이번 베이징 올림픽에 중국정부가 내건 슬로건이 환경 올림픽이다. 베이징시는 2008년 베이징 올림픽을 녹색 올림픽으로 가꾸겠다고 나섰다. 즉 올림픽을 치르되 환경보호에 앞장 서겠다는 움직임이다. 베이징의 대기오염에 대해 쏟아지는 각국의 따가운 눈총을 의식해서이기도 하겠지만 아마도 중국이 그 심각성을 절감하고 있기 때문일 것이다. 어쨌든 지금 베이징시는 역사상 가장 까다로운 환경보호 기준에 부합하는 올림픽을 꿈꾸며 그 기준에 상응하기 위해 안간힘을 쓰고 있다. 그 한 예로 올림픽공원에 있는 테니스 코트장, 사격장, 하키 경기장은 올림픽이 끝난 후 모두 녹지 공간으로 조성하기로 결정했다. 이로써 중국정부와 베이징시가 환경보호에 얼마나 많은 관심을 기울이고 앞장서고 있는 가를 대내외적으로 과시할 예정이다. 아름다운 베이징시를 가꾸려는 노력이 담긴 베이징시의 환경발전은 상하이의 경제 발전만큼이나 귀추가 주목된다.

3) 베이징 사람들

베이징은 중국의 수도이다. 보통 수도라면 그 나라를 대표하는 도시로서 비단 도시의 규모뿐 아니라 정치, 경제, 행정, 문화, 교육 등 모든 분야에서도 기타 도시보다 앞서 있기 마련이다. 중국 내 50개 도시 중 베이징시의 투자환경은 가장 으뜸이지만 종합적인 평가에서는 상하이上海에 뒤진다. 그러다 보니 베이징과 상하이는 자연스럽게 비교의 대상이 되고 있다.

상하이인들은 자신들이 상하이인이라는 자부심이 대단하다. 중국 국민들이 내는 세금 중 60퍼센트는 상하이인들이 내는 것이라 하여, 자신들이 중국 경제를 책임지고 있고, 대다수의 중국인들을 먹여 살리고 있다고 생각하기 때문이다. 중국의 개혁 개방 이후 경제개발지역으로 지정되어 눈부신 경제 성장을 이룩한 상하이는 많은 외국 자본과 기업들이 처음으로 진출하는 지역이 되었다. 상하이인들은 자신들이 예로부터 지금까지 선진 문물을 가장 빠르게 접할 수 있어서 가장 세련된 문화와 매너를 가지고 있다고 느낀다. 때문에 이들은 어디서나 자신이 상하이인이라고 들어내길 은근히 즐긴다. 베이징 사람들에 대한 상하이인들의 인식은 목이 뻣뻣하고, 관료의식에 가득차 있으며, 융통성이 없는 사람들이라고 생각하는 경향이 있다.

물론 상하이 사람들이 평가하는 베이징 사람들, 베이징 사람들이 바라보는 상하이 사람들에 대한 시각이 너무 터무니없지는 않다. 한 예로 상하이에서는 집을 단기간 렌트rent하려면, 고객이 원하는 조건에 공급자가 얼마든지 맞추어 주겠다는 태도여서 협상이 가능하다. 하지만 베이징에서는 1년 혹은 6개월 단위로 집을 렌트해 주기 때문에, 한 달 혹은 두 달만 렌트 하기란 쉬운 일이 아니다.

사소한 예지만 이를 통해 베이징 사람들이 융통성을 발휘해 주길 기대하기란 무척 어렵다는 사실을 실감할 수 있다. 반대로 베이징 사람들이 느끼는 상하이 사람들은 매우 약삭빠르고, 이재理財에 능하며, 조금도 손해보지 않으려고 잔 머리를 굴리는 사람들로 평가한다. 베이징 사람들은 대체적으로 상하이 사람들을 가리켜 매우 "계산적인計較" 사람들이라고 한다.

베이징 사람들과 상하이 사람들의 기질을 알기 위해서는, 양쪽 지역의 남성들을 비교해 보면 그 차이가 확연하다.

중국에서 만약 미혼 여성을 대상으로 어떤 지역의 남성을 남편감으로 선호하는지에 대한 질문을 던진다면 많은 여성들이 가장 선호하는 남성은 상하이 지역의 남성이라고 대답할 것이다. 상하이 지역 남성이 중국 여성들에게 인기가 있는 가장 큰 이유는 다른 지역의 남성들에 비해 경제적으로 능력이 있고, 무엇보다도 가사를 분담하며, 아내에게 친절하기 때문이다.

많은 중국인들이 상상하고 있는 상하이 남자는 세련된 안경을 쓰고, 앞치마를 두른 채, 아침이면 늦잠 자는 마누라에 대한 배려로 아침상 차려 아이들을 학교에 보내고, 저녁에는 저녁식탁을 위해 직장에서 돌아오는 길에 장에 들러 찬거리를 사다 밥을 짓고, 휴일이면 아이들과 마누라를 대동하고 처가를 방문하는 모습이다. 요즘 소문에 의하면 상하이 젊은 여성들 중 상당 수가 이미 밥지을 줄을 모른다고 한다.

과거 상하이 남성에 대한 평가와 기준은 엄격하였다. 신분은 당원이어야 하고, 튼튼한 직업과, 높은 봉급, 준수한 용모, 몸매는 운동선수와 같은 시쳇말로 몸짱, 얼짱이어야 했다. 게다가 요즘은 기존의 기준에 덧붙여 명문대 졸업장, 유창한 영어실력, 자신 명의로 된 방 3칸 정도의 집, 술과 담배는 입에 대지도 않는 매우 착실한 성품의 소유자가 상하이 남성의 기준이다. 이러한 기준은 약삭빠른 상하이 여자들이 만들어낸 기준이겠지만, 상하이 남성이 되려면 위와 같은 조건에 부합하여야 한다고 한다.

중국 남성들 사이에서는 이런 이야기가 유행이다.

"능력이 가장 출중한 남자는 집 밖에 집이 있고, 그 다음으로는 집 밖에 꽃을 두고 사는 남자이며, 그 다음은 퇴근 후 가라오케, 술집으로 향하는 남자이고, 퇴근 후 곧바로 집으로 향하는 남자는 가장 능력이 없는 남자라고 한다."

하지만 상하이 남자의 가치관은 이와는 정반대이다. 상하이 남자는 우선순위를 이렇게 정하고 있다. 첫 번째로 중요한 것은 가정이고, 두 번째는 일이고, 세 번째는 자기 자신이라고 생각한다. 상하이 남성들은 아무리 밖에서 큰 소리치는 사장님이라도 집에서는 고개 숙인 가장이다.

상하이 남자들은 그들이 말하는 '생활의 지혜' 속에서 그들의 기질을 드러낸다. 예를 들어, 회식 후 밥값을 계산하지 않으려고 요리조리 피하거나, 만두를 먹어도 개수를 세면서 셈을 해가면서 먹는다. 그리고 시장에 갈 때는 작은 저울을 꼭 들고 간다. 하지만 아이러니하게도 요즘 상하이 남자들이 가장 듣기 좋아하는 말은 "당신은 상하이 사람이지만 상하이 사람 같지가 않다."라는 말이다. 이 말은 곧, 쩨쩨하지 않고 대범하여, 사내 대장부와 같다는 뜻으로 상하이 남자들에게는 최대의 찬사이자 극찬의 소리이다. 중국의 유명한 여류 소설가인 장아이링張愛玲은 그녀의 소설 속에서 "사람 노릇 하기 어렵지만 여자 노릇 하기란 더 어렵다."라고 말했다. 하지만 상하이 남자들은 이 말 뒤에 "남자 노릇 하기란 더더욱 어렵다."라는 말을 덧붙여 표현한다. 이에 반해 같은 중국 남성이라도 문화적인 차이로 베이징 남성들은 상하이의 남자들과 판이하게 다르다.

베이징 남성들은 입는 것에 신경을 쓰지 않는다. 거리에서 옷을 잘 입은 남성들을 보면 타지에서 왔거나, 베이징 사람이라면 아마도 영화 배우일 가능성이 크다. 베이징 남성들은 잘생기지도 않았다. 하지만 베이징 남성들만이 가지고 있는 독특한 기질, 즉 베이징의 기질을 가지고 있다.

베이징의 남자들은 매너가 세련되지 못해 때론 여성들의 호감을 사지 못하지만, 남성다운 매력으로 여성들에게 어필한다. 상하이 남성들처럼 이리저리 계산된 애정보다는 감각적으로 본능이 이끄는 대로 "당신을 사랑한다."라는 고백을 할 수 있는 남성들이 바로 베이징 남성들이다. 생활비, 잡비 등 모든 제반 비용을 상하이 남자들처럼 아내와 양분하는 것이 아니라, 베이징 남성들은 결혼을 하게 되면 월급봉투째 마누라에게 맡기고, 모든 비용을 기꺼이 자신들이 책임진다. 베이징 남성들은 자신의 주머니 사정이 넉넉지 못해도 친구를 만나면, 특히 여자 친구를 만나면 뒷일 걱정 안하고, 기꺼이 여자 친구를 위해 쓴다. 베이징 남자들은 자신이 낙타처럼 많은 짐을 지고 있을 지라도, 여자가 나누어지려고 하면 "움직이지마, 당신은 여자야."라는 표현을 거침없이 하지만, 이런 모습들은 상하이 남성들에게서는 전혀 찾아 볼 수 없다. 상하이 남성들은 밥 한끼 같이 먹어도 더치페이를 원하고, 자신이 짐을 하나 지면 다른 하나는 여자도 충분히 질 수 있다고 생각하는 사람들이다.

베이징 남성들은 한 겨울, 텐안먼(天安門, 천안문)의 찬바람을 몽땅 맞으며 길을 걸어가면서도 여자친구가 춥지나 않을까, 감기에 걸리지나 않을까 전전긍긍하면서 자신의 추위는 아랑곳 하지 않고 기꺼이 외투를 벗어 감싸주는 용맹함도 있다. 상하이 남자들은 이재에 밝아 돈을 벌기 위해 밤낮으로 뛰지만 베이징 남자들은 이런 면에서는 상하이 남자들에 비해 뒤진다. 추운 겨울 따뜻한 이부자리 속에서 그 온기를 맘껏 즐기는 것이 베이징 남성들이기도 하다. 때문에 예술가와 문인들이 베이징에 많다. 이들은 아침 일찍부터 부지런을 떨어야 할 이유가 없다. 만약 졸지에 실업자가 되어 낮에 어울릴 사람이 필요하다면 베이징에 가서 친구를 부르면 그 친구가 하루 종일 혹은 심야까지 기꺼이 실업자의 술친구가 되어 줄 것이다. 베이징은 상하이에 비해 한 가지 속도가 빠른 것이 있다면 남녀 간의 애정 문제다. 상하이에 비해 결혼도 빠르고 이혼도 빠르다. 따라서 상하이 사람들은 서로 만나면 나누는 인사가 "밥 먹었니吃了吗?"이지만 베이징 사람들은 "헤어졌니分了吗?"라는 유머가 있다. 이처럼 베이징 남성들은 어찌 보면 한국의 남성들과 비슷한 기질을 가지고 있지 않나 하는 생각이 든다. 이는 남쪽과 북쪽의 지형적인, 지리적인 차이와 환경에서 오는 것이 더 크지 않을까라는 생각이다.

4) 베이징의 도로와 교통망

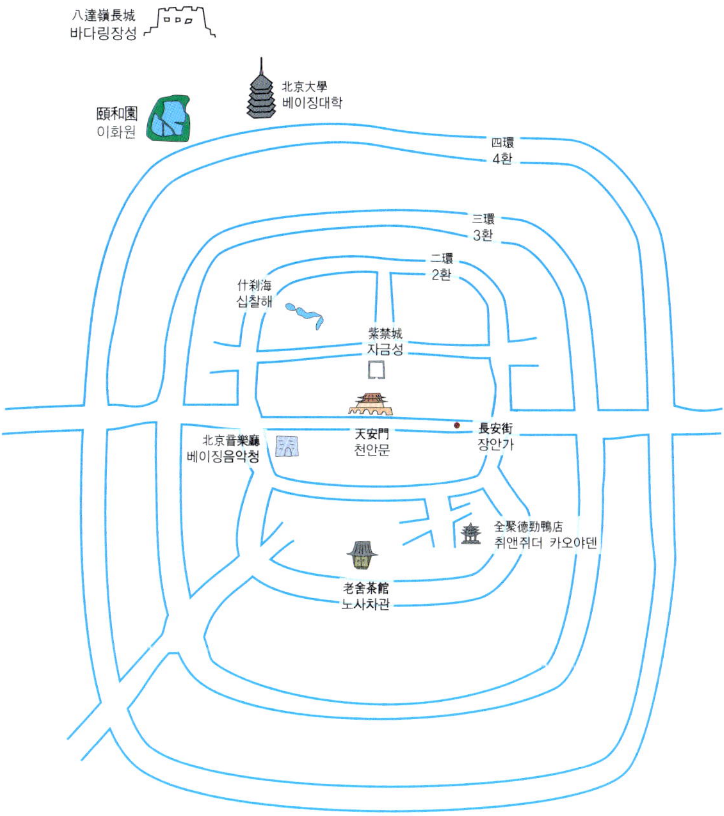

베이징은 북방 최대의 철도교통의 중심지이다. 징쥬(京九, 경구), 징광(京廣, 경광), 징후(京戶, 경호), 징허(京哈, 경합) 등은 중국 주요 철도 노선의 집결지이다. 베이징시 도로의 총 길이는 3800킬로미터이며 도로 면적은 4200만 제곱킬로미터이다. 베이징시 지하철은 두 개 노선이 운행되고 있었지만 올림픽 전후로 세 개의 노선이 추가로 완공되어 운행 중이다.

베이징에서 징진(京津, 경진)고속도로를 이용하여 한 시간 가량 가면 중국 최대의 콘테이너 집결지인 톈진(天津, 천진)항에 도착할 수 있으며, 시내 중심지에서 고속도로를 이용하면 베이징수도공항까지는 15분 정도, 만리장성까지는 40분 정도 소요된다.

베이징시는 톈안먼을 중심으로 나무의 나이테처럼 도로망이 형성되어 있다. 제일 안쪽으로 둘러져 있는 도로를 얼환(二環, 2환) 그 다음을 에두르는 도로를 싼환(三環, 3환), 그 다음을 도로를 쓰환(四環, 4환)이라고 부른다. 얼환, 싼환, 쓰환 가운데를 가로 지르는 도로를 창안졔(長安街, 장안가)라고 하며, 중국 최고의 중심지는 몽땅 창안졔에 자리잡고 있다고 해도 과언이 아니다. 톈안먼을 비롯하여 박물관, 자금성, 베이징의 바다, 백탑이 있는 베이하이(北海, 북해)공원, 쇼핑의 거리 다짜란(大柵欄, 대책란) 등은 모두 얼환 안에 있다. 쓰환 바깥쪽은 교외 지역으로 이허위앤(頤和園, 이화원), 베이징대학(北京大學, 북경대학), 칭화대학(淸華大學, 청화대학), 만리장성(萬里長城), 룽칭샤(龍慶峽, 용경협) 등 관광지가 있다.

베이징시에 위치한 베이징수도국제공항은 이미 98개 국제 항공노선을 개통하여 39개국 56개 도시로 취항하고 있으며 국내 항공노선은 757개에 달한다. 베이징시는 중국과 세계 각국의 우편 통신의 허브이기도 하다. 세계 각국과 우편을 교류하고 있으며, 세계 240여 개 지역과 국제직통전화가 가능하다. 전화 보급률도 급속도로 발전하여 현재 베이징시는 세계에서 나섯 번째로 전화번호 8자리 숫자 사용 국가가 되었다. 인터넷 보급률도 빨라 중국의 4대 인터넷

망 Chinanet, CSTnet, CERnet, ChinaGBW의 컨트롤 센터가 모두 베이징에 있으며 베이징시에서 인터넷을 사용하는 네티즌들의 숫자가 기하급수적으로 늘고 있다.

5) 베이징의 택시문화

▲ 노란색과 녹색이 어우러진 우리의 현대 엘란트라 택시가 베이징 시내를 활보하고 있다.

1994년 여름만해도 외국인들이 베이징시를 누비는 노선 버스를 이용하기가 불편했다. 버스 안에 넘쳐 나는 사람들로 서로 몸싸움을 해야 했으며, 버스 안에서 간혹 도난 사건이 발생하여 손님들 사이에 서로 맞짱을 뜨는 경우도 허다했다. 게다가 가다가 멈춘 버스는 중국인 특유의 느긋한 성격으로 볼 때 언제 다시 떠날 수 있을지 종잡을 수 없었다. 이러다 보니 자연스럽게 택시를 이용하게 되는 경우가 많았다. 다행히 택시요금이 저렴한 이유도 있고, 집에서 전화로 택시회사에 콜을 하면 택시가 집 앞에 10분 후면 대기한다는 편리함도 있기 때문이었다. 게다가 목적지만 제시하면 척척 알아서 실어다 주고, 합승은 불법이고, 내릴 때는 운전석 옆에 있는 요금기에서 영수증까지 꼬박꼬박 뽑아준다. 요즘 상하이 택시들은 한 술 더 떠서 현금 대신 손님 좌석에 부착되어 있는 카드 결재기에 카드를 갖다 대면 카드로도 요금을 계산할 수 있도록 되어있다. 게다가 무엇보다 큰 장점이라면 안전하다는 것이다. 다소 규모가 있는 택시회사에 소속되어 있는 택시는 회사 운행센터의 컨트롤을 받아 손님을 목적지까지 태워다 주기 때문이다. 그리고 영수증을 꼭 발급해 주기 때문에 혹시 놓고 내린 물건이 있으면 영수증을 이용하여 찾을 수도 있고, 운전기사가 불친절하면 바로 회사에 차량번호와 함께 불만을 제보할 수도 있다.

그런데 몇 해 전만 해도 상하이 택시를 타면 택시 안 공기는 담배에 찌든 데다가 때에 절어 새까만 시트는 반쯤 벗겨져 있고, 잘 씻지 않아 냄새가 풀풀 나는 운전수 등 가관이었다. 운수 사납게 이런 택시를 만나면 그날 기분은 최악이었다. 하지만 요즘 상하이는 국제도시로 탈바꿈하면서 경찰이 청결 단속을 쥐 잡듯이 하는 바람에 상하이의 택시들은 그야말로 묵은 때를 한 꺼풀 벗었다 해도 과언이 아니지만 베이징의 택시는 아직 요지경 속이다.

베이징의 택시는 여러 종류다. 기존의 택시는 빨간색이 많고, 차종에 따라 샤리夏利, 푸캉富康, 쌍타나桑塔娜 등으로 나누어진다. 샤리는 우리나라 티코 보다는 약간 크고, 프라이드보다는 좀 작은 차종으로 기본요금이 제일 싸지만, 내부 환경 또한 가장 열악하다. 쌍타나는 독일과 합작한 차로 볼품은 별로 없지만 차 밑이 높고 튼튼하며 크기가 다소 커서 기본 요금이 비싸더라도 멀리 가거나 안전을 생각하는 고객이라면 쌍타나를 선호한다.

요즘 베이징 거리를 다니면서 택시를 잡으려고 하면 어느새 기분이 좋아진다. 우리나라의 현대 엘란트라伊蘭特가 최고급 택시로 베이징시내를 활보하고 있기 때문이다. 노란색과 녹색이 어우러진 엘란트라는 택시 중에서 가장 깨끗하고 볼품도 있다. 택시를 잡으려는 고객들은 구형 택시가 코 앞에 서도 못 본 척 하고 엘란트라를 기다린다. 저만치 엘란트라 빈 택시가 보이면 부리나케 손을 흔들어 세우는 광경도 자주 볼 수 있다. 손님을 기다리는 빈 택시가 도열해 있으면 손님들은 엘란트라를 서로 타려고 하는 광경도 목격된다. 중국 정부는 오는 2008년 베이징 올림픽까지 베이징시의 모든 택시를 엘란트라로 바꿀 계획이다.

베이징은 요즘 택시 아닌 택시들도 많아졌다. 택시라는 표지가 없지만 많은 운전수들이 일정 장소, 특히 대학가나 대학 내 유학생들이 많이 사는 기숙사 근처에 차를 세워 놓고 호객행위를 한다. 이런 차들은 일반 택시들보다 차 내부가 깨끗하고 비교적 차종도 좋다. 처음엔 이들의 호객행위에 거부감이 들었다. 이런 차들도 택시와 똑같은 요금체계를 사용한다는 소문도 미심쩍었지만 안전 문제도 염려스러웠기 때문이다. 하지만 지금은 이런 걱정들이 다소 사라졌다. 물론 이런 차들이 100퍼센트 안전하다는 뜻은 아니다. 이런 택시 아닌 택시를 두고 중국에서는 헤이처黑車라고 한다. 헤이처는 정상적인 택시가 아니라는 뜻에서 붙여진 이름이다. 중국에 장기 체류를 해야 하기 때문에 외출할 때마다 택시를 불러야 하는 불편함이 있다면 믿을만하고 안전한 헤이처를 이용하는 것도 나쁘지 않다. 출퇴근은 물론 기사에게 몇 시에 어디에 있을 테니 픽업(pick up)하러 와라, 이 분은 내 손님이니 어디까지 모셔다오 등등 마치 자신의 승용차 기사에게 할 수 있는 주문을 할 수 있다.

헤이처는 편리함이 장점이나 이런 편리함 외에 감수해야 할 부분도 있다. 헤이처는 불법영업을 하다 보니 혹시 손님을 태우고 달리다 교통사고가 났을 경우에는 일단 보험처리가 어렵다. 때문에 손님 입장에서도 제대로 손해 배상을 청구하기가 어렵다.

이런 헤이처 기사들에게 지불하는 요금방식은 택시미터기 요금이 아닌 거의 구두상의 계약으로 이루어지는 경우가 많다. 어디에서 공항까지는 얼마, 하루 종일 사용할 경우에는 얼마, 거리 대 시간 대비 얼마 등 요금이 기사에 따라 천차만별이지만 한 가지 분명한 것은 정상적인 택시요금보다는 다소 비싸다는 점이다.

베이징이나 상하이 등 어디서든 택시 운전사들을 부르는 호칭이 있다. "스푸師傅"이다. 이는 "사부님"과 같은 의미이다. 사부는 무예나 학문에 조예가 깊은 사람을 부르는 호칭이지만 택시 기사들에게도 같은 호칭을 사용한다. 아마 이들은 많은 책을 읽지는 않았지만 만 권의 책을 읽은 학자처럼 수 만 킬로미터에 달하는 거리를 훤히 꿰뚫고 있어 거리 박사라는 뜻에서 자연스럽게 이들을 인정해주는 의미로 이런 호칭이 붙은 듯하다. 중국 택시 운전사들은 자기 손님에게는 인내심이 많다. 손님이 길을 잘 몰라, 이곳 저곳 헤매게 되더라도 손님에게 좀처럼 눈치를 주지 않는다. 목적지까지 가서 잠시 무엇을 가져 올 테니 기다려 달라면 인내심 있게 기다려 주는 경우도 많다. 뭔가를 물어보면 마치 방송국 아나운서처럼 자세히 설명해주기도 한다. 이렇게 자신의 손님에게는 친절한 중국 택시 운전사들이 거리를 질주할 때 보면 때로는 마치 LA의 고속도로에서 경찰차에 쫓기고 있는 차량을 타고 있는 느낌이 들기도 하고, 교묘하게 방향을 바꾸는 차 안에서 스릴을 맛보면서 불안감과 쾌감을 동시에 느끼기도 한다. 빨리 목적지를 향해가려는 마음과 갑작스레 많아진 차량들로 정체가 심해져 요즘 베이징의 도로는 접촉사고가 빈번하게 일어난다. 운전자들끼리의 인내심이나 양보심이 사라진 지 오래되었다.

6) 베이징의 한인촌 왕징望京

베이징의 한인촌이라 불리는 왕징에는 조선족이 가장 많다. 현재 상주하는 인구가 대략 11만 명이 약간 넘고 있지만, 2008 베이징 올림픽에 맞추어 신도시가 완공되고 나면 이곳 인구를 30만에서 35만으로 예상하고 있다. 중국정부가 구상하고 있는 왕징은 현대적인 도시, 녹지가 풍부한 자연의 도시, 그리고 인간과 과학이 함께 어우러진 도시, 디지털도시를 꿈꾸고 있다. 왕징은 베이징시의 한인촌이라고 해도 과언이 아니다. 중국에 진출한 한국인 중소기업, 상가, 한국과 관련된 상품 등이 집중되어 있는 곳이다. 왕징은 베이징수도국제공항과 멀지 않은 곳에 위치하고 있으며, 새로 개발된 신도시이기도 하다.

고층 아파트가 서있는 거리를 지나다 맥도널드와 같은 패스트푸드점에 들어가 요기를 하다 보면, 어느새 한국의 거리에 와있는 듯한 느낌이다. 여기저기에서 들려오는 한국어, 한국 가요, 한국 드라마, 그리고 한 집 건너 성업중인 한국 식당, 한국 사람 등 이곳은 한국이다. 게다가 한국에서처럼, 음식을 시키면 자장면, 김밥, 피자 등 모든 음식이 배달되기도 한다. 전에 국내 모 방송사에서 베이징의 한인촌, 왕징을 취재한 프로그램을 방영한 적이 있었다. 프로그램에서 왕징에 위치한 중국 기업 직원들이 한국사람처럼 점심 시간에는 한국식 자장면을 시켜 먹으면서 중국에는 없는 배달문화의 장점에 대해서 다음과 같이 입을 모았다.

"우선 시간을 절약할 수 있어서 좋고, 동료들과 함께 점심을 먹을 수 있어 보다 돈독한 교류를 할 수 있어 좋으며, 싸고 맛있는 음식을 즐길 수 있기 때문에 한국식당을 애용하고 있다."

중국 사회는 저신용低信賴性 사회의 특성을 가지고 있다. 때문에 직접 물건을 눈으로 확인하지 않고서는 구매의 의사결정하기를 꺼려한다. 혹 인터넷이나 홈쇼핑에서 물건을 구입하더라도 우리처럼 먼저 온라인 상으로 대금을 결재 한 후, 물건을 받을 수 있는 방식이 아니라, 먼저 물건을 받고 대금을 결재하는 방식, 즉 훠다오푸콴貨到付款 방식을 선호한다. 중국에서 배달 문화가 어려운 이유는 사회 전반에 이러한 불신이 저변에 깔려 있기 때문에 낯선 사람이 집에 오는 것을 꺼려한다. 이러한 특성은 중국인들의 근 · 현대사에서 그 원인을 찾아 볼 수 있다. 청나라 말부터 시작하여 1970년대 말까지 전쟁과 혁명으로 점철된 격동의 세월 속에 중국인들은 내동댕이쳐졌다. 제국주의에 굴복한 문호개방, 중일전쟁, 공산혁명, 국공내전, 문화대혁명 등 반세기 동안 격동의 세월을 거치면서 중국인들은 무수한 피를 흘렸고, 가슴 속에는 상처로 물들여져 있다. 중국의 유명한 영화감독 장이머우張藝謀의 작품 "인생活着"을 보면 주인공은 격동의 세월 속에서 거의 모든 것을 잃어 버린다. 그 거친 세월 속에서 살아남는 것이 인생의 목적이었다. 이러한 시련 속에서 중국인들은 뼛속 깊이 조심스러움을 새긴다. 따라서 중국인들과 친구가 되기 위해서는 그들에게 깊은 신뢰를 심어주는 것이 중요하다. 일단 신뢰를 얻으면 전폭적인 지지를 받을 수 있으며, 친구와의 신뢰를 지키기 위해 자신의 손해도 마다하지 않는 관계로 발전한다.

2004년 2월 27일 news.soho.com에서 중국정부는 앞으로 2008년까지 왕징에 도로 표지판을 중국어, 한국어, 영어 3개 국어로 표기할 것이라는 계획을 발표한 바가 있다. 지금도 왕징에서는 아파트 건설이 한창이다.

뿐만 아니다. 2008년 베이징 올림픽을 앞두고 베이징시 개발이 한창 진행 중이다.

방문할 때마다 새로워지는 베이징의 모습 속에서 앞으로 잠자는 용이 비상을 위해 꿈틀거리고 있는 중국의 모습을 감지한다.

베이징

제2장 볼거리

▲ **자금성** : 명,청대 500년을 통치한 24명의 황제들이 정사를 보았던 곳 1420년에 완공되었다. 14년의 건축기간 중 동원된 인부 수는 100만명에 달한다.

제2장 베이징 볼거리

3000년의 역사를 자랑하는 베이징은 한마디로 유서 깊은 유적지가 곳곳에 포진된 문화도시다. 유네스코 세계유산에 등재된 순위를 보면 이탈리아 41건, 스페인 40건에

이어 중국이 33건으로 세계유산 보유국 중 3위를 차지하고 있다. 베이징에는 자금성을 비롯하여, 만리장성, 이허위앤, 텐탄 등 중국이 보유하고 있는 세계유산 중 다섯 곳이 있다.

1) 자금성紫禁城

자금성은 중국 명, 청 시대 궁궐로 600년 동안 총 스물네 명의 황제가 거쳐간 최고권력의 중심지이자 중국문명의 살아있는 증거다.

중국은 예로부터 하늘에 있는 자미단紫微檀은 하느님이 거주하는 곳이라 믿었다. 중국의 황제는 하느님의 아들, 즉 천자天子라고 칭하기 때문에 황제의 궁을 자미궁紫微宮이라 불렀다. 천자가 사는 곳은 일반 백성이 들어갈 수 없는 금지된 구역으로 금지된 성이라는 뜻에서 금성禁城이라 하였기 때문에 임금이 거주하는 궁궐이 자금성이 되었다.

베이징의 자금성은 1406년 명나라 영락永樂황제 4년부터 시작해서 1420년 영락 18년에 완공되기까지 장장 14년 동안 총면적 72만 제곱킬로미터에 이르는 대공사였다. 뛰어난 아름다움을 자랑하는 정원과 9000개가 넘는 방에 가득한 백만 점 이상의 진귀한 보물을 소장하고 있는 자금성은 국내에서는 물론이고, 세계 각국의 유명한 궁전과 비교를 해볼 때 규모와 건축양식 면에서 매우 독특하다.

오랫동안 유럽의 정치와 문화의 중심지였던 파리의 루블궁전은 15세기에는 하나의 성城에 불과했으나 1541년 궁전으로 개조하였다. 루이 14세, 나폴레옹을 거치면서 루블궁전은 200년 동안 네 번을 수리, 보수했지만 면적은 자금성과 비교해 볼 때 자금성의 4분의 1 정도에 불과하다. 베르사유궁전 또한 자금성의 10분의 1 정도 크기이며, 유럽에서 면적이 가장 크다는 러시아의 크레믈린궁도 자금성과 비교해볼 때 그 크기가 자금성의 절반에도 미치지 못한다.

자금성, 최대의 예술 조각

▲ **한백옥석** : 한백옥석은 50킬로미터 떨어진 채석장에서 운반되어 온 것으로 돌 하나의 무게는 200톤 정도이다.

자금성 정문에 들어서면 황제만이 걸어 갈 수 있는 돌로 된 가운데 길이 한 눈에 들어오고 길 옆으로 널직한 뜰과 장엄하고 웅장한 궁전이 보인다. 겹겹이 서있는 궁전은 높다란 붉은 색 담으로 에둘러 있어 신비로움을 자아낸다.

자금성은 거대하고 단단한 돌 위에 세워진 석성石城이다. 정문에서 차례로 보이는 대전大殿의 3층 계단들은 모두 한백옥석漢白玉石을 쌓아 만들었다. 한백옥석의 돋보임은 제왕의 지존과 권력을 나타낸다. 자금성이 돌로 이루어진 까닭은 돌은 훌륭한 건축자재이기도 하지만 종묘사직을 지키는데 반석이 되고자 하는 의식이 봉건사회 제왕들의 생각에 담겨있었기 때문이다.

기록에 의하면 자금성을 만드는데 수만 개의 거대한 돌이 필요했다고 한다.

심덕부沈德符가 지은 〈만력야획편萬歷野獲編〉에는 명나라 때 자금성 건축 당시 돌 재료의 출처를 이야기한 대목이 있다. 그는 자금성에 있는 돌들은 베이징에서 몇 십 리 떨어져 있는 방산房山이란 교외 채석장에서 운반해 왔다고 기록하고 있다. 그 거대한 돌들을 캐고 운반하기 위해 얼마나 많은 병사들과 인부들이 동원되었겠는가? 돌을 캐는 것도 문제이지만 이 거대한 돌들을 운반하는 일도 만만치 않은 작업이었을 것이다. 지금처럼 포크레인을 비롯한 현대화된 장비도 없었으니, 오직 의지할 것이라고는 인간의 지혜와 체력뿐이었다. 이렇게 큰 돌을 흠집 없이 운반하기 위해서는 우선 도로부터 보수해야 했다.

명나라 때는 궁전건축에 필요한 돌을 운반하기 위해 황제는 지방관들에게 길을 반듯하게 낼 것을 명령하였고, 만약 옮기는 과정에서 발생하는 손실은 지방 관리들이 책임지고 배상할 것과, 운반하는 데에 있어 방해되는 건물이 있을 시는 모두 철거할 것을 명령하였다. 돌을 운반하기 위해 얼마나 많은 백성의 가옥이 철거되었을지 짐작하고도 남음이 있다. 뿐만 아니라 지방관에게 4킬로미터당 우물을 하나씩 파라고 명하였다. 이는 돌을 나르는 인부들이 목을 축이도록 하기 위해서였다. 또 겨울이 되면 우물에서 물을 퍼서 길에 뿌렸다. 그럼 길에 빙판이 만들어지고 이 빙판을 이용해서 돌을 운반했다.

자금성에서 그 크기가 가장 큰 돌은 보화전保和殿 뒤쪽 계단에 있는 조각돌이다. 이 돌은 길이가 16.57미터이고, 넓이가 3.07미터,

두께가 1.7미터이며, 무게는 약 200여 톤이나 되는, 궁중건축에 사용된 돌 중에서 가장 큰 돌이다.

보화전 계단에는 아홉 마리 용이 각기 다른 형태로 새겨져 있다. 생동감이 흐르고 자태 또한 자연스럽다. 아홉 마리 용 밑에 새겨진 그림은 종묘사직을 나타내고 있다. 이는 황제가 종묘사직을 모두 관장하고 있다는 표현이다. 그런데 이 아름다운 조각은 명대의 조각이 아니라 실은 청대의 조각이라고 할 수 있다. 1761년 청나라 건륭황제 26년에 건륭황제는 자신의 친어머니인 대비마마의 환갑잔치 때 보화전의 돌 조각을 밀고 다시 그 위에 새로 조각을 하라고 명하였다. 어명이 내려지자 먼저 가장 유능한 조각공을 선발한 다음 조각공들이 시안으로 제작한 여러 도안 중 황제의 심의를 거쳐 그 도안대로 다시 조각하였기 때문이다. 조각된 문형과 양쪽에 있는 돌 조각의 문형이 일치하지 않자, 양쪽에 있던 문형도 가운데 조각과 맞추어 새로 조각하도록 하였다. 따라서 지금 보화전 뒤쪽 돌 계단에 보이는 조각들은 명나라가 아닌 청나라 때 완성된 조각인 셈이다.

이 조각이 과연 자금성에서 가장 큰 돌조각인가 의심스럽다. 왜냐하면 태화전 3층 계단에도 같은 크기의 돌조각이 있기 때문이다. 하지만 태화전의 것은 돌조각 세 개를 연결하여 완성된 것이라는 기록이 사료에 남아 있다. 그리고 자세히 들여다보면 세 개의 돌 사이

▼ **태화전太和殿** : 동서길이 64미터, 남북길이 38미터, 높이 35.5미터, 총면적은 2,300평방미터이다. 최대의 목조건물로 1420년에 건립되었으나 여러 번 화재를 당했으며, 1695년 청나라 34년에 중건되었다.

에 틈이 나 있는 것도 육안으로 확인할 수 있다.

자금성의 설계를 보면 크게는 업무를 보는 조정과 황제의 침궁 두 부분으로 나뉜다. 조정은 자금성 정문에서 앞쪽으로 차례로 보이는 3개의 큰 대전大殿으로, 태화전太和殿, 중화전中和殿, 보화전保和殿을 말한다. 조정에 해당하는 3개의 대전을 외부 궁정인 외조外朝 혹은 전3궁으로 불렀으며 외조는 황제가 정무를 처리하는 기능 외에 황제의 등극, 생신 축하연, 혼례 등 중요한 행사를 치르는 곳이있다.

대전 뒤로 있는 건물은 황제의 침궁이다. 침궁인 후3궁은 중앙의 궁과 동, 서에 있는 궁으로 구분되며, 중앙에는 건청궁乾清宮, 교태전交泰殿, 그리고 곤녕궁坤寧宮이 있다. 동, 서로는 각각 궁이 3개씩 모두 6개의 궁이 있다. 청나라 옹정雍正황제 때부터는 정무를 후3궁으로 불리는 내부 궁정, 즉 내정內廷으로 옮겨 처리했는데, 그는 건청궁에서 주로 정사를 논의했다.

자금성은 음양오행에 바탕을 두고 세워졌다.

음양은 숫자로 표현되는데 홀수는 양에 해당되고, 짝수는 음에 해당된다. 따라서 전3궁은 홀수이고, 후3궁의 동, 서 양쪽에 있는 궁이 모두 6개이므로 짝수이다. 후3궁 중 가운데 있는 건청궁은 음중지양陰中之陽에 해당되므로 태화전太和殿과 같은 규모로 지었다. 건청궁은 침궁 중에서는 가장 으뜸이 되는 자리에 위치하고 있다.

전3궁의 보화전保和殿은 양중지음陽中之陰에 해당되므로 그 규모가 침궁인 태화전보다 훨씬 못하고, 곤녕궁은 음중지음陰中之陰으로 명대에는 황후의 침궁이었으며, 그 규모도 건청궁에 비해 작다. 곤녕궁은 음중지음이라 하여 청대에는 모든 제사와 귀신을 섬기는 장소로도 사용되었다. 건청궁과 곤녕궁 사이에 교태선을 둔 까닭은 긴곤乾坤의 교감을 위해서이며 건곤의 교감은 곧 천하태평을 의미하였다.

음양은 또한 색으로도 표현된다. 자금성의 황금색 기와와 붉은색의 높다란 궁전 벽, 그리고 이와 어우러진 백색의 돌계단 역시 중국 고대의 음양오행설(금金, 목木, 수水, 화火, 토土)과 관련이 있다.

황금색과 붉은색을 중심으로 이루어진 자금성의 황금색은 토양을 뜻한다. 토양은 모든 만물의 근본이고, 음양오행설에서도 황색은 대표적인 색으로 모든 것의 중심을 의미한다. 붉은색은 불을 뜻하며 불은 왕성한 기운과 번성을 의미한다. 황금색과 붉은색을 조화시킨 것은 임금의 존귀함과 광대함을 나타내며, 온 천하의 중심이라는 것을 표현하고자 하였다. 따라서 붉은색 벽과 황금색 기와는 왕궁의 상징이므로 아무나 사용할 수 없었다.

고대 봉건사회에서는 건축양식에서 색채도 엄격한 등급의 구분이 있었다. 노란색이 가장 높은 등급이며 이어서는 붉은색, 녹색, 청색, 남색, 흑색, 회색 순이었으며, 민간인들은 흑색, 회색, 그리고 백색만을 사용할 수 있었다. 이는 궁전의 화려함을 더욱 돋보이고자 함이었다.

구룡벽九龍壁과 구오지존

자금성에서 음양오행설의 극치를 보여주는 건축물이 있는데 바로 구룡벽과 구오지존이다. 대전인 태화전을 죽 따라가다 보면 녕수궁寧壽宮이 보이는데, 이곳은 청나라 건륭황제(1736년-1795년)가 제위에서 물러나 태상왕시절 머물던 곳이다. 천하를 호령했던 제왕들 중에 생전에 자신의 보좌를 양위한 황제는 손으로 꼽는데 건륭황제가 바로 이런 인물이다. 건륭황제가 나라를 다스렸던 60년 동안 나라는 태평성대를 구가하였으며 부국강병을 이루었다. 그는 여든다섯 살에 태자에게 보좌를 양위하고 태상왕으로 4년을 지낸 후 선종

▲ **구룡벽** : 자금성 내의 녕수궁 남단에 위치. 청나라 건륭황제 때 5년에 걸쳐 제작 완성. 9마리의 용의 자태가 새겨져 있고 용의 자태는 생동감이 넘쳐 살아 꿈틀대는 느낌을 준다.

하였다.

건륭황제가 기거하던 녕수궁 남단에는 아홉 마리 거대한 용이 새겨진 구룡벽이 있다. 구룡벽은 1771년 건륭황제 36년에 만들기 시작하여 1776년 건륭황제 41년까지 5년에 걸쳐 제작 완성되었다. 구룡벽의 높이는 3.5미터, 벽면의 넓이는 29.4미터, 세로는 2.6미터로 벽면에는 270개의 이산화규소와 기타 물질을 배합하여 만든 벽돌로 이루어져 있다. 벽면의 색채와 모양이 복잡하고, 입체적이라서 탁월한 장인의 솜씨가 아니고는 상상조차 할 수 없는 예술 작품이다. 벽면에 새겨진 하늘을 나는 아홉 마리 용의 자태는 생동감이 넘쳐 흘러 마치 용이 살아서 꿈틀대는 느낌이다.

용은 고대 중국의 신화에서 나오는 동물로, 예로부터 중국인들은 용과 밀접한 관계가 있다고 여겼다. 한漢나라 이후에는 용에 관한 전설이 많이 전해져 오는데 그 대표적인 예가 사마천의 《사기史記》에 나와있는 한 고조高祖 유방劉邦의 어머니가 꾼 태몽이다. 유방의 어머니가 어느 날 꿈 속에서 연못가에서 잠시 쉬고 있는데 하늘에 번개가 쳐서 깜짝 놀라 하늘을 쳐다보니 비상하는 용이 보였다. 유방의 어머니는 용꿈을 꾸고 난 후 유방을 잉태했다.

한나라 황제가 된 유방은 스스로를 용의 아들이라고 칭하였으며 점차 황제의 일상용품과 복식, 황제가 기거하는 건축물 도안으로 용을 넣는 경우가 빈번해졌다. 나중에는 용을 여의주와 연관시켜 용이 여의주를 물고 있는 그림, 혹은 여의주를 뱉어내는 장면을 설계하였는데 이는 여의주가 행복을 가져다 주는 상징물로 여겼기 때문이다.

명, 청 시대에 와서는 통치자들이 숫자 중에서 '9와 5'를 숭상하였다. 왜냐하면 '9'는 음양에서 양의 숫자로서는 가장 높은 숫자이므로 구룡벽에도 아홉 마리의 용을 조각한 것이다. 아홉 마리 용 중에서 한 가운데, 즉 지존에 위치한 용은 황룡으로 황색은 음양오행 중 토土를 상징하므로 가장 으뜸이 되는 색이다. 황룡 좌우로 각각 파란색, 흰색, 보라색 등의 용들이 입을 벌려 여의주를 찾는 모습을 하고 있다. 아홉 마리 용 중에서 가장 중심에 있는 황룡은 정면을 바라보고 있지만, 나머지 여덟 마리 용은 측면을 바라보고 있다. 여덟 마리 용도 각각 자세가 다르지만 변화 속에서도 통일감과 조화, 그리고 안정감을 추구하고 있다.

'5'라는 숫자는 양의 숫자 '1, 3, 5, 7, 9' 중에서도 가장 중앙에 있는 숫자이므로 '가장 으뜸이면서 가장 중심'이라는 뜻으로 황제의 지존과 존엄을 상징하였다.

자금성 내 녕수궁 앞에 있는 구룡벽은 중국에 현존하는 다른 두 곳의 구룡벽, 즉 청나라 건륭황제 때 제작된 베이하이北海공원 내의 구룡벽과 명나라 때 홍무년간에 제작된 산서대동山西大同의 구룡벽과 비교해보면 조각이 가장 정교하고 색상 또한 가장 화려하다.

녕수궁 서편, 양쪽으로 이어진 붉은색 높고 길다란 담은 영화 《마지막 황제》에서 주인공 푸이溥儀로 출연한 존 론이 자전거를 배우는 장면을 촬영한 곳으로도 유명하다.

녕수궁 서편을 지나 황제의 정원 격인 소주원림蘇州園林의 어화원御花園에 못 미쳐 서쪽으로 난 길을 죽 따라가면 황후와 후궁들이 거처했던 저수儲秀 · 장춘長春 · 영수永壽궁들이 보이고, 옹정황제 이후 청나라 황제들이 기거했던 양심전養心殿이 보인다. 양심전은 다시 서난각西暖閣과 동난각東暖閣으로 나뉘는데, 서난각은 황제가 상소문 등 각종 문서와 서류를 처리하면서 대신들과 정사를 논하던 곳이고, 동난각은 서태후가 수렴청정한 곳이었다. 청나라 말, 선통宣統황제가 퇴위退位조서에 사인하였던 사건도 이곳 양심전에서 이루어졌나.

청말 영국, 미국, 일본을 비롯한 8개국 연합국이 베이징을 침입했을 당시 미국인 장교가 국제회의 참석차 베이징에 왔다가 자금성 서태후의 거처를 방문한 뒤 느낀 감회를 얼마 전 〈삼련생활주간三聯生活周刊〉이라는 잡지가 〈고궁백년대수故宮百年大修〉 특집기사에서 아래와 같이 소개했다.

"서태후(西太后, 시타이허우) 거처의 아름다움이란 말로 표현할 길이 없다. 벽에는 500년 전 중국의 유명한 화가가 그린 걸작이 걸려 있었다. 중국풍의 장식장과 진열대에는 강희, 건륭황제 때 만들어진 세간의 이목을 사로잡는 아름다운 도자기들, 황제와 황후를 위해 특별 제작된 진귀한 보물들이 놓여 있었다. 화려하게 실크로 수놓은 발, 정교하게 한 뜸 한 뜸 짜인 화려한 벽걸이형 양탄자들은 실로 그 화려함과 우아함 그리고 존귀함을 뿜어내고 있었다."

이렇듯 휘황찬란한 역사의 순간들이 이제는 모두 시간의 역사 속에 파묻혀 버렸다. 지금 과거 황홀했던 역사의 현장들을 둘러보는 사람들의 눈 앞에 펼쳐지는 바닥과 창틀에 뿌옇게 쌓인 먼지 그리고 때묻은 노란 색 쿠션들 속에서 어찌 그 당시의 영화를 상상해 낼 수 있으랴!

자금성의 다이애나비 진비珍妃

살아서 온갖 영화를 누렸던 서태후가 이를 지키기 위해 저지른 악행을 대변해주는 산 증거가 있는데 이름하여 진비정珍妃井이다.

녕수궁 화원 동쪽에 이화헌頤和軒이 있고, 이화헌 북쪽에 우물 하나가 있는데 이곳이 바로 진비의 우물이다. 1900년 서양 열강들로 구성된 8개국 연합군이 베이징으로 입성하는 8월 15일 새벽, 서태후는 내시 최옥귀崔玉貴에게 눈의 가시였던 진비를 자신에게 대들었다는 이유를 들어 우물에 빠뜨리라고 명했다. 당시 우물에 빠져 비명횡사한 진비의 나이는 불과 스물다섯이었다. 진비를 죽인 서태후는 광서光緖황제와 함께 난을 피해 시안(西安, 서안)으로 도망하였다. 1902년 진비는 서태후에 의해 진귀비로 봉해졌는데 여기에는 그만한 이유가 있었다.

서태후와 그녀를 모시고 있던 내시 이연영李蓮英은 당시 악명이 높았다. 1900년 연합군에 쫓겨 300개 마차에 짐을 싣고 시안으로 부랴부랴 도망했던 서태후는 돌아올 때는 마차 3000대를 끌고 돌아왔으며 이연영의 짐마차만해도 300대가 넘었다. 가는 곳마다 쉬는 곳마다, 이들은 그곳 지방관인 지사知事에게 뇌물을 요구했다.

임동현臨潼縣에 도착한 서태후 일행은 그곳 지사인 하초경夏楚卿에게 당시 거액이었던 은 1200냥을 내놓으라고 으름장을 놓았다. 하초경은 임동현이 너무 가난하여 그만한 돈을 마련할 수 없다고 아뢰자 이연영은 임동현에서 태후를 대접하기 위해 준비한 점심을 군인들을 풀어 가로챘다. 점심 때가 되어 음식이 나오지 않자, 내시 이연영은 하초경 지사의 대접이 소홀하니 곤장을 치는 게 마땅하다고 아뢰었으나 뜻밖에 서태후가 너그럽게도 용서하는 게 아닌가! 약이 오른 이연영은 저녁 식사에 서태후가 먹는 음식에 몰래 소금을 듬뿍 치게 하였다. 음식이 너무 소태같자 이에 노발대발한 서태후는 하초경을 참수하라는 명을 내렸다. 하초경 지사를 참수 한 그날 밤 진비가 머리를 풀어 헤치고 서태후의 꿈에 나타나서는 서태후와 이연영의 손에 억울하게 죽은 사람이 모두 3926명이나 되며, 지옥에 두 사람을 위해 펄펄 끓는 기름 가마가 준비되어 있다고 전했다. 꿈에서 깬 서태후는 당장 진비를 기리기 위해 '진귀비 신위'라는 위패를 만들어 모셨지만 위패를 모신 그날 밤 진비가 다시 꿈속에 나타났나. 진비는 서태후에게 서태후는 진비의 위패를 모실 자격조차 없으며 옥황상제께 서태후를 18층 감옥에 처넣어달라고 부탁하였노라고 했다. 소스라치게 놀라 잠을 깬 서태후가 이연영에게 "자네와 나는 진비의 위패 앞에서 무릎 꿇고 절을 올리면서 용서를 빌어야 한다."고 운을 뗀 후 악몽의 전말을 전했다.

1902년 1월 광서황제와 함께 다시 자금성으로 돌아온 서태후는 진비를 빠뜨린 우물을 보면서 당시 악몽의 생생한 장면을 떠올렸다. 서태후는 앞으로 더 이상 악몽에 시달리고 싶지 않은 까닭도 있었지만, 역사책에 자신의 잔악한 행위가 기록되는 것을 피하기 위해 진비를 진귀비로 봉하도록 하고 황후를 비롯한 모든 비빈들과 궁녀들을 앞세워 함께 우물에 절하였다. 그리고 우물에 빠진 진비의 시신을 끌어 올려 안장하였으며 진비를 죽인 최옥귀를 불러 궁을 나가라고 명하였다.

1911년 10월 16일 황실에서는 진귀비의 장례식을 장중하게 거행했으며 진비의 시신을 광서황제의 영전 앞인 지금의 허베이성河北省 이현易縣에 묻었다. 진비의 무덤을 청서릉淸西陵이라 한다.

정대광명正大光明 현판 뒤에 새겨진 비밀

자금성의 숨겨진 온갖 비화 중에서 황위계승을 둘러싼 비화가 가장 으뜸일 것이다. 황위계승을 둘러싸고 싸고 명, 청대의 수백 년 역사 속에 수많은 역사적 비극이 발생했다.

명나라 가정嘉靖황제는 궁녀들을 지나치게 능욕한 탓에, 양금영楊金英이라는 궁녀는 다른 궁녀와 짜고 잠들어 있는 가정황제를 교살했다. 명나라 태창泰昌황제(1582-1620년)는 여색을 너무 탐하자, 쇠약해진 몸을 보신코자 약을 먹었는데 음모로 인해 약을 잘못 먹어 죽음에 이르게 되었다. 그가 죽은 후 보좌를 둘러싸고 조정 내에 한 차례의 권력 투쟁이 벌어졌다. 이름하여 "홍환안紅丸案"이라 한다.

명나라 광종光宗이 죽은 후, 그의 아들 주유교(朱由校 1605-1628년)가 보좌를 계승하였다. 만력万歷황제의 비인 정귀비鄭貴妃와 태창황제의 비였던 이선시李選侍가 어린 주유교 황제를 등에 업고 황후

▼ **정대광명현판** : 자금성 건청궁 내부에 '정대광명'이라는 금으로 도금된 글씨가 쓰여져 있다. 이는 청나라 개국 황제인 순치황제의 친필이다. 이 현판 뒤에는 차기 황제의 명단이 숨겨져 있었다.

책봉을 받고자 건청궁에서 이주하기를 거부하자 또 한 차례 권력투쟁이 벌어졌다. 역사에는 이를 "이궁안移宮案"이라고 기록했다.

청대에 들어와서 강희황제가 건청궁에 정대광명이라는 현판을 걸고부터 수십 년에 걸친 치열한 왕위 쟁탈전이 벌어졌다. 이러한 왕위쟁탈전은 어찌 보면 이 현판과 밀접한 관련이 있다.

건청궁은 황제의 침궁이지만 황제가 정무를 처리하는 장소이기도 했다. 명나라 14명의 황제와 청나라 순치順治황제와 강희康熙황제가 이곳에서 정사를 처리하였다. 건청궁의 시설과 장식은 청조의 전성시대를 반영하고 있다. 건청궁 중앙에는 황제가 앉는 금으로 된 보좌가 있고 그 보좌 뒤에는 금으로 칠을 한 다섯 짝 병풍 그리고 병풍 위 중앙에는 "정대광명"이라는 커다란 금으로 도금된 글씨가 쓰여있다. 이 글씨체는 청나라 개국 황제인 순치황제의 친필이다. 정대광명이란 백성을 다스리는 나라의 지도자인 황제의 업적이 광명정대하여 길이 빛나기를 바란다는 의미이지만 이 정대광명 네 글자가 새겨진 현판 뒤에는 기름과 물처럼 전혀 융화될 수 없는 왕가의 모순과 갈등, 왕후비빈의 폐위와 태자들의 정권다툼, 궁궐 안의 정변 등 온갖 음모가 가려져 있다.

봉건사회에서 왕위 교체는 정국의 안정과 긴밀한 관계가 있을 뿐아니라 국가 대사였다. 중국 역사상 왕권을 물려 받을 수 있는 사람은 황제의 적통에서 난 적자였다. 그러나 만주족이 세운 청나라는 한족의 왕권 교체와는 달리 황제의 아들 중 왕권을 이을 역량 있는 사람을 선택하였다. 따라서 왕권을 둘러싼 음모가 수없이 펼쳐지자 강희황제 때에 와서는 한족의 정권교체 방식을 따르려고 노력하였다. 그러나 그는 생전에 그 뜻을 이루지 못했다. 강희황제는 모두 30여 명의 아들을 두었는데, 일찍 요절한 아들을 빼면 약 20여 명이 있었다. 이들 모두가 왕위를 둘러싼 경쟁자였다.

강희황제는 4남인 윤진(胤禛-후에 옹정황제가 됨)이 매우 총명하고 능력이 있다고 믿었다. 1722년, 강희황제 61년 봄에 황제는 4남 윤진을 위앤밍위앤으로 불러 저녁을 같이했다. 강희황제는 저녁식사에 윤진을 따라온 그의 12살 배기 아들인 홍력(弘歷-후에 건륭황제가 됨)의 총명함에 반해 궁중에서 키울 것을 명하였다. 강희황제는 홍력을 친히 가르쳤으며 연회를 베풀 때나 정사를 볼 때도 홍력을 항상 곁에 두었다. 이는 홍력의 아버지인 윤진을 후계자로 지목하고 있다는 암시이기도 하였다. 강희황제가 죽은 후 유서에 따라 4남인 윤진이 황제로 등극하여 연호를 옹정雍正이라고 하였다.

강희황제가 죽은 후에도 왕위를 둘러싼 형제들 간의 투쟁과 의혹은 끊이지 않고 여러 소문이 퍼지기 시작하였다. 그 중 하나는 옹정황제가 황제의 유서를 고쳤다는 것이었다. 평소 강희황제가 가장 사랑하였던 왕자가 14남 윤제胤禵여서 유서에 14남으로 표기하여 비밀리에 정대광명 현판 뒤에 숨겨 놓았지만, 강희황제의 신병이 위급한 틈을 타서 옹정황제는 그 유서의 14남을 4남으로 고쳤다는 것이다. 또 한 가지 덧붙여진 소문은 옹정황제가 현판 뒤에 있는 강희황제의 유서를 고친 뒤 강희 황제에게 인삼탕 한 그릇을 올려, 인삼탕을 마신 강희황제가 붕어했다는 소문도 나돌았다. 이에 대해 옹정은 여러 차례 자신의 결백을 주장하였으나, 지금까지도 그 사건은 풀리지 않는 수수께끼로 남아있다. 역사학자들도 증거확보를 위해 노력해보았으나, 학자들의 주장도 일치를 보지 못하고 있다.

옹정황제는 이렇듯 왕권을 둘러싼 의혹이 끊이지 않자, 강희황제가 이루려고 했던 왕권 후계자 지정 작업에 대한 묘안을 생각해냈다. 그는 모든 대신들을 불러 다음과 같은 안을 냈다. 왕이 살아 생전에 후계자를 비밀리에 결정한 후 공개하지 않고 유서를 2부 작성해서, 하나는 정대광명라는 현판 뒤에 숨겨 놓고, 하나는 왕이 소지하고 있다가, 왕이 죽은 후 현판 뒤의 있는 유서와 왕이 소지한 유서를 동시에 펼쳐보고 이에 따라 왕위 계승자를 정하는 방식이었다. 모두 이 방식에 지지를 보냈다. 그러나 옹정황제부터 시작된 새로운 방식은 단지 4대에 걸쳐 사용되었을 뿐 지속되지 못했다.

옹정황제는 건륭황제를, 건륭황제는 가경嘉慶황제를, 가경황제는 함풍咸豊황제를 옹립하였다. 함풍은 생전에 아들이 하나 밖에 없었기 때문에 선택할 필요가 없었고, 영불 연합군이 베이징으로 쳐들어오자 피신하여 그곳에서 임종을 맞았다. 따라서 임종 전 하나밖에 없는 아들을 황제로 책봉한다고 유서를 남겼고, 건청궁에 있는 정대광명 현판에는 남기지 못하였다. 그의 아들인 동치同治황제는 생전에 자식이 없었기 때문에 현판 뒤에 유서를 남기지 못했다. 그가 죽은 후 그의 어머니인 서태후가 자신의 여동생의 아들을 황제로 옹립하였고, 그가 광서光緖황제였다. 광서황제도 황제로 책봉할 아들이 없었다. 그가 죽자 서태후는 또 다시 세 살밖에 되지 않은 푸이를 황제로 지목했다. 그가 바로 중국의 마지막 황제였다. 그 후 쑨원孫文이 이끄는 신해혁명辛亥革命에 의해 청 왕조가 끝나고 강희가 채택했던 방식의 왕위계승제도도 역사 속으로 사라지게 되었다.

자금성의 보물들

과거를 또렷하게 목도한 자금성은 중국 최대의 국립 박물관이라 할 수 있다. 자금성은 9천 개가 넘는 방마다 가득한 가구와 보물, 예술품이 가득하다. 그래서 자금성의 또 다른 이름이 고궁박물관이다.

1900년 서양 8개국 연합군이 베이징에 침입했을 때 독일과 프랑스로부터 값진 유물들이 훼손되고 약탈당한 경험이 있는 중국 정부는, 1931년 9 · 18사변 후 일본군이 중국 동북의 각 성省을 점령한 후 베이징성 쪽으로 남하하고 있을 때 박물관에 소장되어 있는 문화재를 지키기 위해 이를 옮기기로 결정했다. 당시 박물관에 소장되어 있는 문화재는 1933년 2월 7일부터 시작하여 5월 23일까지 모두 5차례에 걸쳐 이관 작업을 마치기로 하였다. 우선 문화재를 상하이로 옮긴 다음, 1936년 난징南京 문화재 보관 창고가 다 지어지면 난징으로 다시 옮겨 난징에 고궁 박물관 난징 분관을 설립하여 1937년 1월 1일 개관하기로 결정하였다. 그런데 문화재를 난징으로 옮긴지 반 년도 안돼 7 · 7사변이 발생하였다. 7 · 7사변은 일명 노구교盧溝橋[1]사변이라고도 한다. 일본은 1931년 9 · 18사변을 통해 중국의 동북지역을 점령한 다음, 중국을 통째로 삼키기 위해 계속해서 병사를 파병하였다. 1936년 7월 7일 일본군은 군사훈련을 하던 일본군 하나가 실종되었다는 이유로 지금의 노구교진盧溝橋鎭(진은 읍邑에 해당된다)을 수색하겠다고 하자, 이곳에 주둔하고 있는 중국군들은 허무맹랑한 주장이라며 수색을 거절하였다. 그러자 일본군이 먼저 중국군을 향해 공격을 퍼붓기 시작하였고, 이는 항일전쟁 발발의 시초가 되었다.

따라서 문화재를 난징에서 다시 옮기지 않을 수 없는 상황이 되었다. 이제는 서쪽방향으로 문화재를 옮기기로 결정하였다. 1937년

---

1 루거우챠오(盧溝橋, 노구교) : 베이징 서남 쪽으로 15km 떨어진 융딩허(永定河, 용정하) 위에 세운 다리. 다리 길이는 212.2m, 양 끝의 진입교를 합하면 226.5m. 폭은 7.5m. 다리가 완성된 것은 금나라 때인 1192년이며, 청나라 강희황제 재임 기간에 홍수로 파괴 되었다가 그 후 여러 차례 보수되어 오늘에 이른다. 마르코 폴로가 《동방견문록》에서 '세계에서 가장 아름다운 다리' 라고 극찬한 이후 일명 '마르코 폴루교' 라고도 한다. 베이징에서 제일 오래된 돌다리로, 다리 위에 485마리의 사자가 조각되어 있다.
1937년 7월 7일 이 다리에서 야간 군사훈련을 하던 일본군과 다리 동쪽에 주둔하던 중국군의 총격전이 벌어지면서 중일전쟁이 시작되었다. 1981년 다리 옆에, '노구교사료진열관' 을 개관했다.

▲ **대만고궁박물관** : 세계4대 박물관 중 하나로 세계에서 가장 크다. 5000년 역사가 기록된 유물들이 진열되어 있고, 건물 외관은 중국의 자금성을 본 떠 만들었다. 소장된 60만 점의 보물들은 중국대륙으로부터 가져왔다.

8월 14일부터 서쪽의 창사長沙, 구이양貴陽, 안순화옌동安順華岩洞으로 옮겨진 문화재는 거기서 6년을 기다렸다. 1944년 12월부터 서쪽으로 옮겼던 문화재를 다시 동쪽으로 옮기기 시작하여 중국공산당이 8년에 걸친 일본군과의 혈전에서 승리하고 중화인민공화국을 세운 후, 1946년에서야 비로소 문화재를 난징으로 다시 옮겨올 수 있었다. 난징에서 다시 베이징의 자금성으로 문화재를 옮기려 할 즈음, 장제스蔣介石가 이끄는 국민당과 마오쩌둥이 이끄는 공산당 사이에 내전이 발생하였다. 이에 장제스 정부는 진귀한 문화재 약 60만 점을 2972개 컨테이너 박스에 실어 대만으로 운반하였다. 이는 1933년 2월, 난징으로 처음 옮기려는 베이징에 있던 문화재 수의 약 6분의 1에 해당된다. 대만으로 운반된 문화재는 주로 동기銅器, 자기, 옥기, 칠기, 법랑, 조각, 문구, 도서, 문헌 및 기타 공예품들이다. 대만의 고궁박물관은 중국 본토에서 가져온 문화재를 바탕으로 세워진 박물관이다. 따라서 많은 고서와 그림이 서로 쪼개져있는 상태이다. 예를 들면 명나라 때의 〈강산와유도江山臥遊圖〉도 베이징에 몇 점, 대만 고궁박물관에 몇 점이 있고, 원나라 때의 〈부춘산거도富春山居圖〉도 앞부분은 대만에, 뒷부분은 현재 중국 저장성浙江省 박물관에 소장되어 있다.

1988년 대만에서 유학할 당시 타이베이시臺北市 스린士林지역에 위치한 고궁박물관을 구경한 적이 있다. 고궁박물관 외관은 전통적인 궁전의 건축 양식을 갖추고 있었고, 박물관 내부에는 한눈에 보아도 감탄사가 절로 나올 만큼 멋진 문화재로 가득했다. 옥으로 조각한 배추가 실물과 너무 똑같아서 보고 또 보고 했던 기억이 생생하다. 박물관에 진열된 문화재는 3개월마다 한 번씩 교체되는데 전시되는 보물을 모두 보려면 60년이 걸린다고 한다. 박물관에 전시되어 있는 보물은 일부이고, 박물관에 전시되지 않는 문화재는 고궁박물관 뒤로 보이는 산 속의 동굴모양을 한 창고 안에 소장해놓고 있다고 한다. 대만으로 이송된 문화재가 본토 고궁박물관에 있던 역사적 유물의 6분의 1이라면 도대체 얼마나 많은 유물이 있다는 말인가? 모두의 상상에 맡길 수밖에 없을 것 같다.

자국의 역사적 유적과 그 증거물을 보존하기 위해서 박물관은 꼭 필요한 곳이다. 21세기 바야흐로 문화전쟁이 시작되고 있는 요즘은 자국의 역사와 문화를 보존하여 자국민에게는 민족의 자긍심을 심어주고 외국인에게는 자국 문화의 우수성을 널리 알리는 박물관과 문화재의 역할이 더욱 강조되고 있다.

베이징에 현존하는 박물관은 이미 백 곳을 넘어서고 있지만, 처음 베이징에 가면 박물관이 어디 있을까 하고 의문이 생길 것이다. 베이징의 박물관을 이해하기 위해서는 베이징의 박물관을 먼저 분류해볼 필요가 있다.

첫째는 역사적 인물을 기리는 박물관이 있다. 예를 들면 마오쩌둥을 기리는 마오쩌둥기념관인 〈마오주석기념당毛主席紀念堂〉, 근·현대 문학계몽운동가인 루쉰을 기리는 루쉰기념관인 〈루쉰박물관魯迅博物館〉, 11번의 혁명을 주도하고 11번째 혁명인 신해혁명辛亥革命을 성공하여 왕정정치를 마감하고 중화민국을 건립한 쑨중산孫中山 선생의 처를 기리는 기념관인 〈쑹칭링고거宋慶齡故居〉 등이 대표적인 인물 박물관이다.

둘째는 전문성을 띠고 있는 박물관이 있다. 예를 들면 〈중국미술박물관〉, 〈중국체육박물관〉을 비롯하여 군사, 지질, 우주, 농업, 민족문화, 천문, 과학기술, 자연, 예술, 조각, 고대건축, 만리장성, 공예미술, 우표, 인쇄, 고대화폐 등과 같이 어느 한 분야에 대해 집중적으로 유물을 보관하고 전시해놓은 박물관이 있다.

셋째는 왕릉, 사찰, 왕궁과 관련 있는 박물관이다. 예를 들면 〈명明 13릉陵 박물관博物館〉, 〈옹화궁雍和宮〉, 베이징원인北京猿人들의 유적지인 〈주구점유적박물관周口店遺跡博物館〉, 시각을 북과 종으로 알리는 베이징의 종각인 〈중구러우鐘鼓樓〉, 사찰인 법해사法海寺, 대각사大覺寺, 왕가王家에 해당되는 〈궁왕푸화원恭王府花園〉 등으로 전통문화의 숨결이 넘치는 곳이다.

마지막으로 분류되는 박물관은 역사적 사건을 내용으로 한 박물관이다. 예를 들어 중국인들이 일본인에게 항거하여 치른 〈중국인민항일전쟁기념관〉, 일본군과 노구교에서 접전을 벌인 유명한 사건을 기리는 〈노구교사료진열관盧溝橋史料陳列館〉, 〈베이징장신점이칠기념관北京長辛店二七紀念館〉 등이 있다. 이 부류에 속하는 박물관은 침통하고 격분할 만한 역사적 사건을 보존한 박물관들이다.

신중국 건국 후 2개에 불과했던 베이징시 박물관은 2000년 들어 박물관 건설붐이 일면서 그 수가 140여 개로 늘고 세분화된 주제로 다양해지고 있을 뿐 아니라 민간자본이 투입되어 박물관 민영화가 촉진되고 있다. 2007년에 문을 연 장라오張老 민속박물관이나 베이징 편액扁額 박물관 등은 모두 민영박물관이며, 중국영화 100주년을 기념하여 설립되어 2007년 10월 정식으로 문을 연 중국 영화박물관도 기업체에서 건설한 민영박물관이다. 아울러 베이징 동쪽 외곽에 있는 화가 거주촌인 차오양구朝陽區 798예술원 내 일부 부서와 예술가들도 개인이나 기업 차원에서 박물관 건설을 준비 중이며, 중의학의 대표 브랜드인 동인당同仁堂이나 베이징 오리구이 전문점인 취앤취더全聚德, 중국 차茶 전문점인 장이위안張一元 등의 전통기업들도 각각 테마 박물관을 건설할 예정이다. 민영박물관 외에 최근 몇 년 동안 출현한 개인 박물관도 눈에 띈다.

예를 들면 마모두馬未都의 고가구 박물관과 천리화陳麗華 여사의 자단紫檀박물관 등이 모두 여기에 속한다. 자단박물관은 중국에서 규모가 가장 큰 중국의 고가구를 진열해 놓은 박물관으로 천리화 여사가 수 십 년 동안 소장해온 명, 청대 가구들이 전시되어 있다. 전통가구 재료, 자금성 등 중국의 유명한 건물들을 조각해 놓은 조각품들과 불교문화의 예술품들이 전시되어 있다.

이러한 개인 박물관들은 비록 규모는 작지만 더 전문화되어 있으며 이곳에서는 소장품들을 진열하고 매매하는 방식을 취하기 때문에 다분히 영리 목적도 있다. 앞으로 민영박물관이나 개인 박물관은 더욱 늘어날 추세이다.

▲ **천안문광장** : 길이 880미터, 폭은 500미터로 베이징의 심장부에 세워진 세계에서 가장 큰 광장이다.

2) 천안문天安門광장

1949년 10월 1일, 오후 3시, 30만 인파가 천안문 광장에 모여 22미터 높이의 국기 게양대에 오성홍기五星紅旗를 게양하고 중국 공산당 개국식開國式을 성대하게 치렀다.

중국공산당 고위 간부였던 펑전彭眞은 "중국은 세계에서 인구가 가장 많은 나라이므로 가장 큰 광장을 가질 필요가 있다. 다른 나라가 이처럼 큰 광장이 없다고 해서 우리도 가질 수 없다고 생각하지 말자. 항상 남의 뒤를 따르기보다는 우리의 실제 상황에 맞는 생각을 해야 한다."라고 천안문 광장의 필요성을 역설했다.

곧 공산당정권 수립 10주년을 맞이하여 펑전은 사회주의의 위대한 성과를 대내외에 표방하고, 국민들에게 혁명정신을 고취하기 위해 세계 최대 규모의 웅장하고 기백이 넘치는 1백만 명 가량을 수용할 수 있는 천안문 광장과 1만 명 가량을 수용할 수 있는 회의장을 갖춘 인민대회당 등 10대 건축공정을 친히 진두 지휘하였다. 그는 "천안문광장 건설은 중국의 유구한 역사와 중국의 광활하고 풍요로운 대지 그리고 수많은 인민들이 이 땅에서 이러한 것들을 누리고 있다는 점을 반영하여야 한다."고 했다. 그는 광장설계를 논하면서 "노면은 탱크가 지나갈 수 있을 정도로 견고하여야 한다."고 말했다.

펑전의 이런 생각이 훗날 탱크가 이곳 천안문 광장을 휘저으며 민주화를 위해 외치는 무고한 대학생들의 생명을 짓밟을 줄이야 누가 알았겠는가?

1989년 6월에 일어난 천안문 사태를 우리 모두는 아직 기억하고 있을 것이다. 중국심장부의 권력 투쟁으로 인해 얼마나 많은 지식인들의 목숨이 천안문 광장의 탱크 바퀴 아래 처참하게 무너져 내렸던가? 역사의 비극이자 중국현대사의 오점이 아닐 수 없다.

천안문 광장의 길이는 880미터, 폭은 500미터다. 천안문광장 바닥은 특수처리 된 화강암으로 만들어졌으며 아침, 저녁으로 장엄한 국기 게양식과 하강식이 이루어진다. 천안문광장 서쪽에는 인민대회당人民大會堂이 있고 인민대회당은 중화인민공화국 전국 인민대표들이 모여 회의를 하는 곳이다. 약 10개월에 걸쳐 지어진 인민대회당은 중앙로비, 1만 명을 수용할 수 있는 대회의장과 7000제곱킬로미터의 대연회장, 그리고 상무위원들의 사무실 및 각 자치구 이름으로 된 홀로 구성되어 있다. 총 면적은 172만 2000제곱킬로미터이다. 정문의 25개 기둥은 매우 장엄하고 엄숙한 분위기를 자아내고 있다.

펑전은 "자본주의 사회의 건물은 모두 사람이나 물건을 숭배하는 차원에서 건축되었지만 우린 인민을 위한, 인민에게 봉사하는 차원의 건축 양식을 택해야 한다."고 주장하였다. 따라서 천안문 광장과 함께 건설되었던 10대 건축물에는 모두 사회주의와 민족정신의 얼을 새기기 위해 심혈을 기울였다. 때문에 당시 평전의 의도대로 지어진 인민대회당은 고궁의 견고함에 결코 뒤지지 않는다. 천안문 광장의 인민대회당과 혁명박물관, 역사박물관 등의 건축 양식을 보면 천안문과는 사뭇 다른 양식을 취하고 있지만 조화와 통일을 이루고 있다. 천안문을 둘러싼 박물관을 비롯한 여러 건축물은 사회주의 제도의 우월성을 표현하기 위해서였다.

천안문광장이 베이징의 심장부에 세워진 세계에서 가장 큰 광장이라면, 천안문은 광장 북쪽에 위치한 명나라와 청나라 시대 황성의 정문이었다. 원래는 천안문을 승천문承天門이라고 불렀으나 청나라 순치順治황제 15년에 "모든 운은 하늘로부터 오는 것으로 하늘의 뜻을 받든다(奉天承運, 受命于天)"라는 의미로 천안문天安門이라고 고쳐 부르기 시작했다. 천안문의 높이는 33.7미터이다.

천안문 광장과 천안문은 평상시 개방되어 있기 때문에 참관이 가능하다.

역사박물관

천안문 동쪽에는 역사박물관이 있다. 그런데 역사박물관이라는 명칭에 걸맞게 찬란한 중국의 5000년 역사를 길이 빛낸 유물들을 볼 것이라고 기대를 했다면 실망과 당혹감을 감추지 못할 것이다. 전시된 유물은 중국 고대 청동기로 만들어진 유물과 청대 이후의 것이 대부분이다. 역사박물관은 중국 고대와 근대 문물만을 소장하는 박물관이다. 그 이유는 앞서 말했듯이 서양 8개국 연합군이 베이징을 침입했을 때 독일과 프랑스에게 유물을 약탈당한 경험이 있는 중국정부가 중국 박물관에 소장되어 있는 유물을 지키기 위해 여러 차례에 걸쳐 유물을 옮기는 과정에서 분산되었기 때문이다. 유물 중 일부는 장제스 대만 초대 총통에 의해 대만의 고궁박물관에, 일부는 난징 고궁 박물관에 소장되어 있다.

중국 역사박물관 옆에는 중국 혁명박물관이 있다. 이곳은 주로 아편 전쟁 이후 중국 근 · 현대사에 대한 이해를 돕는 박물관이다. 개방 시간은 오전 8시 30분에서 오후 4시 30분으로 되어 있다.

인민영웅기념탑人民英雄記念碑과 마오쩌둥기념관毛主席記念堂

천안문 남쪽에는 인민영웅기념탑과 마오쩌둥기념관이 있다. 인민영웅기념탑은 413개의 화강암으로 구성되어 있고 기념탑을 받치고 있는 기석은 1만 7000개의 화강암과 한백옥석으로 되어있다. 한백옥석 위에는 8개의 부조가 새겨져 있는데, 이는 5.4운동, 난창南昌봉기, 항일유격전쟁, 진텐金田봉기, 우창武昌봉기 등의 중대한 역사적 사건들을 새겨 놓았다. 이 탑은 중국 국민들이 혁명의 선열들에 대한 경외와 추억을 기념하기 위해 세웠다.

마오쩌둥기념관은 1976년 11월에 시작하여 1977년 5월에 완공되었다. 면적이 2만 제곱킬로미터이며, 북쪽에 있는 홀Hall, 즉 베이팅北廳은 기념행사를 거행하는 곳이며 현재 이 홀에는 수정관에 안치된 마오쩌둥의 사체가 보관되어 있다. 그밖의 마오쩌둥과 같이 혁명에 참가하고 중국공산당 창당에 업적을 이룩한 저우언라이周恩來, 류사오치劉少奇, 저우더朱德 등을 기리는 업적기념관이 있다. 만약 수정관에 보관되어 있는 마오쩌둥의 사체를 보려면 개방시간을 잘 알고 가는 것이 좋다. 화요일과 목요일은 하루 종일 개관을 하며, 수, 금, 토, 일요일은 오전에만 개방한다.

천안문광장은 요즘 2008년 베이징 올림픽을 위해 새 단장을 하느라 무척 바쁘다. 최근 2008년 베이징 올림픽 개막 시간을 계수하는 시계를 설치하고 이에 따른 성대한 의식을 거행하였다. 베이징 천안문광장에 시계가 걸리자 이어서 베이징의 주요지역, 예를 들면 비행장, 이화원, 만리장성, 왕푸징 등에 특색 있는 2008년 베이징 올림픽을 고대하는 시계를 각각 설치하였다. 2008년 6월 8일 오전에 올림픽성화가 베이징에 도착하면 그날 밤에는 이곳 천안문 광장에서 경축행사가 펼쳐지고 이어서 베이징 올림픽이 열리는 동안 이곳에서는 각종 문화행사와 더불어 경축 행사가 열릴 것이다. 베이징 올림픽을 비롯해 국가적으로 치뤄지는 대행사 때마다 민족의 광장인 천안문 광장에서는 그 기능을 유감없이 발휘할 것이다.

3) 베이징의 심장 '창안제(長安街, 장안가)'

베이징에서 가장 유명한 거리를 꼽는다면 당연 창안제다. 창안제는 베이징 시내를 횡으로 관통하고 있는, 예로부터 정치, 경제, 문화의 중심지이자 중국에서 가장 유서 깊은 거리이다. 중국인들은 이 거리를 베이징의 심장이라고 부른다. 창안제는 정치, 경제, 문화 등 중국의 대표적인 기구들이 모두 한자리에 모여있으며, 유구한 역사와 문화를 갖춘 대도시의 풍모를 지니고 있다.

창안제는 1267년 원나라 세조世祖가 남하하여 지금의 베이징에 수도를 정하고 도시를 새로 건설하면서부터 발전하기 시작했다. 1419년 명나라 성조成祖가 베이징성을 확장할 당시 창안제는 황궁 앞 광장의 두 날개 역할을 하여 동쪽에 하나, 서쪽에 하나씩 성문을 세워 동, 서로 구분하였다. 따라서 지금의 창안제는 천안문 광장을 중심으로 동쪽으로는 젠궈먼建國門, 서쪽으로는 푸싱먼復興門까지로 전체 길이 47킬로미터, 너비 80미터에서 100미터로 700여 년의 역사를 자랑하고 있다.

창안제에는 베이징시의 동과 서를 이어주는 거리로 중국의 상징인 천안문과 천안문 광장이 있고, 인민대회당, 중국 정치인들의 주거지인 중난하이中南海와 기타 중앙정부기구가 있다. 뿐만 아니라, 중국국가박물관, 고궁박물관, 우리나라 예술의 전당과 세종문화회관 격인 중국대극원中國大劇院과 국가음악청國家音樂廳이 있고, 중국군사박물관中國軍事博物館도 있다. 이밖에 베이징의 금융가와 왕푸징거리, 중국 중앙은행인 런민人民은행, 그리고 우리의 여의도처럼 상업지역인 둥단東單, 시단西單 등이 모두 이 창안제에 있다. 우리나라 서울역에 해당되는 베이징역北京火車站도 이 거리에 위치하고 있다.

따라서 주요 건물의 집결지인 베이징도로 1번지 창안제는 교통관제도 매우 심한 편이다. 화물차는 아예 이곳 도로로 다닐 수 없으며 교통체증이 일어나지 않도록 통제하고 있다. 아울러 창안제 양쪽 100미터 범위 안에서는 상업용 광고판도 허락하지 않고 있다.

창안제의 핵심이라면 서쪽 싼환三環의 공주분公主墳 고가高架에서부터 동쪽 싼환 국제 무역센터의 고가까지로 전체 14킬로미터 정도의 길이다. 여기에는 정치, 행정, 문화, 상업, 금융, 정보통신 등의 본부가 밀집해 있으며 베이징성 50년의 건축사에서 가장 정교한 건축작품이 집중되어 있다. 따라서 이 거리는 베이징의 현주소를 실감할 수 있는 곳이자 야경이 아름다운 곳이다.

4) 베이징의 바다 '스차하이(什刹海, 십찰해)'

베이징은 요, 금, 원, 명, 청 다섯 왕조의 수도였다. 다섯 왕조 중 명나라를 제외한 나머지는 한족漢族이 아닌 이민족이 세운 나라로 북방 유목 민족들의 호방하고 과장된 성격은 베이징 지역을 명명하는 데에도 그대로 반영되었다. 예를 들면 베이징에 있는 작은 호수를 "바다"라고 불렀는데 이는 중국의 어느 지역에서도 볼 수 없는 현상이다. 항저우杭州의 시후西湖는 베이징에서 바다라고 칭하는 호수보다도 실제 그 크기가 몇 십 배 넓기도 할 뿐 아니라 바다처럼 저쪽 끝이 보이지 않지만 바다라 하지 않고 호수라 부른다.

어쨌든 베이징 자금성 양쪽으로 바다가 각각 3개씩 총 6개가 있다. 바다는 안팎으로 구분을 하는데 안으로 있는 바다를 가리켜 난하이南海, 중하이中海, 베이하이北海라 하고, 바깥쪽으로 있는 바다를 첸하이前海, 허우하이後海, 시하이西海라 한다. 그리고 바깥쪽에 위치한 첸하이前海, 허우하이後海를 가리켜 스차하이라고도 하는데 스차하이 즉 십찰해什刹海라고 부르는 이유는 이곳을 둘러싸고 10개의 사탑이 있기 때문이다.

스차하이는 원元나라 때 남북 대운하의 부두였기 때문에 당시 이곳 호수의 넓이는 지금보다 훨씬 넓었다. 아울러 스차하이는 남북으로 왕래하는 양식을 실은 선박과 상선의 집결지였으므로 베이징의 항구라는 의미로 "베이징구하이강京古海港"이라고도 불렀다. 당시에는 호수를 둘러싸고 술과 차를 마실 수 있는 주점과 차점이 성행하였을 뿐 아니라 쌀, 비단 등 생필품을 파는 장이 열렸다. 뿐만 아니라 가축과 사람을 사고파는 가축시장과 노예시장도 이곳에 있었다.

명나라와 청나라 때 와서는 이곳에 왕과 귀족들의 저택과 별장이 생겨났다. 공친왕恭親王, 순친왕醇親王을 비롯하여 왕의 사가私家들이 이곳에 모두 위치하고 있어 왕가의 위엄이 넘치는 곳이기도 했다. 또한 이곳은 역사적으로 유명한 명인들의 활동 무대이자 명인들이 기거하는 곳이기도 했다. 우리가 잘 알고 있는 근대 백화운동白話運動[2]을 주장하였던 후스胡適 선생을 비롯하여 마지막 황제 푸이의 영어교사 등 수 많은 귀족과 문인들이 이곳에서 기거했다. 연꽃을 감상하며 시를 읊고 다도茶道를 즐기는 사회 명사들의 기호에 부응하여 이곳에 찻집, 레스토랑 등이 생기기 시작하였다.

지금은 첸하이 입구 쪽에 특히 레스토랑이 많다. 중국 각 지역 특유의 맛을 자랑하는 레스토랑들이라서 개인의 취향이나 입맛에 맞출 수 있고 음식도 맛있는 편이지만 값이 비싸고 현대식 건물과 상업화된 분위기 탓에 중국의 옛 귀족이나 문인들이 즐겼던 느낌이 퇴색되었다.

스차하이는 1992년 베이징시 시정부에서 역사문화 관광지로 지정했으나 1998년까지는 개발이 전무했다. 그러나 2000년 중국국회에서 통과된 25개 역사문화 보호지역의 하나로 포함된 후부터 눈부시게 발전을 거듭하고 있다.

예로부터 사람들이 스차하이를 찾는 까닭은 세 가지 이유 때문이었다. 첫째는 말굽형의 자그마한 돌다리 인딩챠오(銀錠橋, 은정교)에서 서산을 바라볼 수 있다는 것이고, 둘째는 아름다운 연꽃을 감상할 수 있다는 것 그리고 마지막 세 번째는 맛이 일품인 숯불구이를

---

2 백화운동: 중국은 20세기 초까지만 해도 일반 사람들이 사용하는 구어와 글(한문)이 일치하지 않았다. 마치 우리나라 조선시대 세종대왕이 한글을 창제하기 전과 비슷한 상황이었다. 후스 선생이 주창한 백화운동은 고문古文을 인용하지 말고, 백화언문白話諺文 사용을 적극 장려하였으며, 소수 귀족의 분식된 모호한 문학을 추방하고, 명백하고 단순한 인민의 문학을 창조, 신선하고 진실한 리얼리즘 문학을 창조하자고 하였다. 이 운동을 계기로 백화문이 전국에 파급되면서 1920년 봄 초등학교 교과서를 고전 문체에서 백화문으로 바꾸라는 지시를 내렸고, 중 · 고등학교의 교과서에도 백화문이 적용되면서 공식적인 중국 국문으로 인정받게 됐다.

즐길 수 있다는 것이다.

인딩챠오(銀錠橋, 은정교)

스차하이의 모양은 팔자형의 표주박과 같이 생겼으며 첸하이와 허우하이 사이에는 말발굽 모양의 돌다리가 있다. 이 다리를 인딩챠오라고 하는데 그 이유는 은화처럼 은색이자 말발굽과 모양이 같기 때문이다. 인딩챠오는 길이가 12미터, 넓이가 7미터, 높이가 8미터이다. 규모로 보면 인딩챠오는 작은 편에 속하지만 명나라 때 건설되어 지금까지 약 500년의 장구한 역사를 갖고 있다. 아울러 베이징성 그 어느 곳에서도 서산을 바라볼 수 없지만 인딩챠오에서만은 유일하게 서산을 볼 수 있다. 청나라 건륭황제는 인딩챠오 위에서 서산을 바라보면서 이렇게 시를 읊조렸다.

"멀리서 바라보는 서산, 특히 비 온 뒤 맑게 개인 여름날 바라보는 서산은 울울창창한 나무의 푸르름이 더욱 짙게 느껴져 보는 이의 마음을 풍요롭고 넓게 만드는 구나!"

인딩챠오에서 바라보는 서산은 예로부터 지정한 옌징(옛 베이징의 명칭) 16경景 중 하나이다.

양고기 숯불구이

스차하이에서 즐기는 양고기 숯불구이는 누린내도 없고 기름기도 쪽 빠져 육질이 야들야들한 게 맛이 일품이다. 양고기 숯불구이는 원나라를 세운 몽고군이 베이징을 장악했을 때, 노상에서 소나무로 양고기를 구운 데서 유래했다. 베이징에 입성한 몽고군은 승리의 기쁨을 만끽하며 한 손에는 술병을 나른 한 손에는 양념 맛과 소나무 향이 짙게 벤 양고기를 들고 호수의 연꽃을 감상했다고 한다.

호수의 아름다운 풍경을 바라보면서 맛보는 양고기 숯불구이는 베이징요리로 유명한 베이징덕과 양고기 샤브샤브 맛하고는 또 다른 느낌일 것이다. 카오러우지烤肉季는 예로부터 내려오는 양고기 숯불구이집 이름인데, 지금은 이곳 양고기 전문레스토랑의 브랜드 네임이 되었다.

연꽃

여름이 되면 호수 양쪽으로 수양버들이 늘어서 있고, 호수에는 연꽃이 활짝 피어나 호수 풍광을 아름답게 수놓는다. 청나라 때 어느 시인이 이곳의 경치를 보면서 "이곳에서 연꽃을 감상하니 천국이 따로 없네. 촉촉히 내리는 보슬비가 술 맛을 한 층 돋우네."라고 시를 읊었다.

여름날 오후 호수를 따라 거닐면서 호수에 활짝 핀 연꽃을 바라보면 어느새 저녁노을이 호수에 깃들어 아름다움의 극치를 이룬다. 저 멀리서 작은 쪽배를 젓는 평화로운 연인들의 모습과 중구러우(鐘鼓樓: 종고루)에서 아련하게 들려오는 종소리에 찌는 듯한 더위도 그 아름다움에 녹는 듯하다. 예전에 이곳에는 길이 300미터, 폭이 5미터인 둑이 있어 그곳에 연꽃을 심어 여름이 되면 연꽃시장이 열릴 정도였다고 한다. 연꽃시장은 1916년에 시작되어 약 40년 동안 매년 여름마다 열렸다. 이 시즌이 되면 베이징 시민들은 더위를 피해 이곳에서 차와 술을 마시며 친구들과 환담으로, 문인들은 시를 읊었다.

중국 정부가 이곳을 베이징역사 문화 관광지로 정하자 관광객이 늘어나면서 음식점과 바Bar가 생겨나기 시작했다. 음식점도 양식과 중식 모두 있는데 중식 중에서도 후난湖南지방 요리인 샹차이湘菜와 윈난성雲南省 요리 등 각 지방색을 살린 요리뿐 아니라 태국음식을 주로 하는 음식점도 있다.

음식점뿐만 아니라 술집이나 커피 전문점도 많이 생겼으며, 저녁에는 외국 가수를 불러와 라이브 공연을 하는 술집이 성업 중이다. 음식점과 술집들은 모두 호수를 따라 죽 늘어서 있기 때문에 음식점 밖에서도 간단한 음료와 식사를 즐길 수 있다.

이곳은 인력거꾼이 많기로 유명하다. 보통은 한 사람이 끄는 인력거에 어른 둘이 탈 수 있다. 하지만 주의해야 할 점이라면 먼저 인력거꾼과 확실하게 가격협상을 해야 한다는 사실이다. 첸하이만 돌아볼 것인지, 아니면 첸하이와 허우하이 모두를 돌아볼 것인지를 결정한 다음 가격을 정해야 한다. 한 번은 우리 일행 넷이 인력거 두 대를 빌려 가격흥정을 끝내고 호수주변을 돌았다. 요금을 지불하자 인력거꾼이 흥정한 값의 두 배를 달라고 요구했다. 이유는 방금 전 흥정한 요금은 첸하이만 도는 데 받는 요금이라며 황당한 이야기를 했다. 어이가 없었지만 어쩔 수 없었다. 이런 일은 비단 인력거 요금에만 국한된 것이 아니라 중국 관광지에서 흔히 겪는 일이다.

어쨌든 메마르고 복잡한 베이징시에서 베이징 사람들이 바다라고 부르는, 호수 이상의 가치가 있는 스차하이는 귀중한 유산이다.

5) 베이징의 왕가 '궁왕푸(恭王府, 공왕부)'

스차이하이에 있는 양쪽 호수를 끼고 돌다 보면, 옛날 세도가들이 살았던 집들이 즐비해 있다. 겉에서 보면 그 화려함을 잘 느끼지 못하지만 막상 문을 열고 들어가 보면, 이들 세도가들이 황제 부럽지 않는 지위와 권세, 그리고 부를 누리며 살았음을 짐작할 수 있다.

명나라 영락황제, 즉 1421년부터 왕가王家인 왕푸(王府, 왕부)가 건설되었다. 왕푸징(王府井, 왕부정)에는 처음 명나라의 왕푸가 세워지기 시작했지만 지금 남아있는 왕푸는 청나라 때 세워진 수십 채의 왕푸만 남아 있을 뿐이다. 청나라 황제들은 황제의 종친들에게 영토를 나누어 주는 제도가 이들이 세력을 키워 조정에 대항하는 기회를 제공할 수 있다는 점을 간파하고 영토 대신 "아름다운 이름과 처소"를 하사했다.

황제의 숙부, 백부와 형제를 가리켜 친왕親王이라 일컬었으며 청대황실봉작清代宗室封爵 제3급第三級을 일컬어 군왕郡王이라고 하였다. 황제의 적자는 "세자世子", 친왕과 군왕은 패력貝勒 즉 베이러라 했으며, 친왕, 군왕의 차남들은 패자貝子, 베이쯔라고 하였으며, 이들에게 내리는 처소를 "푸(府, 부)"라 했다. 그 중 친왕과 군왕의 푸府를 "왕푸王府"라고 하였다.

왕푸는 건축규모가 클 뿐 아니라 품격도 높았으며 왕푸의 건물 중 정 중앙에 있는 것을 "전殿"이라고 하였다. 전 안에는 병풍과 보좌가 설치되어 있어 마치 황제가 기거하는 궁의 축소판이었다.

"푸府"는 왕푸보다는 규모가 작고, 중심 건물을 "전"이라고 칭할 수 없으며, 병풍과 보좌도 진열해 놓을 수 없도록 제제를 가했다. 청나라 때 일부 권세가들은 자신들의 처소를 "푸"라고도 일컬을 수는 없지만 그 규모 면에서는 "푸"에 뒤지지 않도록 꾸며놓은 자들도 있었다. 예를 들면 지금 스차하이에 남아있는 건륭황제 때의 화곤和坤은 재상에 불과했지만, 그가 소유한 집이 얼마나 화려했는지 가정황제가 그의 사가를 몰수하여 이를 건륭황제의 17번째 아들 즉 막내아들인 경친왕慶親王에게 주었다는 기록에서 여실히 드러난다. 이때부터 궁왕푸가 된 화곤의 사가는 후에 강희황제의 5남인 공친왕恭親

王에게 하사되었다.

건륭황제 때에 세도가였던 화곤은 원래 임금의 가마를 드는 일을 맡고 있었다. 건륭황제는 열 다섯 살 되던 어느 날 궁궐을 이리저리 돌아다니다 아버지 옹정황제의 비妃 하나가 거울을 보며 머리를 빗고 있는 장면을 보았다. 장난기가 발동한 건륭황제는 살며시 그 비의 뒤로 가서 양손으로 눈을 가렸다. 이에 놀란 비는 얼른 눈을 가린 손을 뿌리치려다 그만 가지고 있는 참빗으로 건륭황제의 얼굴에 상처를 입혔다. 건륭황제는 얼굴에 난 상처에 대해 아버지인 옹정황제에게 추궁을 받자 그만 사실대로 이야기 한 것이 화근이 되었다. 옆에서 이 이야기를 들은 왕비는 옹정황제의 비가 태자까지 희롱하는 줄 착각하고 명령을 내려 그 비를 살해하였다. 이에 충격을 받은 건륭황제는 새끼 손가락을 빨갛게 물들여 그 비의 목에 점 하나를 찍어주었다.

훗날 외출을 하려던 건륭은 계속 외출준비가 지연되자 화가 나서 누구의 실책인지를 캐물었다. 이때 화곤이 앞으로 나와 자신의 책임이라며 죽을 죄를 지었다고 아뢴다. 화곤과는 초면이었지만 건륭은 그가 왠지 낯설어 보이지 않았다. 돌아와 곰곰이 과거를 되짚어보던 건륭은 화곤이 몇 해 전 자신의 장난끼로 억울하게 죽임을 당한 옹정황제의 비와 너무 닮았다는 생각이 들었다. 이에 화곤을 불러 그의 목을 살펴보았더니 자신이 그 비에게 새끼 손가락으로 점을 찍은 그 위치에 똑 같이 붉은 점이 있었다!

건륭은 억울하게 죽임을 당한 비가 화곤으로 환생했다고 믿었다. 이에 화곤은 황제의 도움을 업고 어전을 지키는 호부시랑戶部侍郎에서부터 내무대신, 대학사를 거쳐 일품관직의 사리까지 초고속 승진을 했다. 권세가 하늘 높은 줄 모르고 치솟자 화곤은 황제의 든든한

뺑을 믿고 수많은 부를 축적하였다. 건륭이 살아 있는 동안은 하늘을 찌를듯한 그의 권세와 부도 크게 문제가 되지 않았다. 건륭 또한 그의 부정축재를 알았지만, 살아 생전에 그를 벌하지 않았다. 하지만 건륭은 그에게 "너와의 특별한 인연 때문에 짐이 살아있는 동안에는 너의 방자함이 허용되나, 누구든 짐의 뒤를 잇는 자는 너를 용서하지 않을 것이다."라고 경고했다. 건륭이 죽자 건륭의 뒤를 이은 가정황제에 의해 화곤은 바로 관직박탈과 더불어 재산을 몰수 당했다. 그리고 그는 죽임을 당했다. 몰수된 그의 재산은 어마어마했다고 한다.

그가 살았던 대저택 궁왕푸에 들어서서 안채까지 들어가면 궁궐 같은 건물들이 눈에 보인다. 설명하는 가이드 말로는 그는 이곳에서 여러 첩들을 거느리며 살았다고 한다. 넓은 호수와 정자, 그리고 중국 오페라를 감상할 수 있는 극장, 한 번에 수십 명이 함께 앉아 다도를 즐길 수 있는 넓은 응접실, 그리고 뜰과 정원에 기이한 돌로 만들어진 작은 동굴 등, 정말이지 황제의 궁전 못지 않는 저택이었다. 이곳 스차이하이에는 화곤의 저택과 닮은 저택들이 즐비하지만 이들 모두를 개방하지 않고 일부만을 관광객들에게 개방하고 있다.

6) 베이징의 종각 '중구러우(鐘鼓樓, 종고루)'

베이징시에서 북쪽으로 시각을 알리는 중구러우라고 하는 종각이 있다. 중구러우는 원, 명, 청 3대에 걸쳐 베이징 시민에게 시각을 알리는 역할을 해왔다. 문무백관이 소정으로 출퇴근을 하는 시각에서부터, 백성의 하루 일과가 모두 이 중구러우에서 울려 퍼지는 종

▲ **중구러우** : 높이 7.02미터, 둘레3.4미터, 무게63톤으로 명조때 만들어진 것으로 중국 최대의 크기와 무게를 자랑한다.

소리와 북소리를 따라 움직였다.

중구러우는 베이징성을 가로지르는 축의 가장 북단에 위치하고 있다. 즉 디안먼다졔地安門大街 최북단에 있다. 중구러우는 1272년에 원나라 때 건축되었으나 화마火魔에 소실되었다. 1297년에 다시 복원했지만 또 다시 화제로 소실된 것을, 1420년 명나라 영락황제 18년에 다시 세웠다. 중구러우는 1800년과 1894년에 각각 개 · 보수를 하였다.

중구러우는 종이 있는 곳과, 북이 있는 곳 두 곳으로 나누어져 있으며 모두 2층으로 되어 있다. 1층에서 2층으로 올라가려면 가파른 계단을 올라 가야 한다. 실제로 중구러우 계단을 오른 적이 있는데 계단이 급경사여서 옆에 있는 난산을 붙잡고 간신히 오르내렸다. 북이 있는 누각은 높이가 46.7미터로 69개의 가파른 계단을 올라가면

2층에 놓인 여러 개의 북을 볼 수 있다. 사료에 따르면 시각을 알리기 위해 치는 북은 모두 25개로 그 중 가장 핵심이 되는 북이 하나 있었다. 청나라 때 8개국 연합군이 베이징을 침략했을 때 침략자의 손에 든 칼에 의해 이 북은 파손되었다. 파손된 북은 지금 중구러우 누각에 보전되어 있기 때문에 그 파손 정도를 눈으로 확인할 수 있다. 1987년 중구러우 문화재보관소는 현존하는 중심 북의 형상을 따라 새로 북을 제작하였다. 시각을 알릴 때 25개의 북이 동시에 울리기 때문에 그 소리가 웅장하고 서로 공명현상이 일어 멀리까지 울려 퍼진다. 중구러우에 올라가면 관광객들을 위해 그 당시 북 치는 장면을 재현하는 짧은 공연이 마련되어 있다.

커다란 종이 있는 누각은 높이가 47.9미터로 2층으로 통하는 75개의 계단을 오르면 만날 수 있다. 2층에 올라가면 청나라 영락 황제 때 길일을 택하여 만들었다는 뜻으로 "영락년월길일제永樂年月吉日制"라고 새겨져 있는 커다란 종을 볼 수 있다. 종은 높이가 5.55미터로 아래 가장 넓은 곳의 직경은 3.4미터, 종의 위쪽 지름은 2.52미터다. 종의 두께는 120에서 245밀리미터로 그 무게가 63톤이나 된다. 이는 시각을 알리는 종으로는 중국에서 단연 으뜸이다. 아울러 종소리는 베이징성 수십 리까지 울려 퍼져 베이징성에 사는 시민이라면 누구나 그 종소리를 들을 수 있었다고 한다.

옛사람들은 밤 시간을 다섯 단계로 나누었다. 황혼의 술시戌時, 즉 19시에서 21시까지를 초경初更이라 하였고, 21시에서 23시까지는 해시亥時 즉 이경二更이라 하였다. 23시에서 새벽 1시까지는 삼경三更인 자시子時, 새벽 1시에서 3시까지를 사경四更인 축시丑時라 하였다. 새벽 3시에서 5시까지는 인시寅時, 오경五更 혹은 양경亮更이라고 하였다. 초경과 양경은 북과 종을 쳤는데, 먼저 북을 친 후, 종을 쳤다. 하지만 이경과 삼경에는 종만 치고 북은 치지 않았다. 북과 종은 칠 때마다 그 횟수는 108번을 쳤다고 한다. 초경과 양경에는 먼저 북을 두 차례 치는데 한 차례 칠 때마다 54회를 쳤다. 북과 종을 치는 데도 음률을 지키며 쳤다고 한다. 먼저 빨리 18번, 느리게 18번, 그리고 보통 속도로 18번을 쳤다.

명나라 말기에 와서 유럽으로부터 시계가 들어와 시계를 제작하는 기술을 익혔다. 왕조가 끝나고 중화민국이 설립된 초기에 시계의 보급에 따라 중구러우의 기능도 점점 약화되었고, 1924년 청나라 마지막 황제인 푸이가 자금성을 떠나면서 황제의 권력을 상징했던 중구러우의 북소리와 종소리도 함께 역사 속으로 영원히 사라졌다.

물시계, 북, 종은 시각을 알리는 일련의 시스템으로 그 중에서, 종소리만은 유일하게 현존하고 있다. 1990년 새해 전야부터 시작하여 매년 신정과 구정 전야에 제야의 종소리가 베이징시에 울려 퍼진다. 2008년 1월 1일 새벽 0시에 베이징의 중구러우에서는 새해를 알리는 타종식을 거행하였다. 독일, 핀란드 등 각국에서 온 관광객들도 이곳을 찾아 새해를 알리는 종소리와 북소리를 들으면서 밝아오는 2008년을 맞이했다. 108번뇌를 담은 종소리와 북소리는 베이징 시민들에게 새해축복을 알리는 북소리였다.

7) 톈탄(天壇, 천단)공원

천안문의 동남쪽에 위치하고 있는 톈탄은 중국이 오랫동안 농업국가임을 가장 잘 나타내 주는 하나의 상징물이다. 중국인들은 한 해 농사의 풍년과 흉년을 좌지우지하고 결정짓는 하늘을 숭상했으며 하늘을 향한 경건한 기도를 이곳 톈탄에서 올렸다.

중국인들은 예로부터 하늘과 땅, 사람을 중시하였으며 천, 지, 인 이 세가지는 운명의 공동체라고 생각하였다. 그 중 하늘을 가장 중요하게 생각하였는데 그 이유는 하늘은 대자연의 주재자이자 인류의 생존을 주관하는 중재자라고 믿었기 때문에 하늘에 대한 믿음은 무조건이었다. 즉 고대 중국인들은 일종의 무형의 신인 자연의 신이 존재한다고 믿었으므로 구체적으로 신의 형상을 만들어 섬기지 않았다. 이들은 자연의 신이 인간의 상상을 초월한다는 믿음과 무소부재이며 최고의 존엄을 갖추고 있어 그 어떤 지존의 권력 또한 초월하는 것이라고 생각했다. 따라서 톈탄의 건축물은 모든 사찰 중의 가장 큰 위엄을 갖춘 곳으로 엄숙한 분위기를 자아낸다.

톈탄의 의미는 하늘에 계신 신께 제사를 올리는 곳이라는 뜻이다. 톈탄은 1420년 명나라 영락황제가 농업 생산을 중시한다는 의미로 14년 동안 공들여 자금성과 함께 설립하였다. 그러나 베이징 북쪽 교외에 따로 지신地神께 제사를 지내는 지단地壇인 디탄을 세운 후부터는 톈디탄(天地壇, 천지단)을 "톈탄" 으로 고쳐 불렀다.

그 후 톈탄은 청나라 건륭황제 때인 1752년에 개축되었다. 후에 몽고족들이 만리장성을 습격하는 일이 자주 발생하자 황제가 톈탄에서 하늘의 신께 제사를 드리는데 영향을 받을까 두려워 특별히 남쪽 근교에 성을 둘러 톈탄을 보호하였다. 그만큼 중국인들의 의식 속에 톈탄이 중요한 곳이었다. 톈탄에서 행해지는 제사의식은 가장 장엄한 의식이었고, 경건한 의식을 통해 다민족으로 이루어진 중국의 모든 민족을 대표하여 국태민안國泰民安을 기원하는 곳이었다.

톈탄을 설계한 당시 건축가들은 황제가 스스로를 하늘의 아들 즉 천자天子라고 했으므로 하늘의 신이 거처하는 곳은 당연히 천자가

▲ **텐탄공원** : 텐탄의 의미는 하늘에 계신 신께 제사를 올리는 곳이라는 뜻이다. 1420년 명나라 영락황제가 14년 동안 공을 들여 세운 곳이다.

기거하는 곳보다 넓어야 한다고 여겨 텐탄을 자금성의 4배 크기인 276만 제곱킬로미터로 설계했다. 텐탄은 임금의 존귀와 영화를 상징하는 자금성보다 우위를 점하고 있었다.

텐탄은 위에서 내려다보면 명확하게 내벽과 외벽, 두 부분으로 나뉘어져 있다. 북쪽의 벽은 원형인데 반해 남쪽의 벽은 사각형으로 원형은 하늘을 상징하고 사각형은 땅을 상징한다. 이는 중국 고대의 "천원지방天圓地方, 즉 하늘은 둥글고 땅은 네모나다."는 이치에 따른 것이다. 또 북쪽 벽은 높고 남쪽 벽은 낮은데, 이는 "천고지저天高地低 즉 하늘은 높고 땅은 낮다."라는 의미에서였다. 북쪽과 남쪽 벽은 텐탄을 내단과 외단으로 구분하는데, 주요 건축물은 내단에 있다. 내단 북쪽에는 풍년을 기리는 기년전祈年殿과 황건전皇乾殿이 있고, 내단 남쪽에는 원구단圜丘壇과 황궁우皇穹宇가 있다.

텐탄의 대표적인 건축물 기년전祈年殿

텐탄의 주요 건축물인 기년전祈年殿은 황제가 풍년을 기원하기 위해 제사를 드리는 곳이다. 기년전의 지붕은 모두 진한 남색 유리에 알루미늄과 나트륨의 규산 화합물을 태워서 만든 유약을 바른 기와로 만들어졌으며 처마가 삼중으로 된 원형 건축물이다. 기년전은 높이 38미터, 넓이 32미터로 3층 건물이다. 기년전은 또한 시간을 상징하는 건축물로서 시간을 구체화하여 건축양식에 반영하였다. 즉 옛 사람들은 지구는 둥글고, 하늘은 구중 하늘 즉 구천九天이라고 인식했으므로 이러한 인식을 반영하여 건물양식이 원형으로 설계되었다. 건물 내부 한 가운데에는 네 개의 큰 원형 기둥이 있는데 이는 1년 4계절 춘하추동을 뜻하고, 가운데 층의 12개 기둥은 모두 1년 12개월을 나타낸다. 바깥 쪽 12개 기둥은 하루 24시간 즉 자시부터 해시까지 12개 시각을 나타낸다. 건축물 천청의 지름이 30미터인 것은 한 달이 30일임을 뜻한다. 기년전은 시간을 상징하는 상징성도 큰 건축물이지만 예술성이 매우 높은 건축물이다. 바로 수학과 시간을 건축예술로 표현했기 때문이다. 이는 옛 중국인들이 시간에 대한 이해와 풍부한 상상력을 가지고 있었다는 또 다른 표현이기도 하다.

메아리벽 회음벽回音壁

황궁우皇穹宇는 제반 제천의식을 준비하는 곳이자 하늘에 바람과 구름, 해와 달 등 자연신의 위패와 역대 8대 황제의 위패가 모셔져 있는 곳이다. 회음벽回音壁은 황궁우皇穹宇의 바깥쪽 벽으로 직경이 65.1미터이고 두께가 0.9미터이다. 특이한 것은 둥근 벽 가운데 공간을 두어 소리가 그 벽을 타고 다시 되돌아오게 설계되었다는 점이다. 따라서 이 벽 끝과 반대편 벽 끝에 각각 한 사람씩 서서 벽에 대고 고함을 치면 그 고함 소리가 벽을 타고 메아리쳐 이쪽 끝과 저쪽 끝에 있는 사람들에게 전달되어 뭐라고 고함쳤는지 알아들을 수 있다.

이 벽은 황제의 기원이 만백성을 휘돌아 하늘에 전달되도록 한다는 의미를 담았다. 회음벽은 인간이 소원을 기원하는 소리를 담아 하늘로 올리는 역할을 하였다. 예로부터 회음벽에 묻혀있던 풍년을 기원하는 옛 선인들의 기원소리가 오늘을 사는 우리에게까지 메아리치며 울리고 있다. 그 기원의 소리를 듣는 자가 설령 없을지라도 이 회음벽을 통한 수많은 사람들의 외침은 지금까지 끊긴 적이 없다. 이 회음벽은 모두에게 커다란 희망이었고, 박박한 생존의 흑임 속에서도 버틸 수 있는 정신적인 지주였다. 이들은 이 회음벽을 통해 소원을 외칠 때마다 희망을 잃지 않았고, 행복한 미래에 대한 희망의 빛을 간구하였다. 회음벽은 하늘에 계신 신의 커다란 귀였다. 그래서 이들은 회음벽에 대고 마음속의 염원을 마구 외쳤던 것이다. 둥글고 아담하면서도 대우주와 교감할 수 있도록 공명효과를 과학적으로 설계해낸 당시의 기술이 놀랍기만 하다.

'9'로 쌓아 만든 제단 원구단圓丘壇

텐탄은 제사를 지내는 기년전을 중심으로 동서남북 모두 각각의 출입구가 있다. 주된 건축들은 남북으로 이어지는 길에 있으므로 남문으로 들어가는 것이 좋다. 남문에서 멀지 않은 곳에 원구단圓丘壇이 있다.

원구단은 둥글게 3단으로 되어있다. 원구단의 난간, 계단, 바닥은 모두 백옥으로 만들어졌으며, 모두 9의 배수로 이루어져 있다. 이는 하느님이 계시는 곳이 아홉 첩 즉 구중으로 되고 구중천의 의미는 높고 높은 하늘이라는 뜻이다.

원구단은 원시제천의식을 계승하여 천자와 천天, 즉 하늘의 신이 아무런 방해를 받지 않고 노천에서 대화할 수 있도록 벽도, 기둥도,

지붕도 없다.

단순해 보이는 3단의 대리석 건축물인 원구단이지만 그 이면에는 많은 상징적인 함의가 담겨 있다. 우선 3층으로 나눠진 3단을 오르는데 매 층의 계단은 아홉 개로 되어 있으며 원구단 가운데 황제가 축문을 읽던 천심석天心石이 있는데 그것을 중심으로 감싸고 있는 대리석이 9개, 다시 그 외곽을 감싸고 있는 돌은 18개, 그 다음은 27개, 제일 외곽의 돌은 81개로 철저하게 황제의 수인 아홉이라는 숫자가 반복되고 있다.

또 천심석은 자오선상에 위치하여 일종의 공명효과가 일어나도록 설계되었는데 축문을 읽는 황제의 마이크 역할을 함으로써 황제의 기원이 하늘과 땅, 신하와 백성 모두에게 울려 퍼지게 한다는 의미를 담고 있다. 황제가 하늘에 제사를 지내기 전에 보통 9일 동안 높이 솟은 망등을 내걸고 향나무와 측백나무로 송아지를 구워 제단을 깨끗하게 하고 악을 몰아내 신의 강림을 맞이하였다고 한다.

단폐교丹陛橋

텐탄의 두 중심축을 이루는 원구단과 기년전을 가로 지르고 있는 것이 바로 흰 대리석으로 된 360여 미터의 단폐교이다. 360이란 숫자는 1년 365일을 의미한다. 4미터 높이의 단을 쌓아 올린 이 통로에는 세 갈래의 길이 있는데 중앙의 길은 신도神道여서 신의 기운만이 지나다닐 수 있었다. 때문에 최고의 권력자였던 황제도 좌측 길을 악대의 반주에 따라 걸어가 하늘의 신께 제사를 지내러 기년전으로 나갔다.

제사의식이 시작되기 전 황제는 단폐교의 동쪽에 설지되어 있는 구복대具服臺에서 입고 있는 황포를 벗고, 하늘의 신께 자신의 경건함을 나타내기 위해 하늘색으로 된 제의로 갈아 입었다. 기년전을 향해 갈수록 단이 조금씩 높아지는 것은 인간 세계를 떠나 하늘에 가까워짐을 상징했다. 단폐교의 중간쯤 왼쪽 아래 부분에 큰 코끼리상이 있는데 코끼리를 의미하는 상象자의 발음이 길하다라는 한자어인 상祥자와 발음이 같기 때문에 코끼리상이 거기에 있다. 황제가 신께 지내는 제사는 이렇게 수백 년, 장구한 세월 동안 경건하게 이루어졌다. 그러나 매국노 위안스카이袁世凱가 1914년 황제에 등극하여 딱 한 번 제사를 지낸 후 이 제사의식을 폐하였다.

도시 속의 삼림

황궁우를 나와 기년전으로 향하는 길에 구룡백九龍柏이 있다. 구룡백은 측백나무 한 그루로 나무의 역사가 약 8~9백 년 가량 된다. 이 측백나무가 구룡백이라고 불리는 까닭은 나무 뒤틀림이 마치 아홉 마리의 용이 승천하는 모습을 하고 있다 해서 붙여진 이름이다. 구룡백 뿐만 아니다. 텐탄공원 대부분은 드넓게 펼쳐진 녹림의 세계로 500년을 넘는 고목들이 즐비하다.

고목에 붙어 있는 표찰을 보면 그 나무의 수명을 가늠할 수 있다. 붉은색에 A로 시작되는 표찰은 500년 이상 된 나무이고, 녹색으로 B로 시작되는 표찰은 300년 이상 된 고목들이다. 녹림은 천하 만물의 풍요와 번식을 상징하며 측백나무는 제단을 더욱 깨끗하게 하고 사악함을 물리치는 기능도 있다고 한다.

텐탄 동쪽에는 제사에 올릴 동물을 잡는 서천문西天門과 황제가 제사를 행하기 앞서 목욕 재계하고 분향하여 마음을 정결케 하는 재궁齋宮이란 곳이 있다. 사실 텐탄의 작은 황궁이라고도 할 수 있다. 황제가 제사를 지내기 위해 이곳 제궁에서 목욕 제계 후 출발하기 시작하면 동북쪽에 있는 종루에서 태화종太和鐘이 울리기 시작한다. 황제가 원구단에 이르면 비로소 종소리가 멈춘다. 제사를 마친 다음 이 종소리는 다시 울리기 시작하여 제사의 장엄함을 더해준다.

현대를 사는 베이징 사람들에게 있어 텐탄은 역사적 의미가 있는 장소라서 즐겨 찾기보다는 넓은 삼림공원이 있기 때문이다. 명, 청 시대부터 이곳에 많은 소나무와 잣나무를 심어 지금은 울창한 숲을 이루었다. 최근 우리의 산림청에 해당하는 베이징시 원림부에서는 이 텐탄 공원 삼림의 생태적 가치와 경제적 가치를 재평가하여 새롭게 삼림 보호 계획을 세웠다. 그 일환으로 이곳에 세워진 건물을 대거 철거하고 커다란 녹지를 조성하였다. 오염이 없는 생물 방충기술을 도입하여 이곳에서 서식하는 야생 조류들이 번식하고 생식하기에 좋은 환경을 조성하여 세계 어느 대도시에도 찾아보기 힘든 야생조류 천국을 만들었다.

계절에 상관없이 이른 아침이면 베이징 시민들은 가까이서 혹은 멀리서도 이곳을 찾아 나무들이 만들어내는 맑은 공기를 마시러 온다. 공원 이곳 저곳에서 맨손 체조를 하는 사람, 무술을 연마하는 사람, 태극권, 검무 등 여러 운동을 하는 사람들을 볼 수 있다. 그들의 이와 같은 활기찬 몸놀림에서 활기찬 베이징시를 느낄 수 있다. 그들은 이곳 삼림의 나무들이 뿜어내는 산소를 마시면 건강에 좋을 것임을 굳게 믿고 있다.

텐탄의 영문명칭은 Temple of Heaven으로 1994년 세계문화유산유적지에 문화유산번호 200-021로 지정되었다. 15세기경에 건축된 텐탄은 주변의 삼림으로부터 보호받고 있으며 전체적인 구획과 규모뿐 아니라, 건물 하나 하나가 모두 하늘과 인간관계를 잘 표현해 주고 있으며, 이와 동시에 하늘과 인간 사이에 제왕의 독특한 역할을 나타내주는 위대한 건축물로 평가되고 있다.

8) 황제의 정원 '이허위앤(頤和園, 이화원)'

이허위앤은 청나라 황가의 정원으로 1750년 청나라 건륭황제 때부터 시작하여 1894년 광서 20년에 완성되었다. 1744년 청나라 건륭황제 9년에 황제의 정원인 위앤밍위앤(圓明園, 원명원)의 공사가 마무리 되었다. 그로부터 6년이 지난 1750년, 건륭황제는 위앤밍위앤에서 멀지 않은 곳에 있는 위앤밍위앤의 전신인 칭치위앤(淸漪園, 청기원)의 공사를 시작했다. 건륭황제는 당시 조정 대신들의 의론에도 불구하고 두 가지 이유를 내세워 칭치위앤의 공사를 강행했다.

첫째로, 효孝 사상을 국가의 도道로 강조하였기에 건륭황제의 어머니인 대비마마 환갑을 맞이하여 효를 다하겠다는 명목을 내세워 지금의 이허위앤 만수산에 사찰을 짓기를 명하였다. 그는 사찰을 지으면서 나무, 정자, 기거할 곳 등 여러 가지 설비를 갖출 것을 함께 명하고 이곳을 칭치위앤이라고 이름하였다.

두 번째 이유로는 위앤밍위앤이 지어져 식수를 비롯하여 물 소비량이 늘어남에 따라 베이징 궁궐의 용수부족을 염려해, 베이징 궁궐의 수자원인 위취앤산(玉泉山, 옥천산)에서 흘러내리는 서북부 물줄기를 정리하겠다는 이유였다. 건륭황제 때는 태평성대를 구가하고 있었기에 이만한 공사를 진행하는데 재력과 인력이 충당되었다.

하지만 건륭 후에는 두 차례의 아편전쟁을 치렀고 제국주의자들이 무력으로 봉건쇄국인 중국의 분호를 상세로 열게 하였으며, 불평등 조약을 맺어 경제적으로 숨통을 죄어 왔다. 게다가 국내에서는

농민들의 봉기가 도처에서 시작되고 계급 간의 갈등이 두드러졌으며, 관리들은 부패해가고, 전염병이 돌아 청나라 조정은 안팎으로 곤란한 처지에 놓이게 되었다. 점차 백성의 생활이 피폐해지고, 국고가 바닥나자 계속해서 공사를 진행하기에는 무리였지만 당시 이곳 이허위앤에 매료되었던 서태후는 해군 전력증강을 위한 특별 기금을 횡령해 공사를 진행하였다.

하지만 이허위앤은 원래 계획했던 공정보다는 그 규모가 축소되었다. 외우내환이 겹쳐 경비조달에 어려움이 컸기 때문에 허우산後山과 허우하이後海 그리고 쿤밍호 서안의 공사는 포기해야만 했다.

1860년 화재로 소실된 칭치위앤은 1866년에 다시 재건되면서 이허위앤으로 이름을 바꾸었다. 1900년에는 다시 8개국 연합군의 침입을 받아 또 한 차례 파괴되었지만 1902년에 다시 회복하였다.

이허위앤 안에는 크게 궁정宮廷 구역과 만수산 그리고 쿤밍호 세 부분으로 나누어졌다. 면적은 290헥타르로 호수가 총 면적의 4분의 3을 차지하고 있다. 이허위앤은 북방 산천의 광활함과 웅장함도 있

▲ **이허위앤의 스치콩챠오** : 스치콩챠오는 다리 밑의 교각과 교각 사이에 17개의 구멍이 나있어서 붙여진 이름이다. 난간에 544마리의 사자상이 조각되어 있으나, 똑 같은 것이 하나도 없다. 스치콩챠오는 항일투쟁 당시 일본군과의 접전 장소였던 루거우챠오를 본떠 만들었다.

지만 양쯔강 이남의 수려함과 아기자기함이 있다. 즉 화려함과 민간의 소박함이 어우러진 특성을 모두 갖추고 있다. 아울러 이허위앤은 중국이 보존하고 있는 황실의 정원으로는 규모가 가장 크며 서유럽 정원과는 달리 자연과 예술의 조화를 추구하고 있다.

궁궐지역 궁팅취(宮廷區, 궁정구)

동궁문으로 들어가면 그곳이 바로 궁궐지역이다. 인수전仁壽殿은 황제가 정무를 처리한 곳으로 문 양쪽으로 있는 두 개의 돌은 손오공과 저팔계를 상징한다. 손오공과 저팔계가 밖을 단단히 지키고 있는 인수전 안에는 황제가 앉는 보좌, 병풍, 부채, 학이 있다. 병풍에는 아홉 마리 용과 더불어 서로 다른 기법으로 쓰여진 226개의 수壽자가 그려져 있다. 궁궐지역에 있는 위란탕(玉瀾堂, 옥란당) 뒤에 있는 이이관(宜藝館, 이예관)은 황후가 살던 곳이고, 이이관 서북쪽으로는 러서우탕(樂壽堂, 낙수당)이 있다. 러서우탕은 청나라 서태후가 기거하는 처소였다. 서태후는 이곳에 기거하는 동안 하루 식사 비용으로은 60냥을 썼는데 이 돈이면 농민들 만 명을 먹일 수 있었다고 한다. 인수전 북쪽에서 멀지 않는 곳에는 더화위앤(德和園, 덕화원)이 있다. 더화위앤은 청나라 때 건립한 3대 희곡 무대 중 가장 큰 무대였다고 한다. 나머지 두 곳 중 하나는 고궁에 있는 창인거(暢音閣, 창음각)와 청더(承德, 승덕) 피서산장의 칭인거(淸音閣, 청음각)이었다. 매년 서태후의 생신 때만 되면 더화위앤에서는 공연이 줄을 이었다.

세계적인 화랑 창랑(長廊, 장랑)

▲ **이화원 창랑** : 세계적인 화랑이라고 칭한다. 총길이는 728미터이고 273칸으로 이루어져 있다.

이허위앤 창랑의 총 길이는 728미터, 273칸이다. 1990년 이허위앤은 〈세계 기네스북〉에 세계화랑의 꽃으로 기록되었다. 창랑에는 8각형 정자 4개가 있는데 각각 류쟈(留佳, 유가), 지란(寄瀾, 기란), 츄수이(秋水, 추수), 칭야오(淸遙, 청요)로 춘하추동 사계절을 상징한다. 정자는 지형의 변화와 창랑이 꺾이는 점을 잇는 연결점이다. 꺾이는 점을 정자로 교묘하게 처리하여 창랑을 걷고 있노라면 기복의 변화를 전혀 느낄 수 없다.

아울러 창랑에는 8천여 점의 채색그림이 그려져 있다. 따라서 창랑을 화랑이라고 부르는 이유도 이 때문이다. 장랑에 그려진 그림은 대부분 《삼국지》, 《서상기》, 《수호지》, 《홍루몽》 등 유명한 중국 고전 작품 속에 있는 친숙한 장면이자 민족문화의 얼이 짙게 베어 있다.

완서우산(萬壽山, 만수산)

창랑을 나와 파이윈먼(排雲門, 배운문)으로 들어가면 만수산의 배운전排雲殿이 나온다. 이 배운전을 따라 올라가다 덕휘전德輝殿을 지나면 114개의 계단이 나온다. 114개의 계단을 오르면 바로 완서우산의 포샹거(佛香閣, 불상각)가 나온다. 3층 팔각탑인 포샹거는 평지보다 58미터나 높은 언덕 위에 자리잡고 있다. 서태후는 포샹거에서 매월 음력 초하루와 보름날이면 향을 피우고 예불을 드렸다고 한다.

쿤밍호(昆明湖, 곤명호)

▲ **쿤밍호** : 청나라 건륭황제 말부터 짓기 시작하여 서태후(18세기말-19세기)에 완성된 인공호수

완서우산 남쪽으로는 쿤밍호가 자리잡고 있다. 쿤밍호는 항저우杭州에 있는 시후를 본 따 만든 것으로 동서양쪽으로 나눈다. 서쪽에는 다리가 6개 있는데 가장 유명한 다리는 위다이챠오(玉帶橋, 옥대교)이다.

쿤밍호는 건륭황제 때 수자원의 확보를 위해 궁정의 수자원인 위취앤산의 물줄기를 모두 한 곳으로 모아 쿤밍호로 흐르게 하였다. 따라서 쿤밍호는 당시 제일 큰 저수지가 되었다. 쿤밍호의 물은 동남쪽 방향으로 흘러 양쯔강 이남까지 흘러 내려간다. 건륭황제의 손을 거친 쿤밍호는 신데렐라의 변신처럼 한층 더 아름다워지고 고풍스러운 느낌을 갖게 되었지만 쿤밍호는 누구나 볼 수 있는 호수가 아닌 황제만이 볼 수 있는 황제의 전유물이 되었다.

건륭황제도 그랬지만 서태후도 쿤밍호 서쪽을 좋아하였다고 한다. 서태후를 모시는 악명 높은 내시 이연영은 어부로, 서태후는 아낙네로 분장하여 이곳에서 함께 찍은 기념사진이 남아있다. 서태후는 이곳에서 연꽃을 감상하고, 낚시하고, 배를 타고 놀면서 세월의 무상함을 몰랐다고 한다.

쿤밍호에 있는 스치콩챠오(十七孔橋, 십칠공교) 또한 아름답기 그지없다. 스치콩챠오는 항일투쟁 당시 일본군과의 접전 장소였던 노구교를 본떠 만들었으며, 다리 위에는 자태가 모두 다른 564 마리의 사자가 그려져 있다.

쑤저우(蘇州, 소주)의 거리 쑤저우제(蘇州街, 소주가)

쑤저우 거리는 이허위앤에 있는 중요한 볼거리 중의 하나다. 건륭황제 때에는 이곳을 장터라고도 하였다. 이름만 들어도 알 수 있듯이 쑤저우 거리는 양쯔강 이남의 풍경을 모방하여 만든 특별한 거리이다. 전체 길이는 300여 미터로 가운데 물을 사이에 두고 양 쪽으로 60여 개의 점포가 들어서 있다.

순전히 황제의 후궁과 비빈들을 위한 장터가 지금은 찻집, 약국, 모자 가게, 액세서리 가게, 스낵 코너 등등이 들어서 관광객을 위해 옛 모습을 재현해놓고 있다. 이곳에는 기념이 될만한 중국의 전통

공예품을 살 수도 있고 남국의 정취를 느낄 수 있는 둥틴둥산(洞庭東山, 동정동산)의 차 비뤄춘(碧螺春, 벽나춘)이나 쑤저우의 유명한 먹거리들을 맛볼 수 있다.

9) 청나라 황제들의 에덴동산 '위앤밍위앤(圓明園, 원명원)'

짧은 일정으로 베이징을 둘러보자면 위앤밍위앤은 썩 매력적인 곳은 아니다. 볼거리도 별반 없는 폐허더미를 두고 공원이라고 하기에는 어폐가 있는, 왠지 모르게 전체적으로 구색이 맞지 않는 곳이다. 하지만 이곳은 일장춘몽과 다름없는 우리네 삶과 부귀영화의 덧없음을 느끼기에 충분하다. 애잔한 슬픔을 그리고 세월의 아픔을 견뎌낸 이곳의 유적들마다 새겨진 문화와 예술, 자연을 사랑했던 청나라 황실의 옛 자취를 더듬어 볼 수 있다.

위앤밍위앤은 하이덴취(海澱區, 해전구)에 위치해 있다. 베이징 중심부에서 서북쪽 외곽 지역이다. 10세기 금金나라 때부터 이 일대는 샹산(香山, 향산), 위취앤산을 중심으로 명승고적지로 발돋움하기 시작하였다. 청나라 강희황제 집권기였던 1633년에서 1723년 사이 강희황제는 명나라 귀족과 친척들이 어울려 살았던 옛 위앤칭화위앤(園淸華園, 원청화원)터에 창춘위앤暢春園을 건립하여 청나라 황실별장의 기원을 마련하였다.

1707년을 전후하여 강희황제는 창춘위앤 북쪽에 위치한 터 한 쪽을 자신의 넷째 아들인 윤진에게 위앤밍위앤이란 이름과 함께 개인적인 정원으로 사용할 수 있도록 허락했다. 위앤밍위앤을 하사 받은 윤진은 정원을 꾸미는 공사에 착수했다. 윤진은 훗날 왕위를 계승하여 옹정황제雍正皇帝가 된 후 일년 중 3분의 2를 이곳에서 지냈을 정도로 위앤밍위앤에 대한 애정이 깊었다. 강희, 옹정에서 함풍제에 이르기까지 모두 여섯 명의 황제가 이곳을 별장으로 사용했다. 6명의 황제 중 가경嘉慶과 함풍제는 이곳에서 태어났고, 옹정과 도광道光제는 이곳에서 생을 마쳤다. 이처럼 위앤밍위앤은 황제가 기거하며 정사를 돌보았기 때문에 자금성에 버금가는 또 하나의 정치

▼ **위앤밍위앤유적** : 베이징 중심부에서 서북쪽 외곽지역에 위치하고 있다. 한 때 황제들의 지상낙원으로 알려진 이곳은 화재로 지금은 옛날의 화려함을 찾아볼 수가 없다.

중심지였다.

위앤밍위앤은 실은 위앤밍위앤과 더불어 만춘위앤(萬春園, 만춘원)으로도 불리는 치춘위앤(綺春園, 기춘원) 그리고 장춘위앤(長春園, 장춘원) 세 곳을 아우르는 명칭이다. 이 중 위앤밍위앤이 제일 먼저 건립되었고 규모 또한 가장 크다. 청의 황금기였던 건륭황제 때는 시춘위앤(熙春園, 희춘원)과 춘시위앤(春熙園, 춘희원)을 더 건립하여 오원五園이 되었다. 시춘위앤은 오늘날 칭화대학교 교정 서쪽에, 춘시위앤은 베이징대학교 교정 북쪽에 각각 위치하고 있다.

총 면적 320헥타르에서 호수가 35퍼센트를 달하는 평지에 건립된 위앤맹위앤은 이허위앤과 함께 청나라 임금들과 왕비들의 피서지이자 그들의 에덴동산이었다. 강희제의 60세 환갑에 맞추어 건립된 위앤밍위앤은 강희제 때부터 대대로 황제들이 정사의 시름을 잊고자 할 때면 마차행렬에 몸을 싣고, 시종들과 악사, 그리고 무희들을 거느리고 이곳에 도착하여 자연을 벗삼아 파티를 열었다. 위앤밍위앤은 다시 말하면 중국 역사상 제2의 아방궁이자 유럽의 바로코, 로코코 건축양식을 배합한 글로벌한 공원이었다. 그 안에는 가치를 헤아릴 수 없는 대량의 문화재, 진귀한 보물과 서적 등이 소장되어 있었지만, 두 차례의 서양 열강들의 침략으로 엄청난 피해를 입었다.

제2차 아편전쟁 중 영국과 프랑스는 1860년 베이징에 입성하였다. 위앤밍위앤에 밀려들어온 영불연합군 3500명은 위앤밍위앤에 있던 각종 진귀한 보석들을 약탈하고 한 차례 방화를 저질렀다.

1900년 8개국 연합군이 베이징에 입성할 당시 사회혼란은 극에 달했다. 연합군은 지역 깡패들과 결탁하여 위앤밍위앤에 남아있던 진귀한 보물들을 약탈 또는 밀매로 깨끗하게 해치웠다.

대청제국의 낙원이었던 그곳이 어느 날 화마에 휩싸일 줄 누가 감히 상상이나 했으며, 영원히 국가의 치부가 될 줄 누가 점쳤으랴! 탐욕에 찌든 인간군상들에 의해 소실되어 폐허가 된 위앤밍위앤은 인간사의 비극이며, 인류 스스로가 이룩한 공동 재산에 대해 무책임한 태도와 인류의 만행을 여실히 보여주고 있다. 위앤밍위앤은 중국역사에 있어 커다란 상흔이자 인류역사에 있어서도 커다란 교훈이다. 중국인들은 산산이 부서진 위앤밍위앤의 모습 속에서 과거의 치욕을 되새기면서 역사의 교훈을 잊지 않고 있다.

당시 중국 각지의 이름난 정원과 명승지를 모방하여 "만원지원"이라는 별칭과 더불어 곳곳에 산재된 정자와 누각으로 이루어진 140여 개의 경관을 보유한 채 황제들에게 자연을 감상하는 쉼터를 제공하고, 세계적인 낙원이라고 자부했던 곳이 지금은 폐허가 되어 서양의 건축양식을 본떠 만든 이태리식 석조건물의 허물어진 담벽만 남아있다. 그토록 웅장하고 화려함을 자랑하던 황제들의 지상낙원이 지금은 지옥으로 변해있다. 전성기 위앤밍위앤 안에는 석조, 목조, 벽돌로 만든 다리만해도 100여 개가 있었다고 전해진다. 하지만 지금은 그 많은 다리는 거의 사라지고 달랑 구멍이 하나뿐인 석조 다리만 잔존해있다.

위앤밍위앤 최대 볼거리는 시양러우(西洋樓, 서양루)이다. 매표소 입구에서 위안화 10원을 내면 위앤밍위앤에 들어 올 수 있지만, 시양러우 앞에서 다시 15원의 관람료를 받는 중국인들의 상술은 유적지의 씁쓸함을 더해준다.

시양러우는 창춘위앤 북쪽에 위치하고 있고, 석조 건물인 탓에 두 차례에 걸친 약탈과 방화 속에서도 꿋꿋하게 견뎌냈다.

시양러우는 한 눈에 보아도 서양의 궁전건축양식을 본떠 만들었다는 것을 알 수 있다. 당시 설계와 감독을 맡은 사람은 이태리인 쥬

셉페 카스틸리오네Giuseppe Castiglione와 프랑스인 미쉘 브놔Michel Benoist, 등으로 외국선교사들이었다. 1747년에 공사를 시작하여 1759년에 완공되었다. 인공분수인 최초의 대수법大水法은 1751년 건륭제 18년 가을에 준공되었으며 이는 중국 건축 역사상 일대 기적이었다.

시양러우의 셰치취(諧奇趣, 해기취)는 몽고와 실크로드 지역의 음악을 연수하여 황제에게 들려주는 곳이었다. 셰치취 앞에도 내수법이 조성되어 있었다. 4마리 양과 10마리 거위 모양을 하고 있는 분수구에서는 은빛 물줄기를 뿜어냈다. 이러한 인공 분수대는 중국건축예술의 새로운 장을 열었다 해도 과언이 아니다.

완화전(萬花陣, 만화진)은 화원이었다. 황화전(黃花陣, 황화진) 혹은 황화덩(黃花燈, 황화등)이라고도 부르는데 화원 입구에는 미궁처럼 복잡한 길이 있었다. 매년 중추절에는 이곳에서 성대한 파티를 거행했다. 건륭제는 정자에 앉아 꽃등을 감상하다가 황제의 외척과 친척 그리고 희빈들이 오면 친히 과일을 던졌다. 그러면 정자 아래 있던 사람들은 황제가 던진 과일들을 서로 가지려고 힘겨루기를 하였다. 과일을 황제의 은총으로 생각하고 서로 차지하고자 했기 때문이었다.

팡와이관(方外觀, 방외관)은 작은 궁정이었다. 1760년에 건륭제는 향비香妃[3]의 풍습을 존중하여 이곳의 정자를 이슬람사원으로 개 · 보수 하였다. 향비는 매주 금요일 이곳에 와서 예배를 드렸다. 건륭제는 궁중에서 이슬람교에 정통한 총기 있는 시종 4명을 선발하여 향비를 모시도록 하였다.

3 지금의 신장 자치구에 해당하는 중앙아시아 야르칸트 족장의 미망인으로 1759년 청나라가 이곳을 점령했을 때 베이징으로 압송되었다고 함. 건륭황제의 총애를 입었으며 그녀의 무덤은 허베이성 준화遵化 동릉에 있다.

하이안탕(海晏堂, 해안당)에는 쥬셉페 카스틸리오네가 심혈을 기울여 완성한 인공분수가 있었다. 그는 중국의 12간지를 본떠 12마리의 동물 형상을 동으로 주조하여 궁전 앞에 위치한 삼각형 연못 양쪽에 세워놓고 두 시간마다 각 동물의 입에서 분수가 뿜어 나오도록 하였는데 생동감이 넘치는 조각상들은 황제들로부터 사랑을 받았다.

위앤잉관(遠瀛觀, 원영관)은 시양러우에서 가장 큰 건축물로 건륭제의 피서지이자 향비의 처소였다. 여기에 설치된 인공분수는 순전히 황제를 위한 것이었다. 가운데에 어좌가 있어서 황제는 이곳에서 분수를 감상할 수 있었다.

앞에서 설명했던 치춘위앤(혹은 완춘위앤)은 태후마마와 왕비 그리고 비빈들의 숙소로 사용되었다. 함풍황제의 왕비였던 서태후는 옛날 건륭시대의 화려한 면모를 갖추어 자신의 노후숙소로 삼고자 하여 당시 정국이 내란으로 불안하고 재정이 악화된 상태에 있었음에도 불구하고 많은 돈을 지출하여 이곳을 보수하였다.

전설과 같은 아름다움을 간직한 위앤밍위앤은 1860년대 후로는 더 이상 볼 수 없게 되었다. 현재 관람할 수 있는 경관으로는 시양러우의 대수법, 위앤잉관, 향비루 등 전쟁과 세월의 풍파 속에서 남은 것이라고는 몇 개의 폐허가 된 기둥과 잔해 그리고 방화 연기를 한껏 들이마신 흔적이 새겨진 사자석상만이 방문객들에게 상상력을 제공할 뿐이다.

중국은 2000년까지 약 20년 동안 위앤밍위앤 유적지에 대한 역사적 재현과 보수에 대해 논쟁을 벌여왔다. 그 결과 〈위앤밍위앤유적지 전체규획〉에 따라 재건과 보수는 건물유적 총면적의 10퍼센트 내에서 시행토록 하였으며 베르샤유 궁전을 모방하여 민든 폐허만큼은 후세에게 길이 남길 역사적 교훈을 위해 손대지 않기로 했다.

10) 만리장성萬里長城

우주 상공에서 유일하게 보이는 지구의 건축물은 만리장성이라고 한다. 중국의 첫 우주인 양리웨이楊利偉는 지난 2003년 10월 우주선 선저우神舟 5호를 타고 지구궤도를 선회하면서 만리장성을 육안으로 보지 못했다고 말해 중국인들을 실망시켰다. 이는 우주정거장은 360킬로미터의 고도에서 90분에 한 번 지구 궤도를 선회하는데 속도는 초당 8킬로미터로, 매번 궤도를 돌 때마다 비행 루트가 달라진다. 따라서 우주정거장에서 만리장성을 찍을 수 있는 기회는 수 일에 한 번이고 대낮에는 3달에 한 번 꼴로 확률이 희박하기 때문이다.

만리장성은 중국 역대 왕조가 변경을 방위하기 위해 축조한 대성벽으로써 발해만渤海灣에서 중앙 아시아까지 지도상의 총 연장은 약 2700킬로미터이나, 실제로는 중간에 갈라져 나온 가지를 모두 합하여 약 6400킬로미터에 걸쳐 동서로 뻗어 있는 인류 역사상 최대 규모의 토목공사 유적이다.

▼ **만리장성 바다링** : 만리장성은 서쪽 산해관山海關에서 동쪽 가속관까지 무려 12,700리里, 6000km에 달한다. 베이징 시내에서 서북쪽으로 약 70km 정도 떨어진 곳에 위치한 바다링장성은 베이징 인근에서 가장 높은 곳에 위치한 장성으로 산 정상까지의 높이가 해발 1015m에 이른다. 현재 일반인들에게 등정이 허용되고 있는 이곳은 그 입구에서는 '신위대장군'이라 불리는 길이 2.85m, 주장 1.05m의 명나라 대포도 볼 수 있다.

기원전 7~8세기 춘추시대 때 제齊나라가 영토방위를 위하여 국경에 쌓은 것이 장성의 기원이며 전국시대 때에도 많은 제후들이 같은 목적으로 수 백리나 되는 장성을 구축하였다.

진시황은 기원전 221년에 중국을 통일한 후 흉노족의 침입을 방어하기 위해 서쪽으로는 지금의 간쑤성甘肅省에서 동쪽으로는 지금의 평양 남단의 요동遼東 갈석碣石까지였고, 남쪽에서부터 북쪽으로는 황허黃河 대굴곡부大屈曲部의 북쪽을 따라 동으로 뻗어나가, 둥베이東北 지구의 랴오허遼河 즉 요하 하류에 이르는 지역에 장성을 쌓았다.

장성에 얽힌 사연은 많고 많지만, 인구에 회자되는 슬픈 이야기가 있다. 진시황이 만리장성 건축에 열을 올릴 당시, 전국적으로 건장한 청년들을 동원하였다. 당시 맹강녀孟姜女라는 아리따운 처녀가 있었다. 하루는 자신의 집 마당에 있는 포도나무 아래서 어느 한 청년이 숨어 있는 것을 보았다. 너무 놀라 고함을 지르려 하자, 그 청년은 살려달라며 애원했다. 그 청년은 범희량范喜良이라는 선비였다. 해박한 지식에 준수한 용모를 겸비한 그는 장성구축을 위해 마구잡이로 인원을 차출해 가는 관가의 조치를 피하여 무작정 도망을 나온 것이었다.

시간이 흐르면서 둘은 서로 애정이 싹터 급기야 결혼을 하게 되었다. 결혼식 날 하객들의 축하를 받으며 식을 올린 후 저녁 무렵에 신방에 들었지만 관병들이 들이닥쳐 범희량을 끌고 갔다. 첫날 밤도 치르지 못한 채 둘은 이렇게 헤어졌다.

날이 갈수록 서방님을 사모하는 마음이 더해 눈물로 밤낮을 지새우다 지친 맹징녀는 만리길이나 되는 장성에 가서 범희량을 만나겠다는 결심을 했다. 그녀는 험산준령을 넘고 넘어 가도가도 끝이 없

▲ 만리장성 무톈링

는 길을 오직 범희량에 대한 그리움으로 모든 어려움을 이겨냈다. 드디어 장성에 도착한 맹강녀는 이리저리 헤매면서 범희량을 수소문해보았다. 그러다 뜻밖에도 범희량은 이미 싸늘한 시신이 되어 상성벽 아래 묻혔다는 청천벽력과 같은 소식을 전해 들었다. 맹강녀는 눈 앞이 캄캄하고 마음이 찢어지는 듯 하였다. 그 자리에서 꼬박 사흘을 울던 그녀는 울다 지쳐 혼절도 여러 번 하였다. 그녀의 이런 마음에 하늘도 감동했는지, 갑자기 날이 흐려지면서 바람이 거칠게 불기 시작하더니, 와르르 하는 소리와 함께 장성의 일부가 무너져 내렸다. 그리고 얼마 전 그 자리에 묻었던 범희량의 시체가 보였다. 맹강녀의 끝없이 흐르는 눈물은 시체의 얼굴에 흙과 범벅이 되어 떨어지면서 그 광경을 지켜보는 이들의 가슴을 뭉클하게 만들었다.

진시황은 중국을 통일한 후 장성 구축을 위해 인부 10만 명을 징집하였다고 전해진다. 기원전 214년 추운 겨울 따뜻한 솜옷을 지어 서방님을 만나러 장성에 간 맹강녀의 정성과 눈물이 장성을 쓰러뜨린 일화가 너무 유명해서 우리는 장성이 진시황 때 완성된 것으로 착각하지만 장성은 춘추전국시대부터 청대까지 오랜 기간 축조되었다.

전한前漢 무제武帝 때에는 허시후이랑(河西回廊, 하서회랑)을 흉노로부터 지키려고 장성을 란저우蘭州 북방에서 서쪽으로 둔황敦煌 서편의 위먼관(玉門關, 옥문관)까지 연장히였다.

남북조시대에는 북방민족의 활동으로 장성 위치가 남하하여, 6

세기 중엽 북제北齊는 다둥(大同, 대동) 북서에서 쥐융관(居庸關, 거용관)을 거쳐 산하이관(山海關, 산해관)에 이르는 지역에 장성을 축성하였다.

수隋나라는 돌궐 · 거란민족을 방어하기 위해 오르도스(내몽골자치구의 중남부) 남쪽에 장성을 쌓았다.

당唐나라에 들어서 북쪽까지 판도를 넓혔기 때문에 방어선으로서의 장성이 필요하지 않았고, 오대五代 이후에는 장성지대가 북방민족의 점령 하에 있었기 때문에 거의 방치되었다.

현재 베이징의 바다링(八達嶺, 팔달령), 산하이관, 자위관(嘉裕關, 가유관) 등지에서 볼 수 있는 장엄하고, 산봉우리를 따라 이어진 장성은 진시황이 지은 것이 아니라, 명나라의 황제들(개국에서 명나라 말까지)이 보수, 개조한 것이다.

명나라 태조인 주원장朱元璋은 1368년 난징에 나라를 세우고, 그 해에 베이징을 공략하였다. 주원장은 북쪽으로 도망간 원나라의 남하를 방지하기 위해 방치해 놓았던 옛 장성을 다시 보수, 개조하라고 명하였다. 명나라 사료에 의하면 이때 보수한 장성의 길이가 전체 1만2000 킬로미터였다고 기록되어 있다.

1399년 베이핑北平을 다스리고 있던 연燕나라 왕, 즉 명나라 태조인 주원장朱元障의 4남은 출병하여 자신의 조카인 건문제建文帝의 왕위를 찬탈하고 영락황제가 되었다. 그는 베이징으로 천도하여 새 수도인 베이징과 왕릉 즉 명 13릉의 안전을 지켜야 한다는 명분을 내세워 만리장성에 많은 병력을 파견하여 보수 또는 사수하도록 하였다. 하지만 보수 개축이 베이징성의 평화를 수호하지는 못하였다.

1449년 명나라 제6대 황제인 영종英宗 때 몽고군의 침공에 대패하여 황제인 영종은 포로로 잡혀갔다. 황제가 포로로 잡혀갔다는 소식이 자금성에 전해지자, 1450년 영종의 동생을 황제로 봉하였는데, 그를 대종代宗이라 하고 호를 경태景泰로 고쳤다. 하지만 그 이듬해 몽고군의 포로로 잡혔던 영종이 풀려나자, 영종은 충신들의 도움을 얻어 동생의 자리를 빼앗아 다시 왕위에 오른다. 영종은 그 누구보다도 오랑캐들의 침공을 두려워하여 재위기간 동안 장성 보수와 구축에 심혈을 기울였다.

명나라 제11대 황제인 가정嘉靖연간 정치가 부패하자 가정 29년인 1550년에 10만 대군을 이끈 몽고군의 침공이 베이징성 근교까지 이르렀다. 그러자 백성은 피난하기에 바빴고, 재산은 약탈당하는 등 또 한 차례 큰 전쟁을 치르게 되었다. 두 차례에 걸친 몽고군의 침략으로 명나라의 역대 황제들은 한시도 장성 구축을 소홀히 할 수 없었다.

동북지역에서는 후금後金인 여진족의 세력이 커지면서 융경隆慶연간인 1567년에서 1572년 사이에 제12대 황제인 목종穆宗은 명대의 정치가인 장거정張居正과 군사전문가인 척계광戚繼光을 등용하여 장성에 대한 대규모 보수개축을 하도록 하였다. 그들이 나라를 지킨 16년 동안은 장성이 가장 견고한 시기였고 중국역사상 가장 웅장하고 화려한 장성을 후손들에게 물려주기 위한 준비작업에 돌입했던 시기였다고 해도 과언이 아니다.

만리장성의 설립과 보수, 개조 등은 모두 북방 소수민족이 남하하여 한족의 황실 공격에 대한 방어적인 성격을 띠고 있다. 장성을 보수 개축할 때는 원래 사용했던 돌 대신에 구운 벽돌을 사용하였다. 베이징시에 개방된 바다링 장성은 명대 역사상 가장 견고하고 치밀하게 설계된 것으로 넓이가 가장 넓고, 평평한 곳이기도 하다. 바다링 근처의 장성은 높이 8.5미터, 두께는 밑부분 6.5미터, 윗부분 5.7미터로, 위에는 높이 1.7미터로 연속해서 철자형凸字形 모양으로 담을 쌓은 성첩城堞을 만들고 숨어서 외부의 적을 사격하기 위한 총안銃眼도 내었다. 아울러 120미터 간격으로 돈대墩臺를 만들어 군사의 주둔과 감시에 이용하였다. 때문에 전쟁이 날 때만 군사들이 장성에 주둔하는 것보다는 일년 사시사철 항시 주둔할 수 있도록 계속해서 식량과 물자를 공급해주는 경비태세를 갖추었다.

바다링 장성 동쪽 관문과 서쪽 관문은 각각 가정황제 때와 만력황제 때 보수, 개조하였다. 두 관문 사이의 길이가 얼마 되지 않지만, 40년에 걸쳐 완공된 것은 그만큼 그 공정 자체가 매우 험난하였음을 말해준다. 바다링에 있는 장성은 가장 넓어 말도 달릴 수 있다. 장성 중에서 베이징 바다링이 가장 빼어나다고 할 수 있다.

청대清代 이후 장성은 군사적 의미를 상실하고, 단지 본토와 만주, 몽골 지역을 나누는 행정적인 경계선에 불과하게 되었다. 청대에 들어와 보수를 거의 하지 않았기 때문에 거의 원형을 알아볼 수 없을 정도로 허물어진 곳도 있다.

문화혁명 때 농부들은 집을 수리하고 돼지우리를 만들기 위해 장성의 돌을 훔쳤기 때문에 장벽 군데군데가 사라졌다. 이를 막기 위해 1977년 중국정부는 장성의 어떤 돌이라도 가지고 가는 것은 불법으로 간주하겠다고 공표하였다.

중국의 장성은 기원전 7~8세기의 춘추 전국시대부터 기원후 18세기 청나라 때까지 약 2000여 년 동안 그 공정이 중단된 적이 없었으며, 세계에서 가장 긴 장성임은 두 말할 나위도 없다. 1987년 장성은 "세계역사문화"와 "자연유산보호항목"으로 지정되었으며 세계 7대 불가사의 중 하나이다.

만리장성을 구경한 후 걸어

서 10분 정도 내려오면 장성의 입장료만 있으면 무료로 입장하여 장성에 대한 역사를 관람할 수 있는 영화관이 있다. 영화관은 360도 둥근 원처럼 되어 있고, 매 15분마다 영화가 상영되기 때문에 혹시 영화가 상영되는 도중에 들어가더라도 잠시만 기다리면 구경할 수 있다. 대형 스크린이 빙 둘러져 있어 그곳에서 상영되는 영화를 통해 만리장성에 대한 규모와 그 웅장함 그리고 위대함을 체험할 수 있다.

11) 황제들의 무덤 '명明 13릉陵'

명 13릉은 중국 베이징 북쪽의 창핑현昌平縣 징텐서우산(境天壽山, 경천수산) 남쪽에 위치하고, 베이징과는 약 50킬로미터 떨어져 있다. 능의 총 면적은 120제곱킬로미터 정도로 명나라 황제 열세 명이 이곳에 안장되어 있으므로 명 13릉이라고 부른다. 명 13릉은 중국 황제들의 능묘 중 비교적 보존이 잘된 유적지 중의 하나이다.

베이징의 자금성에서 역대 중국 황제가 가히 천자의 아들이라고 칭할 수 있을 만큼의 황제의 위엄과 권위에 압도 당하였다면, 명 13릉에서는 천년만년 누릴 수 있을 것 같은 황제의 영광이 한 줌의 흙으로 돌아간 모습을 보면서 천하를 호령하는 황제도 죽음을 피할 수는 없다는 인생의 무상함이 절절하다.

천하를 호령하며 가장 사치스럽고, 호화로운 생활을 누렸던 황제도 죽음 앞에서는 그가 생전에 소유하고 있던 금은 보화, 애첩, 애마, 정복하였던 모든 강산과 그의 권력, 그리고 그가 안식했던 호화로운 궁궐도 다 내놓은 채 힘없이 역사 속으로 사라져야 했다.

자금성에서 13릉까지는 중국 명나라 13명의 황제가 가야만 했던 길이었다. 13릉에 안장되지 못했던 명나라 황제는 단 세 사람이었다. 그 첫 번째 인물은 태조 주원장으로 난징 쯔진산(紫金山, 자금산) 밑 효릉孝陵에 안치되어 있다. 또 한 사람은 건문제建文帝로 명나라 태조가 일찍 죽자, 손자인 건문제를 황제로 봉하였는데, 변방의 제후였던 태조 주원장의 아들이자, 자신의 숙부이며 후에 영락황제가 된 그가 황제 주변의 간신들을 처단한다는 미명 아래 건문제를 죽이고 왕위를 찬탈하였다. 건문제는 난징에서 자신의 숙부의 칼에 쓰러진 후 시신조차 찾지 못했다. 마지막 한 사람은 제 7대 황제인 경태제景泰帝로 영종英宗이 일으킨 정변 때, 궁궐에서 목 졸라 죽임을 당하였으나 왕의 예를 갖추어 위취앤산의 베이진산(北金山, 북금산) 입구에 안장하였다.

장릉長陵

자신의 조카 건문제를 죽이고 권좌를 빼앗은 영락황제는 매우 잔

인한 사람이었다. 왕위를 찬탈하는 동안 자신에게 항거했던 소위 반동 분자들을 모두 색출하여 가죽을 벗기거나, 펄펄 끓는 기름 가마나 혹은 펄펄 끓는 물 가마에 넣어 죽였으며 반동 분자들의 여인네들은 모두 기원妓院으로 보내 기생을 만들었다. 당시 피바다를 이룬 수도 난징에서는 곡성이 끊이지 않자 영락황제조차도 불안하여 수도를 난징에서 베이징으로 옮기고 자금성과 13릉을 지었다. 지금 우리가 베이징에서 볼 수 있는 자금성은 영락황제의 작품이나. 역대의 살인마가 후손을 위해 이런 진귀한 문화 유산을 남길 줄이야 그 누가 상상인들 하였겠는가? 그는 살아서 온갖 부귀영화를 누리는 한편, 죽음에 대한 준비를 한 사람이었다.

그는 베이징 서북 교외 창핑(昌平, 창평) 텐서우산(天壽山, 천수산) 아래에 명나라 태조인 주원장의 효릉보다 그 규모와 화려함에서 결코 손색 없는 왕릉을 지었다. 그는 황제로 등극한 후 7년 뒤인 1409년부터 자신이 안식할 창릉을 짓기 시작하여 4년 후인 1413년에 완공하였다.

◀ **명 13릉** : 명13릉은 베이징 북쪽의 창핑현 징텐서우산 남쪽에 위치하고 있다. 명나라 황제 13명이 이곳에 안장되어 있어서 명13릉이라고 부른다. 황제가 붕어하면 궁인 30명이 함께 순장되었다. 이 능을 짓기 위해 수많은 사람들이 희생되었다.

영락황제는 1409년 자신의 능을 짓기 위한 기공식이 황투산(黃土山, 황토산) 아래에서 시작되었다는 소식을 듣고 달려와 군신들과 함께 그곳에서 술을 마시고 시를 지으면서 축하연을 열었다. 영락황제의 환심을 사기 위해 황투산을 텐서우산으로 칭하자 영락황제는 이를 듣고 매우 기뻐하여 당장에 황투산을 텐서우산으로 개칭하라는 명령을 내렸다. 당시 그의 능묘를 짓기 위해 동원된 인력만도 40만 명이었다.

제사를 지내기 위해 건립된 능은전陵恩殿은 베이징 지역에 보존된 가장 완전한 명대의 건물이자 현존하는 중국 최대의 목조 건물 중 하나이다. 그가 묻힌 장릉은 다른 12개의 능보다 가장 긴 길이 나 있다. 이 길을 신도神道라고 지칭하였는데 신도 양 옆으로는 낙타, 코끼리, 사자, 기린麒麟[4] 등 동물들의 석상이 각각 앉은 자세와 서 있는 자세로 길게 늘어서 있어 장관을 이룬다. 아울러 패루牌樓[5] 또한 다른 능의 것에 비해 가장 크다. 영락황제 능 주위로 12릉이 있으며, 12릉은 모두 그의 자손과 후예들을 위해 만들어진 능이다.

영락황제의 창릉에 이어 재위기간에 자신이 죽어 안장될 능을 손수 지은 황제는 명나라 세종世宗인 가정황제로 그가 묻힌 영릉(永陵: 1536-1548년)과 명나라 신종神宗 만력萬曆황제의 정릉定陵뿐이었다. 이들은 재위기간이 비교적 길었기 때문에 재력을 낭비하면서까지 자신이 죽어서 갈 처소를 짓고 가꾸었으나, 재위 기간이 짧은 황제들은 후손들이 지어준 것이라서 능의 규모가 비교적 작다. 명나라 황제 중 재위 기간이 가장 짧은 황제는 광종光宗으로 황제가 된지 한 달 만에 죽었다. 조정은 시신을 오랫동안 방치하는 바람에 끝내 시

4 중국 신화에 나오는 상서로운 동물.
5 무덤 입구에 외관을 아름답게 장식하기 위해 세운 문.

신을 찾지 못한 경태황제의 능을 수리하여 거기에 묻고 이름하여 경릉慶陵이라 하였다.

명나라의 마지막 황제인 숭정崇禎황제는 1628년 황제의 자리에 오른 후 자신을 위한 능을 만들려고 하였다. 하지만 창핑의 땅은 이미 너무 비좁다고 생각하여 그는 자신의 능을 허베이성 준화현遵化縣 일대에 지으려고 하였으나 뜻을 이루지 못했다. 이곳은 후에 청대에 이르러 동릉東陵이 세워졌다.

1644년 이자성李自成이 베이징으로 입성하자 그해 3월 19일 숭정황제는 목을 메어 자진하였다. 숭정황제가 자결할 후 그의 시신을 제대로 처리할 사람이 없자 숭정황제와 황후의 관을 궁 밖으로 내보내 백성에게 전시하였다. 새로 들어선 정권의 지도자인 이자성이 시신들을 창핑현에 있는 전귀비田貴妃의 무덤에 같이 묻었다. 5월에 청나라 군사들이 들어 오면서 전귀비의 능을 황릉으로 증축하였다. 따라서 이 능은 13릉 중 규모가 가장 작은 사릉思陵이다.

중국 고대의 황제들은 자신의 묘실의 규모에 대한 관심이 컸다. 이는 중국 고대 사회로부터 내려오는 "만물에는 영혼이 있다."라는 사상이 지배적이었기 때문이다. 그들은 사람들이 죽으면 육신은 죽지만 영혼은 불멸하는 것이며 음부의 세계가 존재한다고 믿었다. 따라서 황제들의 능묘를 가리켜 음부의 주택이라는 의미로 음택陰宅이라고도 하였다.

순장

이처럼 명나라 황제들은 살아 생전에 능을 구축하였을 뿐만 아니라, 수많은 보물들과 비단, 자신의 소장품, 금은 보화 등도 자신의 시신과 함께 아낌없이 모두 같이 묻었다. 1956년 발굴 당시, 만력황

▲ **순장유적** : 명나라 태조 주원장이 만든 순장제도는 제6대 황제인 영종때 폐지되었으며, 너무 잔인하여 외부에 새어나가지 않도록 철저히 비밀에 붙여졌다.

제의 능인 정릉에서만 비단 160필이 나왔으며 황제의 용포, 왕관, 보석 백여 점과 진주 5천여 알이 박혀있는 황후의 왕관도 출토되었다. 마치 지하에 보석 가게를 차리기라도 한 것처럼 수많은 값진 금은 보화가 출토되었다. 뿐만 아니라 명나라 때에는 황제가 승하하면 많은 비빈들을 같이 순장시켰다. 명나라 태조인 주원장이 순장제도를 만든 후 계속 이 제도를 이어갔다. 순장에 관한 자세한 것은 너무 잔인하여 외부에 새어나가지 않도록 철저히 비밀에 붙였기 때문에 남아있는 기록이 거의 없다.

그러나 우리나라 조선시대 《조선왕조실록朝鮮王朝實錄》에서 그 기록을 엿볼 수 있다. 조선의 한씨가 중국 태종太宗황제의 비가 되었는데, 그녀는 태종이 죽자 최씨 성을 가진 또 다른 조선 여인에 의해 한씨가 태종과 함께 순장된 사실이 전해졌다.

황제가 붕어하면 궁인 30여 명이 같이 순장을 당했다. 순장 당일 순장을 당하는 사람은 모두 함께 모여 식사를 하고 죽은 자가 누어있는 장소로 인도된다. 그곳에는 작은 나무 의자들이 놓여 있고, 안으로 들어온 사람들은 모두 그 의자 위로 올라가 위에서 내려진 밧줄을 목에 건다. 밧줄에 목을 걸면 발 밑에 있는 의자들을 쓰러뜨려 목 매달아 죽인 후 같이 묻는다. 죽은 사람들에게는 자신의 생명을 바쳐 황제와 함께 천국에서도 충성을 다할 것이라는 영광스러운 칭송이 주어졌다.

명나라의 제6대 황제인 영종은 1464년 병이 위중하자, 그는 죽기 전 순장제도를 폐지 할 것을 명령했다.

순장도 순장이지만 황제의 능을 건설하기 위해 수많은 산 사람의 목숨도 앗아갔다. 정릉은 13릉 중 그 규모가 중간쯤 된다. 하지만 거기에 사용된 돌들만 해도 2만여 인부들이 28일 동안 운반하였다고 한다. 그렇다면 13릉을 짓기 위해 얼마나 많은 백성이 힘을 쏟았겠는가? 사료에 따르면 규모가 비교적 작은 헌릉獻陵만해도 군인과 목공 등 23만 명을 동원했고, 규모가 가장 작은 경릉景陵도 10만 명이 동원되었다. 죽은 자의 거처를 위해 수많은 살아 있는 사람의 목숨을 바쳐야 하는 모순은 암담하고 우매한 중국 역사의 한 단면을 보는 듯 하다.

12) 베이징의 피서지 '룽칭샤(龍慶峽, 용경협)'

룽칭샤는 북방의 웅장한 산수의 면모를 잃지 않으면서도 남국의 수려한 산수를 가지고 있으므로 소계림小桂林이라고도 한다. 룽칭샤는 여름 평균 기온이 베이징보다 6.4도 정도 낮아 베이징 외곽 지역에 있는 피서지로 각광을 받고 있다. 룽칭샤는 만리장성에서 멀지 않다. 아침 일찍 출발하여 만리장성에 올라가 장성의 웅장함을 만끽하고 룽칭샤에 가서 배를 타며 산수를 즐기자면 정말 더할 나위 없는 피서를 즐기고 있는 기분이 든다.

룽칭샤에 도착하면 멀리 앞 산에 빨간색 글씨로 크게 룽칭샤龍慶峽라는 한자가 써 있다. 이는 중국의 전 국가 주석이었던 쟝쩌민江澤民이 쓴 글씨체를 그대로 본 떠 산 위를 깎아 놓았다. 입장료를 지불하고 조금 걸으면 댐으로 올라가기 위한 에스컬레이터가 보인다. 멀리서 보면 승천하는 한 마리 누런 용처럼 보이는데 그 길이가 258미터이다. 에스컬레이터는 또한 절벽을 타고 이어져 있어 멀리서 보면 거대한 용 한 마리가 절벽에서 비늘을 반짝이면서 발톱을 모두 세우고 용트림을 하는 것처럼 보이기도 한다.

에스컬레이터를 타고 한참을 올라오면 배를 탈 수 있는 댐에 도착하게 된다. 댐의 넓이는 50미터이고, 수심은 평균 35미터이지만 배가 정박 되어 있는 곳은 수심이 가장 깊어, 그곳은 60미터나 된다. 여름에 배를 타고 댐 양쪽에 펼쳐진 기암 절벽을 구경하고 있노라면 곧 기암절벽은 댐의 푸르름과 한데 어우러져 장관을 이룬다. 운치 있는 장면들이 눈 앞에 펼쳐지기 때문에 그 경관에 심취하다 보면 더위도 잊어버리고 마치 무릉도원에 와 있는 듯 하다.

겨울이 되면 수심이 깊지 않는 댐은 베이징의 추운 겨울 날씨에 꽁꽁 얼어붙는다. 따라서 겨울이면 댐에서 배를 타는 재미를 느낄 수 없지만 그대신 댐 아래에 얼음 축제가 열린다. 룽칭샤는 겨울에 얼음축제인 빙덩제冰燈節가 열린다. 몇 해 전만해도 만리장성 모형과 아이들 미끄럼틀 등 전시된 작품이 몇 점 되지 않았지만 최근의 룽칭샤의 빙덩제는 제법 큰 규모를 갖추고 있다.

댐을 구경하고 난 뒤 다음 코스는 바로 300미터 길이의 동굴이다. 이 동굴 이름은 바이화셴동(百花仙洞, 백화선동)이다. 동굴에는 200여 종의 꽃과 나무로 봄, 여름, 가을, 겨울을 표현하여 놓았다.

여기에 장식되어 있는 나무와 꽃은 비록 조화지만 생화와 같은 착각을 불러일으킨다. 게다가 새 울음 소리와 물 흐르는 소리 등 효과음과 조명까지 곁들여져 있기 때문에 이곳을 걷고 있으면 어느새 선녀들이 사는 동굴에 와 있는 느낌이다. 여름에 이 동굴에 들어오면 서늘해서 좋고, 겨울에는 따뜻해서 밖에서 얼었던 손발이 어느새 사르르 녹는다.

13) 샹산공원(香山公園, 향산공원)

샹산은 해발 557미터로 최고봉에 거대한 돌인 유봉석乳峰石이 있는데 모양이 향로같이 생겼다. 이곳은 안개가 많이 끼어 안개가 자욱한 날이면 마치 향로에서 연기가 나오는 것 같아 이곳을 향로를 피우는 산이라는 뜻으로 샹루산(香爐山, 향로산) 또는 줄여서 샹산香山이라고 이름하였다. 예로부터 이곳에는 살구꽃이 많이 피어 살구의 향기로운 냄새가 사방으로 퍼져 나갔다고 전해 내려온다.

이곳의 경치는 다른 곳과는 사뭇 다르다. 샹산에 올라가면 머리가 맑아지면서 기분이 산뜻하다. 샹산은 가을이면 단풍이 온 산을 물들여 장관을 이루고 겨울이면 눈 구경하기에 가장 좋은 곳이다. 일찍이 건륭황제는 이곳이 눈을 감상하기에 가장 좋은 곳이라고 하여 서산정설비西山晴雪碑라는 비석을 세워 베이징의 연경 8경 중 하나가 되었다. 원래 이곳에는 볼 만한 경관이 28개나 있었다. 그러나 1860년에는 영국과 프랑스 연합군, 1900년에는 서양 8개국 연합군에 짓밟혀 자연 경관이 많이 훼손되었다. 신해혁명이후에는 군벌과 관료 정객들이 이곳에 별장을 대거 짓는 바람에 경관이 또 한차례 훼손되었다.

둥궁먼(東宮門, 동궁문)은 샹산의 정문으로 동쪽을 바라보고 앉아 있다. 건륭황제가 이곳을 징이위앤(靜宜園, 정의원)이라고 하여 징이위앤이라는 현판이 크게 걸려 있다.

샹산반점(香山飯店, 향산반점)은 샹산에 있는 호텔이다. 이곳은 청나라 강희황제가 자주 찾은 피서지였다. 이 호텔의 설계는 미국 국적을 가진 유명한 중국인 건축가가 설계한 것으로 중국 전통 가옥인 쓰허위앤(四合院, 사합원)과 쑤저우蘇州에 있는 정원 형식을 재현하였고, 여기에 현대식 건축양식을 가미하여 운치 있게 설계하였다.

샹산사(香山寺, 향산사)는 요遼나라 때 아러미阿勒彌라고 하는 관료의 사가였다. 아러미는 산수가 빼어난 이곳에 사택을 지었다. 1186년에는 이곳에 융안사永安寺라는 사찰이 세워졌으며 융안사는 간루사甘露寺라고도 불렀다. 지금은 이 사찰을 샹산사香山寺라고 한다. 그 후 이곳에 회경루會景樓[6]와 제성대祭星臺[7] 등을 세우자 제법

▲ **샹산공원** : 샹산공원은 가을 단풍으로 유명하다. 10월이면 단풍문화재가 열리기도 한다.해발 557미터이고, 안개가 자욱한 날엔 마치 향로에서 연기가 나오는 것 같다하여 향로산 즉 향로를 피우는 산이라고 한다.

황가의 정원으로서의 면모를 갖추기 시작하였다. 1745년 청나라 건륭황제 때에는 이곳에 대규모 공사가 이루어졌으며 곧 황제의 삼산오원三山五園 중 하나가 되었다.

샹산사는 5층 대전으로 되어 있고, 성곽, 종각 등이 있었으나 영불연합군과 8개국 연합군의 습격을 받아 전소하고 지금은 대전 앞 비석만 덩그렇게 남아있다. 이 비석은 어떠한 화마에도 견딜 수 있는 재료로 만들어졌다. 비석 자체도 높은 예술적 가치가 있지만 비석 정 중앙에는 《금강경》이, 좌측에는 《심경》이, 우측에는 《관음경》이 새겨져 있다.

솽칭별장(雙淸別墅, 쌍청별야)은 샹산사 동남쪽 언덕에 있으며 조용하고 아담한 정원이 하나 있다. 별장 안에는 두 개의 물줄기가 산에서부터 내려온다 하여 두 개의 시원한 물줄기라는 의미로 솽칭雙淸이라 하였다. 1949년 3월 25일 마오쩌둥은 중난하이中南海, 즉 중국 고위관리들이 사는 지역으로 이주하기 전, 그 해 11월까지 이곳에 머물렀다. 이곳에 있는 팔각정에서 그는 〈인민해방군이 난징을 점령하였다〉라는 중요한 문건을 낭독하기도 하였다.

량펑정(閬風亭, 양풍정)은 길을 따라 내려오다 보면 정자가 하나 보이는데 그 정자 옆 돌 위에 량펑閬風이라는 글씨가 새겨져 있다. 이곳에 서서 서산을 바라보면 마음이 넓어진다고 한다.

위화산장(玉華山庄, 옥화산장)은 명나라 때 사찰이 있었던 곳으로, 그때 사찰의 이름이 위화사玉華寺였다. 후에 이곳을 산장으로 고쳤다. 이곳은 단풍을 감상하기에 좋은 곳이다.

샤오묘(昭廟, 소묘)는 위화산장 북쪽에 위치하고 있는 티베트식

6 누각.

7 제사를 드리는 곳.

즉 라마교풍의 사찰이다. 이 사찰은 1780년 건륭황제 45년에 티베트에서 온 라마승을 환영하기 위해 세웠으며 높이가 30미터이다. 지붕 처마에는 56개의 동으로 된 풍경이 있어 바람이 불 때 마다 나는 풍경소리가 무척 아름답다.

젠신제(見心齋, 견심제)는 황제들이 독서를 하는 곳이다. 명나라 가정원년인 1522년에 처음 세워졌으며, 청나라 가경원년인 1796에 재건했다. 안에는 양쯔강 이남의 정취를 담은 작은 뜰이 있다. 뜰 안 동쪽에는 반원형의 분수가 있고, 용머리 모양의 돌이 맑은 물을 분수대 안으로 뿜어내고 있다. 그 경관이 매우 아름다워 샹산 중의 샹산이라고 부른다.

옌징후(眼鏡湖, 안경호)는 젠신제 아래에 있으며 젠신제에서 내려다 보면 작은 두 개의 호수가 마치 안경과 같아 보이기 때문에 안경 모양의 호수라는 의미로 옌징호라고 이름하였다. 두 개의 호수 사이에는 작은 돌다리가 있는데 이는 안경의 두 글라스를 연결해 주는 안경테처럼 보인다.

샹산공원은 베이징의 서쪽에 있는 시산(西山, 서산)동쪽에 위치해 있으며, 베이징 시내와는 약 20킬로미터 정도 떨어져 있다. 지금의 샹산공원은 중국인들에게 있어서 관광지라는 개념보다는 등산코스로 널리 알려져 있다. 따라서 샹산에 오르다 보면 이곳에 등산을 목적으로 온 베이징 사람들을 많이 만난다. 샹산은 산 정상까지 편하게 오를 수 있도록 등산로가 잘 포장되어 있다. 이곳을 찾는 이유는 등산도 좋지만 수려한 경관을 만끽하며 땀 흘리며 올라가다 산 중턱에 있는 중국 전통 찻집에서 마시는 중국 차는 정말 속세의 모든 시름을 씻어 주는 느낌이 나기 때문이다. 뿐만 아니라 샹산공원은 구석구석까지도 나무랄 데 없이 아름다운 곳이다. 그리고 조용하게 한적한 경치를 바라보면서 마음을 다시 가다듬을 수 있기 때문에 샹산이 좋다.

14) 베이징의 골목 '후통胡同'

베이징의 특색 있는 장소 중 하나는 바로 "후통"이다. 후통의 기원은 원나라까지 거슬러 올라간다. 13세기 초, 몽고의 칭기스칸은 군사를 이끌고 쳐들어와 금나라의 궁궐을 모두 불태워 도성이 폐허가 되었다. 그 후 몽고족들은 원나라를 세우고 도성을 새로 건립하였는데 이를 다두(大都, 대도)라고 칭했다. 그리고 원은 다두성을 모두 50여 개의 구區로 나누고 이를 팡坊이라 하였다. 팡과 팡 사이에는 넓이와 길이가 다른 400여 개의 골목이 존재하였다.

원나라가 멸망한 후 원나라 다두의 기초 위에다가 명나라는 다시금 도성을 세워 이를 베이징이라고 하였다. 베이징성은 다시 36팡으로 나뉘었고, 골목은 1100여개로 늘어났다. 청나라 때는 골목이 베이징 성문 안에만도 1400여 개, 성문 밖의 600여 개까지 합치면 2000여 개가 되었다. 신해혁명으로 청나라가 멸망한 이후에도 베이징의 골목은 계속해서 늘어나 해방 전까지는 그 수가 3000개로 늘어났다. 그리고 골목 수가 가장 많을 때는 6000여 개에 달했다고 전해진다.

당시는 구획정비가 잘 되어 있어서 남북으로 이어진 넓은 길은 마차가 다닐 수 있었기 때문에 길이란 의미의 마루馬路라고 불렀다. 반면에 동서로 나있는 좁은 길은 사람만이 다닐 수 있었기 때문에 후통이라고 했으며 후통 양쪽은 보통 중국의 전통 가옥인 쓰허위앤이 있었다.

후통의 어원은 몽고어에서 유래되었으며 전문가들의 고증에 따르면 "우물"이란 뜻이라고 한다. 우물이 있는 곳에 사람들이 모여 살았으므로 후통의 원래 의미는 "사람들이 모여 사는 곳"이다. 그래서인지 이상야릇한 베이징의 골목 이름 중에 몽고어로 해석하면 그 의미가 무엇인지 금방 알 수 있다. 예를 들면 스커랑屎殼郎후통은 "단 우물甛水井"이란 뜻이고, 뭐허墨河후통은 "냄새 나는 우물"이란 뜻으로 오염된 우물이 있는 후통에 쓰였다. 마량馬良후통 혹은 마량螞螂후통은 "가축이 먹는 우물"이란 뜻이다. 베이징에는 또 마오帽후통도 많다. 이를 몽고어로 해석한다면 "먹을 수 없는 우물"이란 뜻이다. 마오후통 이름 앞에 성姓씨를 붙이면, 그 우물은 그 성씨를 가진 사람의 소유라는 의미다. 예를 들면 주마오朱帽후통은 주朱씨 성을 가진 사람이 이곳에 살며, 이 후통의 우물은 주 씨의 것이라는 뜻이다.

20세기 특히 해방 후에는 많은 후통들의 이름을 듣기 좋게, 아름답게 모두 바꾸어 지금은 원래의 명칭을 보존하고 있는 후통은 극히 일부에 지나지 않는다. 예를 들면 중국어로 풀이하면 과부라는 의미를 가지고 있는 왕과푸王寡婦후통은 왕광푸王廣福후통으로, 벙어리란 의미의 후통인 다야바大啞巴후통을 다야바오大雅寶로 그리고 양의 꼬리란 의미를 가지고 있는 양웨이바羊尾巴후통은 샤오양이빈小羊宜賓후통으로 그 이름을 바꿨다.

사막과 초원에서 유목생활을 하던 유목 민족들은 인구밀도가 높은 도시 생활이 낯설었지만 워낙 수자원을 중시했으므로 문 밖에 우물이 있다면 말과 가축을 먹일 수 있다는 생각을 했을 것이다. 실제로 후통 이곳 저곳을 다니다 보면 오랜 세월 동안 말라 버려 뚜껑을 닫아 놓은 우물들이 눈에 띈다. 우물은 그 당시 아녀자들이 이곳에서 쌀과 찬거리를 씻으며 꼭꼭 닫힌 쓰허위앤 속에 갇혀 사는 답답함을 풀 수 있는 장소였을 것이다. 후통과 쓰허위앤의 조화는 환상적이다.

쓰허위앤은 우리의 초가집이나 기와집처럼 베이징의 서민들이 살았던 대표적인 주거지로, 모두 명 · 청 시대의 유물이다. 쓰허위앤의 구조는 마치 상자 모양으로 폐쇄적이다. 베이징 사람들에게 있어 이상적인 집은 독립된 정원과 대문을 갖추고 4대가 함께 살아가며 가정의 즐거움 즉 천륜지락天倫之樂을 즐기는 곳이다. 그래서 쓰허위앤의 구조는 보통 안쪽과 바깥쪽 정원으로 나누어지며, 안쪽 정원은 안쪽에 위치한 건물들로 둘러 싸여 있고, 바깥쪽 정원은 바깥쪽에 있는 건물로 둘러 싸여 있었다.

해방 이후부터 최근까지 도시 건설이 급속하게 이루어지면서 베이징에 고층빌딩과 아파트가 늘어나자 쓰허위앤과 후통은 점차 사라지고 있다. 후통이란 옛 문화를 보호하기 위해 베이징시 정부는 특색 있는 후통을 역사문화 보호지역으로 정하여 보존하고 있다.

후통 중 유명한 후통이 있는데 이는 "첸시錢市후통"으로 베이징의 후통 중 가장 좁은 후통이다. 이 후통 안에는 모두 첸錢씨 성을 가진 사람들이 모여 살았으며 그 넓이가 80센티미터 밖에 안 되어 두 사람이 지나갈 때면 두 사람 모두 몸을 옆으로 틀어야만 간신히 지나다닐 수 있는 곳이다. 첸시후통의 길이는 약 30에서 40미터이다. 반면에 테스즈鐵獅子후통은 비교적 넓은 후통이다.

베이징 후통은 베이징 평민들의 생활을 이해 할 수 있는 좋은 장소이다.

베이징 먹거리

제3장

1) 베이징의 오리고기 '베이징카오야北京烤鴨'

2) 양고기 샤브샤브 '솬양러우涮羊肉'

3) 베이징에는 자장면炸醬面이 있을까?

4) 베이징의 양꼬치 '양러우촨羊肉串'

5) 베이징의 아침식사 '베이징 저우(粥, 죽)'

6) 베이징의 궁중요리 '만한전석滿漢全席'

제3장 베이징 먹거리

중국 사람들은 예로부터 먹는 것을 생활의 중심으로 생각하였다. "민이식위천 民以食爲天", 즉 "백성은 먹는 것을 하늘로 여긴다."라는 중국 속담도 있다. 그래서인지 음식 자체나 음식문화에 대한 관심이 높은 중국은 오랜 전통을 자랑하는 명실공히 "요리의 왕국"으로 현재는 6만 여 가지의 전통요리와 후식, 2만 여 종의 가공식품이 있다.

중국 음식문화의 특징이라면 첫째로 다양성을 들 수 있다. 다양한 식재료뿐 아니라 시대에 따라 새로운 요리기법이 도입되고, 지역과 경제, 민족과 종교 등 거시적인 측면에서부터 요리재료와 식기구, 소비계층, 접대문화 등 비시적인 부분까지 다각도로 분류가 이루어지고 있으며 맛도 천차만별이다. 둘째로는 양기를 북돋는 식사를 중시하기 때문에 야채를 위주로 한 식단에 한방 약재를 섞은 자양강장 식품과 보약 등으로 몸보신을 꾀한다. 셋째로 다섯 가지 맛, 즉 오미五味인 쓴맛, 단맛, 짠맛, 매운맛, 신맛의 조화를 중시하기 때문에 감칠맛이 있는 음식으로 정평이 나있다. 넷째로 특이하고 변화가 무쌍한 조리법은 먹는 즐거움을 주고 있을 뿐 아니라 만들어 놓은 음식의 다양한 색이나 형태에서 보는 즐거움을 더해 주고 있다. 아울러 중국의 음식문화는 직접적으로는 일본, 몽고, 한국, 태국, 싱가포르 등지와 간접적으로는 구미와 아프리카지역 등에도 영향을 미치고 있다.

중국의 음식문화는 지역적으로 북방과 남방으로 대별할 수 있다. 북방 사람들은 밀가루 음식, 즉 만두, 교자, 면 종류의 음식을 즐겨 먹은 반면, 남방 사람들은 쌀밥과 해산물 요리를 즐겨먹었다.

중국의 4대 요리라면 산둥성의 루차이魯菜, 쓰촨성의 촨차이川菜, 광둥성의 위에차이粵菜, 상하이 지역의 쑤차이蘇菜를 꼽는다. 요리마다 특징이 있고 맛이 다르다. 루차이는 향기롭고 순한 맛이 특징이고, 촨차이는 매운 요리가 많기 때문에 한국 사람의 입맛에 가장 잘 맞는다. 우리가 흔히 알고 있는 중국요리 중 마파두부가 대표적인 촨차이 중 하나다. 위에차이는 광둥지방과 홍콩요리로 매우 정교하고, 생선과 해산물 요리가 많다. 쑤차이는 달콤하고 세밀한 조리방법이 특징이다.

중국인들이 식사를 할 때 식사 메뉴를 보면 크게 전채요리 즉 첸차이(前菜-appetizer), 주 요리에 해당되는 다차이(大菜-main dish), 그리고 탕(湯-soup), 마지막으로는 후식인 텐핀(甛品-desert)으로 나누어져 있다. 첸차이는 냉채요리가 주류를 이루고, 다차이는 튀김요리인 자차이炸菜, 볶음요리인 차오차이炒菜, 찜요리인 정차이蒸菜, 구이요리인 카오차이 烤菜, 그리고 야채요리인 쑤차이素菜 등이 있다. 따라서 중국 음식을 시킬 줄 모른다 하더라도, 또 식단 메뉴를 전혀 알지 못한다 하더라도, 메뉴를 보면 메뉴 명칭 중 炸(터질 작), 炒(볶을 초), 蒸(김오를 증, 찔 증), 烤(불에 쬐어 말릴 고) 등의 글씨가 보이면 차례대로 이는 튀김요리, 볶음요리, 찜요리, 구이요리이므로 적어도 요리법은 판별할 수 있을 것이다.

중국 사람들은 서양과는 달리 메인 요리를 다 먹은 후에 탕 요리를 먹는다. 요리만으로도 배부르면 바로 후식인 텐핀을 먹을 수 있지만, 텐핀을 먹기 전에 보통 주식主食을 주문할 것을 요구한다. 주식이라면 보통 밥이나 면, 혹은 만두 종류가 된다. 주식이 끝나면 후식인 텐핀이 나오지만 텐핀의 종류에는 튀긴 음식도 많다. 예를 들면 바나나를 튀긴 것이나, 사과를 튀긴 것도 있다.

베이징 요리는 줄여서 징차이京菜라고도 한다. 베이징은 수도로 정치, 경제, 문화의 중심지가 된지 오랜 역사에 걸맞게 궁중요리를 주로 한 고급요리가 발달되었다. 한족, 만주족, 몽고족, 회족 등 각 민족이 베이징에 오랫동안 거주하면서 음식을 요리하는 방법이나 기술에 있어서 장점을 취하고 단점을 보완하는 상호작용이 일어났다. 아울러 베이징이라는 지역적 위치 때문에 베이징 요리는 중국 본토의 맛과 주로 산둥山東 지방의 맛이 어우러져 원, 명, 청, 3대 궁중요리의 정수를 계승하였다.

원나라 때는 베이징 요리가 몽고 공주의 입맛에 잘 맞아서 점차 유명세를 타기 시작했다. 그러나 명나라 때 들어서서 그 인기가 잠시 시들해졌다가 청나라 때에 와서는 더욱 다채롭고 성대하게 변했다. 특별히 우리에게도 잘 알려진 만한전석滿漢全席은 베이징 요리 발전사에 있어 초절정을 이루고 있다.

1981년 베이징 베이하이北海에서 재현된 만한전석에는 134가지 요리와 48가지 차게 해서 먹는 고기 요리 그리고 각종 디저트와 과일이 차려졌다. 연회석상에는 여섯 차례에 나눠서 요리가 올라왔는데 이를 맛본 사람들의 입에서는 침이 마르도록 칭찬이 자자했다. 1983년 10월에서 11월까지 광저우에서는 만한전석을 위탕옌玉堂宴, 룽먼옌龍門宴, 진화옌金花宴, 뤼밍옌鹿鳴宴 4개의 주요 연회로 나누어 시연회를 열었다. 시연회에서는 128가지 요리가 선보였다.

만주족 요리는 주로 불에 굽거나 삶이고, 한족의 요리는 수프요리가 대부분이다. 만주족과 한족의 요리의 특성을 결합한 것이 바로 베이징 요리의 결정판이다. 베이징 요리는 엄밀하게 따진다면 산둥요리뿐 아니라 산시山西요리, 궁정요리 등이 포함되어 맛도 특별할 뿐 아니라 독특한 식사 방식도 갖추고 있어 베이징 요리를 더욱 풍부하고 다채롭게 한다. 최근에는 남쪽지방의 요리와 서쪽 지방의 조리법이 유입되면서 베이징 요리는 더욱 "깔끔하고, 신선하고, 바삭바삭하고, 부드러운" 특징이 두드러지고 있다.

베이징 요리는 신선함, 진한 맛 그리고 향이 맵다. 그러나 실제로 베이징 요리를 딱히 한마디로 개괄해서 표현하기가 어렵다. 그 이유는 베이징 요리는 남과 북의 맛을 모두 구비하고 있을 뿐 아니라 한족과 소수민족의 맛이 서로 섞여있다는 데 있다.

베이징 요리의 특색이라면 재료를 광범위하게 사용하고, 모양과 색깔이 다양하고, 맛이 일품이고 짜고, 달고, 시고, 맵고, 술이나 간장 향이 많이 난다.

베이징 요리는 중국의 4대 요리, 혹은 8대 요리에 속하지 않지만 베이징 요리 중 유명한 요리가 몇 가지 있다.

1) 베이징의 오리고기 '베이징카오야北京烤鴨'

▲ **베이징 카오야**는 대표적인 베이징 음식으로 구운 오리고기라는 뜻이다.

중국인에게 베이징의 대표적 음식이 무엇이냐고 물으면 누구나 베이징덕duck을 이야기 한다. 우리 나라 전주비빔밥이 유명하듯이 베이징에서 제일 유명한 음식이 베이징덕이다. 베이징덕이라는 명칭은 외국인에게 널리 알려진 이름이고, 중국인들은 베이징카오야北京烤鴨라고 부른다. 베이징은 북경의 중국식 발음이고 카오야는 구운 오리고기라는 뜻이다.

천안문 광장에서 멀지 않은 허핑먼취앤쥐더和平門全聚德 카오야덴烤鴨店은 맛있는 오리구이를 전문으로 하는 집으로 유명하다. 취앤쥐더全聚德는 오리구이 전문점의 브랜드 네임이므로 중국인들은 오리구이를 먹는 음식점만큼은 취앤쥐더라는 이름을 갖고 있는 곳을 고집한다.

베이징카오야의 유래

취앤쥐더는 양취앤런楊全仁이라는 농민이 청나라 때인 1888년 베이징에 상경하여 어느 한 도산한 과일 가게를 입수하여 취앤쥐더全聚德라는 간판을 걸고 오리구이점을 개점한 데서 비롯되었다. 그는 이 상점을 열기 전 생닭, 생오리를 판매한 경험이 있어 오리에 대한 생리를 잘 알고 있었다. 아울러 도산한 과일가게 이름이 더쥐취앤德聚全이었다. 오리구이점 취앤쥐더와는 완전히 상반된 이름이었다. 양취앤런은 가게 이름을 짓기 위해 유명한 작명가를 불렀다. 그 작명가는 가게 터는 더할 나위 없이 명당인데 이전에 썼던 가게 이름이 잘못되어 거꾸로 행운을 막았다며 가게 이름을 거꾸로 사용할 것을 권유하였다.

그래서 지금의 취앤쥐더가 탄생했다. 취앤쉬너에서 잎 글자 취앤全은 가게의 주인을 상징하고, 뒷글자의 쥐더聚德는 장사를 함에 있어 덕행을 신조로 삼는다는 뜻이 담겨 있다. 과연 가게는 날로 번창하여 오늘에 이르렀다.

베이징카오야의 사육법과 요리법

베이징카오야에 쓰이는 오리는 그 사육법과 요리법이 독특하다. 1933년 베이징카오야에 매료된 독일의 한 여류 사진작가에 의해 소개된 양楊 씨 집안의 맛있는 오리 사육 비법은 다음과 같다. 먼저 잘 고른 오곡곡식으로 오리를 사육하여 오리의 비린내를 없애고, 베이징 서북지역의 옥천산맥 수맥이 흐르는 지역에 오리 사육장을 정하여 옥천산맥에서 흐르는 광물질이 풍부한 미네랄 워터를 오리에게 제공한다. 때문에 이렇게 사육된 오리의 육질은 연할 수밖에 없다고 한다.

잡은 오리는 배를 가르지 않고 항문으로 내장을 빼내고, 뜨거운 물에 잠깐 넣어 털을 뽑는다. 이렇게 내장을 빼낸 오리는 뱃속에 공기를 집어넣어 팽팽하게 만든다. 오리 껍질과 살 사이에는 기름이 붙어 있는데, 바람을 불어 넣으면 이 사이가 벌어진다고 한다. 이 상태로 구우면 살과 껍질 사이에 붙어 있던 기름이 모두 녹아 흘러내려서 느끼한 맛이 덜해진다.

오리를 굽는 방식도 중요하다. 오리는 쇠꼬챙이에 걸어 화덕에서 횃불에 구어야 제 맛이 난다. 여기에 쓰이는 땔감은 과일나무 장작이어야 한다. 과일나무는 화력이 세고, 향긋한 냄새가 나기 때문이다. 굽는 시간은 불의 온도(280도에서 320도)에 따라 다르겠지만 보통은 45분 정도가 소요된다. 구어진 정도와 불의 열기에 따라 적당한 시기에 방향을 바꾸어 주어야 하는 데 이때 어지간히 숙련된 요리사가 아니고는 적절한 타이밍에 민첩한 손놀림이 불가능하다. 잘 구어진 오리의 껍질은 빛깔부터가 다르다. 붉은 대추빛으로 윤기가 번지르르 할 뿐 아니라 껍질은 바삭바삭하고 부드럽다.

잘 구어진 베이징카오야를 얇은 밀전병에 5센티미터정도 길이로 채친 대파와 자장을 넣고 싸서 먹으면 그야말로 꿀맛이다.

베이징의 유명한 베이징카오야점

천안문 광장 부근 허핑먼에 있는 취앤쥐더 카오야덴은 아시아 최대의 단일 메뉴 식당이자 베이징에서 가장 유명한 베이징덕 전문점으로 유명하다. 1979년 5월 1일에 개업하였고, 사용면적이 1212평으로 내부 연회장은 40개나 되며, 제일 큰 연회실은 약 500명 가량의 인원을 수용할 수 있다. 2000명 가량을 동시에 수용할 수 있는 이곳은 총 4층으로 언제나 만원이다.

웨곤에 실려 나온 기름이 잘잘 흐르는 베이징덕을 하얀 모자를 쓰고 흰색 가운을 걸친 요리사가 흔히 중국 주방장들이 사용하는 네모난 큰 식칼로 한 입에 먹기 좋게 오리고기를 발라 내려 간다. 순식간에 살점이 떨어져 나온 오리고기가 하얀 접시에 내리는 눈처럼 쌓이면, 요리사의 빠르고 정확하게 이루어지는 능숙한 손놀림에 탄성과 더불어 군침이 돈다. 앙상하게 남은 오리뼈는 다시 웨곤에 실려 주방으로 들어가 15분이 경과되면 맛있는 탕으로 변신하여 뒷맛을 깔끔하게 정리해준다.

오리구이 한 마리가 위안화 160원에서 170원 정도이므로 우리 돈으로는 2만원에서 2만5000원 정도이다. 구운 오리고기는 기름도 많고 밀전병에 싸서 먹기 때문에 몇 점만 먹으면 쉽게 포만감이 느껴진다. 때문에 오리 한 마리로 네 사람이 먹기에 충분하다. 좀 부족하다 싶어 다른 음식을 주문할 때에는 볶고 튀긴 음식을 주문하는 것보다 기름진 오리구이와 조화를 이룰 수 있고, 오리고기의 느끼한 맛을 없애 주는 반찬종류, 예를 들면 오이피클, 양배추 절임, 샐러드 등을 주문하는 것이 좋다.

베이징카오야의 원조는 누구?

중국 사람들은 대부분 양취앤런이 고안한 취앤쥐더카오야가 오리구이의 원조라고 알고 있지만 사실 그보다 더 일찍이 명나라 때부터 전해내려 오는 카오야가 있었다. 취앤쥐더카오야보다 더 원조격인 오리구이는 펜이팡便宜坊카오야이다. 취앤쥐더카오야는 화덕에서 과일나무 장작에 불을 지펴 타오르는 불꽃으로 굽지만 펜이팡便宜坊카오야는 오리를 굽기 전에 먼저 수수장작을 태워 화로의 온도를 알맞게 맞춘다. 온도가 어느 정도 맞춰지면 쇠꼬챙이에 걸려진 털이 제거된 오리를 화로에 넣고, 쇠로 된 뚜껑을 닫는다. 밖에서 땐 불의 온도가 쇠 뚜껑으로 전해져 그 안에 있는 오리들이 화로 속에서 구워지는 것이다. 이 방식은 온도가 너무 높으면 오리가 타고, 너무 낮으면 익지 않아 고도로 숙련된 숙련공이 아니면 불의 온도를 조절하기가 어렵다는 게 흠이다.

베이징카오야를 파는 상점에 만약 "팡坊"이라는 한자가 써 있으면 이는 불에 직접 굽는 식의 오리구이가 아니라, 화로의 열로 구어진 오리고기를 판매하는 곳이라는 뜻이다.

2) 양고기 샤브샤브 '솬양러우涮羊肉'

베이징카오야를 모르는 베이징 사람이 없듯이, 베이징 사람이라면 모두 솬양러우에 대해서도 익히 알고 있다. 솬양러우는 먹기에 간편하고, 맛있어서 베이징사람 모두가 즐겨 먹는 요리 중 하나다.

솬양러우의 유래

솬양러우의 기원은 원나라로 거슬러 올라갈 수 있다. 후에 원나라의 세조世祖가 된 쿠빌라이 칸이 대군을 이끌고 남하하여 전쟁을 치르고 있었다. 어느 날 전쟁에 지쳐 있을 때 문득 고향 생각이 나면서 고향의 맛인 삶은 양고기가 먹고 싶었다. 양고기 요리를 대령할 것을 명령하고 이제나 저제나 진미를 기다리고 있는데 적군이 쳐들어 왔다는 보고를 받았다. 원 세조는 배고픔을 참지 못하고 양고기를 빨리 상에 올릴 것을 재촉하였다. 평소에 그를 모시던 주방장은 그가 참을성이 없다는 것을 잘 알고 있는 터라 재빨리 양고기 한 덩어리를 얇게 저며 끓는 물에 얼른 익혀 내 소금을 뿌려 주었다. 원 세조는 몇 그릇을 순식간에 해치우고 전쟁에 임해 대승을 거두었다. 승리를 거둔 원 세조는 주연을 베풀어 전쟁의 승리를 경축하는 자리에서 다시 출전하기 전에 먹었던 양고기를 올릴 것을 명령했다. 주방장은 가장 연한 양고기를 아주 얇게 저며 끓는 물에 익혀 갖가지 양념을 하여 상에 올리자 그 감칠 맛에 원 세조는 연방 감탄사를 내뱉었다. 이때부터 끓는 물에 데친 양고기 요리 쏸양러우가 탄생하게 되었다. 쏸양러우에 쏸涮의 의미는 끓는 물에 살짝 데친다는 뜻이다. 쏸양러우는 이때부터 궁정에서만 향유할 수 있는 별미가 되었다.

일설에 의하면 청나라 광서황제 연간에 베이징의 둥라이순東來順이라는 양고기 음식점 주인이 궁중의 내시와 내통하여 궁중에서 먹는 쏸양러우 양념비법을 빼내어 그때부터 베이징시내의 고급 식당에서 이 요리를 선보이기 시작하였다 한다. 쏸양러우는 18세기 청나라 때에 "양러우 훠궈(羊肉火鍋: 양고기 샤브샤브)"로 발전되었다. 따라서 지금은 쏸양러우라고 하면 양러우 훠궈를 가리킨다. 청나라 강희, 건륭황제 때에 궁중에서 베푸는 대규모의 연회 때마다 양러우 훠궈를 선보였다고 전해진다.

후에는 무슬림이 경영하는 식당을 통하여 양러우 훠궈는 시중에 선보였다. 《구도백화 舊都百話》에는 "북방의 유목민족들이 들여와 연구, 발전을 거듭하여 별미가 된 양러우 훠궈는 양고기를 전문으로 하는 식당에서 추운 겨울에 즐길 수 있는 맛이 일품인 요리이다."라고 적혀 있다.

1854년 베이징 정양러우正陽樓에 개업한 양러우 훠궈점은 한족이 문을 연 최초의 양고기 샤브샤브점이었다. 이곳에서는 썰어놓은 양고기는 얇기가 마치 종잇장 같다 하여 솜씨뿐 아니라 맛으로도 정평이 자자하였다. 1914년 베이징의 둥라이순양러우관東來順羊肉館 주인은 최고의 대우와 급여를 주는 조건으로 정양러우에서 양고기를 써는 주방장을 스카우트하여 양러우 훠궈점을 개업하였다. 그 후 수십 년 동안 양러우 훠궈점만을 경영한 동라이순은 양고기 선택에서부터 양고기를 얇게 저미는 기술, 갖가지 양념에서부터 샤브샤브에 사용되는 냄비 등에 관한 연구를 거듭한 끝에 양러우 훠궈점으로 최고의 명성과 지위를 얻었다.

베이징의 대표적인 요리를 꼽으라면 주저 없이 베이징카오야와 베이징 솬양러우를 꼽을 수 있다.

솬양러우 훠궈를 먹는 방법

양고기를 처음 먹으면 양고기 특유의 냄새 때문에 거부감을 느끼기 십상이지만 솬양러우는 이런 거부감을 단번에 일소시켜주는 요리다. 종이처럼 얇게 썬 양고기를 펄펄 끓는 맑은 육수에 던지면 순식간에 색깔이 변한다. 그런 양고기를 꺼내먹으면 양고기는 그야말로 입안에서 살살 녹는다. 이렇게 양고기를 먹다 보면 적어도 솬양러우를 먹을 때 만큼은 양고기의 그 연한 맛이 쇠고기를 능가한다는 것을 알 수 있다.

솬양러우점에 가면 식탁에 냄비를 놓고 끓일 수 있는 설비가 있다. 우리나라에서 샤브샤브 집이나 부대찌개, 해물찌개 집에 가면 식탁마다 놓여있는 설비와 비슷하다. 일단 자리를 잡고 앉으면 종업원이 육수를 냄비에 올려 준다. 수프는 맑은 곰탕과 같은 칭탕淸湯이 있고, 요즘은 매운 맛을 즐기는 사람들이 있어 매운 맛이 가미된 라탕辣湯이 있다. 요즘 솬양러우집은 한 냄비에 반은 칭탕, 다른 반쪽에는 라탕을 함께 넣고 끓일 수 있는 냄비를 개발하여 손님들이 동시에 두 가지 맛을 다 즐길 수 있도록 한 곳이 많다.

육수를 불에 얹고 나서 종업원은 다시 육수에 넣을 수 있는 고기, 야채 등을 주문할 수 있는 주문서를 가져온다. 그러면 주문서 안에 있는 리스트들을 보고, 기호대로 육수에 넣어 익혀 먹을 음식들을 주문한다. 주문서에 적힌 음식은 대체로 두부류, 야채류, 고기류, 어묵류, 당면류, 해물류 등으로 나눌 수 있다. 먹을 만큼의 양을 주문하여 먹다가 모자라면 추가 주문이 가능하다. 주문된 재료들은 모두 날 것으로, 깨끗이 씻어 나온다. 육수가 펄펄 끓으면 재료들을 넣고, 익은 것 순으로 건져 먹는다. 건져서 그냥 먹는 것이 아니라, 소스에 찍어 먹는데 여기서 중요한 것이 소스 맛이다. 소스도 종류에 따라 맛이 다르다. 어떤 곳은 자신들만의 소스를 고객의 입맛에 맞게 개발하여 제공하는 곳도 있다. 만약 약간의 반주를 곁들인다면 중국 술 중에서도 주예칭竹葉靑이 가장 좋다고 한다.

3) 베이징에는 자장면炸醬面이 있을까?

▲ **베이징의 자장면** : 베이징의 토속음식 자장면은 한국의 자장면과는 다르다. 베이징 자장면은 갖가지 야채를 곁들여 자장에 비벼 먹는다.

베이징사람들은 베이징 자장면을 무척 좋아한다. 베이징의 자장면은 베이징 사람들에겐 매우 대중적인 음식이자, 베이징의 토속 음식이다. 베이징 자장면이 흥한 시기는 청조가 망하고 중화민국 정부가 들어서면서부터이다. 만주족들에게 주는 청조의 복록福祿이 없어지자, 생활이 어렵게 된 중국인들이 자장면을 고안해 내었다고 한다.

베이징 자장면하면 라오베이징老北京 자장면이 가장 유명하다. 옛날 베이징 사람들은 자장면에 대해 애정이 각별해서 평소에 먹기 아까워하고 특별한 때에만 자장면을 먹었다고 한다. 베이징식 라오자장면은 우리가 한국에서 먹는 자장면과는 무척 다르다. 베이징의 자장면은 야채가 많이 들어간다. 오이채, 무우채, 당근채, 샐러리, 배추, 콩나물이 들어가며, 이외에도 완두콩 등이 곁들어져 있어 형형색색의 빛깔을 띤다. 양념으로는 중국식 까만 식초, 고추기름, 그리고 다진 마늘 등이 들어간다. 베이징식 자장면 맛의 관건은 역시 자장이다. 우선 베이징식 자장면에 사용되는 자장은 우리처럼 새까만 자장이 아니라, 노란색 콩으로 만들어진 노란 자장이다. 물론 요즘 일부 음식점들은 노란색 자장이 무척 짜기 때문에 노란색 자장과 새까만 자장을 함께 섞은 자장소스를 만드는 곳도 있다. 따라서 노란색 자장과 검정색 자장을 2:1의 비율로 섞어 사용하는 경우가 많다. 자장소스 속에는 맛있는 돼지고기가 숨겨져 있다. 우선 돼지고기를 기름으로 볶은 후 자장을 넣어 돼지고기와 함께 볶아내면 돼지고기의 향과 자장의 향이 한데 어우러져 향긋한 냄새를 풍긴다.

베이징사람들도 자장면의 면발을 중요하게 생각한다. 부드러우면서도 쫄깃쫄깃한 면발을 좋아한다. 쫄깃쫄깃한 면발을 위해서는 장시간 반죽을 하여야 하고, 장시간 반죽한 밀가루는 단지에 넣고 물기가 촉촉한 얇은 베 보자기로 덮은 다음, 어느 정도 시간이 지나, 밀가루를 떼어보아 밀가루가 약간 힘이 있으면 쫄깃쫄깃한 면이 된다. 면을 끓는 물에 부어 익혀 건진 다음 준비한 야채를 면 위에 놓고, 그 위에 돼지고기를 넣고 볶은 자장을 곁들여 야채와 비벼 먹으면 맛이 일품이다.

베이징식 라오자장면을 판매하는 맛집 중 가장 유명한 곳을 꼽으라면 선전(深圳, 심천)의 것이 가장 원조격이다. 맛의 비결이라면 일단 아주 큰 그릇에 자장면을 담아 파는 것 외에 자장면의 가장 중요한 재료인 자장을 베이징 사람들이 가장 좋아하는 "류비쥐六必居" 제품을 사용하고 외부로 알려지지 않는 독특한 배합방식을 통해 베이징 사람들의 입맛에 잘 맞추고 있기 때문이다. 아울러 이 집은 자장면을 만들던 전통 방식을 그대로 고수하기 때문에 시대에 따라 사람들의 구미에 맞게 자장면 맛을 변형시켜온 다른 집들과 달리 "맛의 원조"그 자체이므로 옛 맛을 그리워하는 고객이나 새로운 것에 대한 호기심을 느끼는 미식가들의 발길이 끊이지 않고 있다.

4) 베이징의 양꼬치 '양러우촨羊肉串'

▲ **베이징의 양꼬치** : 베이징인들이 즐겨 먹는 양꼬치는 원래 투루판 지역에서 먹던 간식거리로 맛술과 간장에 재운 양고기 뒷다리살이 주재료다.

양꼬치 요리인 카오양러우촨의 역사는 더듬자면 약 1800년 이전으로 거슬러 올라간다. 《한대화상漢代畫像》전집을 들춰보면 양꼬치를 돌에 새긴 그림을 볼 수 있고, 옛 한나라 묘실인 마왕퇴馬王堆 1호에서는 양꼬치를 굽는데 사용하는 부채도 출토되었다. 양꼬치는 원래 투루판 지역에서 먹던 간식거리였으나 지금은 전국 어디서나 찾아볼 수 있을 정도로 유명한 먹거리가 되었다. 1986년 CCTV에서 방영된 《카오양러우촨烤羊肉串》은 신장성新疆省 투루판 지역의 명물인 양꼬치가 중국 전국으로 확산된 자취를 밟은 다큐였다.

양꼬치는 양고기 뒷다리살을 맛술과 간장에 재었다가 소금과 후추가루, 고추가루를 뿌리고 구운 다음 참기름을 바른다. 먼저 신선하고 부드러운 양고기와 꼬리부분의 양기름을 엄지손가락 크기만큼 자른다. 기름기가 많은 부분과 살코기가 있는 부분을 적당히 섞어서 보통 길이가 30센티미터인 쇠꼬챙이에 하나씩 끼우는데 한 꼬치에 예닐곱 개가 되도록 한다. 예전에는 쇠꼬챙이가 아니라 위성류渭城柳 나뭇가지를 사용했다. 꼬치를 다 만들면 연기가 나지 않는 말 여물통처럼 생긴 숯불에 죽 늘어놓고 간장과 맛술을 넣어 잘 섞어준 양념장을 발라가면서 숯불에 굽는다. 숯불은 층이 위 아래 둘로 나눠져 있는데 위 아래층을 나누는 중간에는 연기가 나지 않는 연료를 넣는다. 숯불에 양꼬치를 올려놓으면 부채로 숯불을 부채질하면서 소금이나 후추, 고춧가루를 뿌린다. 3~5분 정도가 지나 꼬치에 끼운 고기가 검붉은 색을 띠면 동일한 방법을 사용해서 다른 쪽을 굽는다. 골고루 잘 뒤집어 꼬치가 구어지면 꼬치에 참기름을 발라 먹으면 된다. 꼬치를 계란과 양념, 소금을 잘 섞어 만든 곳에 집어 넣었다가 양념이 스며들면 꺼내 즉석에서 구워먹으면 그 맛 또한 잊을 수 없다.

양꼬치는 신장지역 뿐 아니라 어디서든 먹을 수 있는 음식으로 변신과 진화를 거듭하고 있다. 1미터 길이의 양꼬치가 있는가 하면 7~80센티미터 되는 양꼬치도 있다. 꼬치에 끼운 고기는 비록 일곱 개나 여덟 개에 불과 하지만 워낙 고기가 크다 보니 꼬치 2~3 개만 먹어도 배가 부르다. 이처럼 초대형 사이즈의 양꼬치가 있는가 하면 이쑤시개에 꽂은 양꼬치도 있고 기름에 튀긴 것도 있지만 원료는 비슷하다. 양꼬치는 재료 선택과 숯불의 화력이 맛을 결정한다. 그리고 고기가 붉고 윤이 나게 구워졌는지, 겉은 바삭바삭하고 안쪽은 부드러운지, 느끼하지 않고 양고기 특유의 노린내가 나지 않는지, 육질이 신선하고 맛이 있는 지에 따라 맛이 천차만별이다.

양꼬치와 더불어 양고기 바비큐는 기름이 자르르 흐르고, 특유의 노린내 없이, 아무리 먹어도 질리지 않도록 구워진 것을 최고로 꼽는다. 두 가지 요리는 유사하지만 굳이 다른 점이 있나면 양고기 바비큐는 양꼬치에 비해 재료 선별이 좀 더 까다롭다.

5) 베이징의 아침식사 '베이징 저우(粥, 죽)'

베이징사람들은 죽을 좋아한다. 청나라 말, 중화민국 초기에 베이징에서 아침을 파는 곳을 "저우푸粥鋪"즉 죽집이라고 하였다. 당시 베이징 사람들은 아침식사로 요즘처럼 다양한 메뉴가 아니라 대부분 죽을 먹었다. 말하자면 당시는 죽이 아침식사였다. 새벽에 동이 틀 무렵에 죽을 파는 가게들이 하나 둘씩 문을 열면 손님들이 몰려들었다. 베이징 사람들은 남쪽 지역 사람들에 비해 게을러 아침이면 식사를 집에서 해먹기보다 밖에서 죽 한 그릇으로 때우기 위해 죽집으로 몰려 들었다고 한다. 때문에 죽집마다 사람들로 넘쳐나 당시 죽집이 차를 파는 찻집보다 더욱 성행했다. 죽집뿐 아니라, 골목골목마다 다니면서 죽을 파는 장사들도 많았다고 한다. 이렇듯 따뜻한 죽 한 그릇은 그 당시 춥고 배고픈 시대를 살아가는 사람들에게는 따뜻한 온기를 더해주는 음식이었다. 그 후에 아침 먹거리로 여러 가지 음식이 등장하자, 죽집도 점차 쇠퇴하기 시작하더니 급기야 1938

년, 베이징에서 죽집이 자취를 감추었다.

하지만 요즘 들어 베이징에 죽집이 하나 둘씩 다시 생겨나자 죽을 좋아하는 베이징 사람들이 옛 추억을 떠올리며 찾는 탓에 성업 중이라고 한다.

베이징에서 다양한 죽을 맛보기 위해서 가 볼만 한 곳이 멍찌저우푸孟記粥鋪이다. 이곳에는 1원짜리 죽에서 48원짜리 인삼녹용비둘기죽, 상어지느러미죽에 이르기까지 맛과 가격이 다양한 죽이 수십 가지이다.

따뜻한 음식이 더욱 그리울 때라면 아마도 날씨가 추워지는 늦가을에서 초겨울까지 일 것이다. 죽을 집에서도 끓여 먹을 수 있지만, 사람들이 죽집에서 죽을 먹는 이유는 큰 솥에 센 불로 끓인 죽이 훨씬 더 찰기가 있고 물과 곡식의 배합 또한 환상적일 뿐 아니라 영양이 풍부하기 때문이라고 한다.

베이징에서 판매되는 죽 종류는 다양하다. 원료의 사용에 따라, 쌀죽, 밀가루죽, 보리죽, 콩죽, 야채죽, 과일죽, 고기죽, 생선죽 및 여러 가지 한약재를 사용하여 끓인 죽도 많다. 죽에 넣는 재료도 다양해서 밤, 대추, 참깨, 건포도, 은행, 아몬드 등 자신의 기호에 따라 여러 가지를 넣어 달게 먹을 수도 있고, 짜게 먹을 수도 있다.

중국에서는 죽을 약용으로도 사용하였다. 쌀죽은 위와 오장육부가 허한 경우에 먹으면 속이 편안해지고, 밤죽, 깨죽, 행인죽, 구기자죽 등도 갖가지 효력이 있다. 만약 사지가 무력하고, 피로가 심하고, 목소리가 잘 나오지 않고, 땀을 많이 흘리는 경우는 기가 허한 경우이므로 이럴 때는 인삼, 오미자, 황기 등을 죽에 넣어 같이 끓여 먹으면 효과가 있다. 입술이 평소에 창백하고, 자주 어지럽고, 불면증, 귀에 이명현상이 있거나 심장이 많이 뛰는 사람은 혈이 허한 경우에 해당하므로 이럴 때는 죽에 아교, 당귀, 숙지, 십전대보환 등이 섞인 죽을 권한다. 베이징에서 몸에 좋은 죽을 잘 만드는 곳으로는 판마마저우관攀媽媽粥館, 지바오리저우뎬吉寶利粥店과 같은 곳이 있다.

6) 베이징의 궁중요리 '만한전석滿漢全席'

▲ **만한전석**은 만주족과 한족의 요리 중에서 희귀한 재료를 사용하여 정수만 모아 만들어진 역사적으로 가장 유명한 궁정의 대연회이다.

지금도 인구에 회자되고 있는 〈대장금〉에서는 조선왕실에서 먹었던 호사스러운 궁중요리를 선보여 우리의 눈과 귀를 즐겁게 해주었다. 당시 귀한 재료를 엄선하여 요리의 달인, 미각의 최고수들이 만들어냈던 화려한 궁중요리는 수라상과 같은 일상의 상차림보다는 잔치음식에서 훨씬 더 진가가 발휘되었다. 잔치음식은 단오나 추석과 같은 연례행사 때 차려지기도 했지만 국가행사로 왕이나 대비의 육순과 칠순 혹은 중국에서 온 사신을 영접할 때는 더욱 성대하게 차려졌다. 〈대장금〉에서도 보면 조선을 방문한 청나라 사신을 두고 극진히 대접하는 차원에서 한 상궁과 최 상궁이 벌인 요리경합에서 최 상궁 측에서 선보인 요리가 바로 청나라 궁중요리 중에서도 잔치음식인 바로 만한전석이었다.

만한전석은 청나라 건륭 연간에 만주족과 한족의 요리 중에서 정수만 모아 만들어진 역사적으로 가장 유명한 궁중의 대연회이다. 건륭황제 갑신甲申연간 이두李斗가 저술한 《양주서방록揚州書舫錄》에 만한전석의 식단이 기록되어 있는데 이는 만한전석과 관련된 최고最古의 기록이다.

만한전석은 궁중에서 열리는 관료들을 위한 연회로, 연회가 열리면 만주족과 한족의 벼슬아치들이 함께 배석을 하여 사흘 동안 식탁에 오르는 108가지의 산해진미를 맛보았다. 식탁에 오르는 산해진미는 만주족과 한족 요리의 특색을 잘 갖춘 희귀한 재료를 사용하여 지방색을 살린 독특한 음식이 많았다. 만한전석은 주로 다음과 같은 여섯 가지 연회에 차려졌다.

몽고친족이나 변방의 왕을 위한 연회

이 연회는 청나라 황제가 황실과 혼인 관계를 맺고 있는 몽고의 친족을 위해 배설하는 연회이다. 보통은 정대광명전正大光明殿에서 열리며 만주족의 1, 2 품 대신들이 함께 배석한다.

역대 황제들은 이 연회를 모두 중시하여 매년 전례대로 거행했으며, 이 연회에 초대를 받은 몽고의 친족들에게는 무척이나 진귀한 음식을 맛볼 수 있는 좋은 기회였다.

정신연廷臣宴

정신연은 매년 정월 16일에 거행되었다. 황제가 친히 대학사, 구경九卿 중에 공훈이 있는 자를 골라 연회에 참석시켰기 때문에 연회에 참석하도록 허락을 받은 사람들에게는 무척 영광스러운 일이었다. 연회는 종실의 연회에 행하는 예를 갖추었으며 모두 높은 의자에 앉아 부賦와 시를 읊고 술을 마셨다. 몽고의 공주들도 참석할 수 있었다. 정신연은 공을 세운 신하에게 황제가 은혜를 베푸는 상징적인 성격을 띤 연회였다.

만수연萬壽宴

만수연은 황제의 생일 파티로 내정內廷의 대 연회 중 하나였다. 후궁과 공주, 문무백관이 모두 참석하여 황제의 생신을 축하했다. 광서 20년 10월 초 열흘 자희慈禧태후 즉 서태후가 60번째 생일을 맞았다. 광서 18년 연회를 성대하게 치르기 위해 의복에서 음식, 음악까지 모든 준비를 철저히 할 수 있도록 관련 기관을 세우고 전문인력을 두는 조서를 내렸으며, 생일을 맞기 한 달 전부터 연회를 베풀었다. 연회에는 만수무강과 길상희경吉祥喜慶이 새겨진 2만 9000여 점에 달하는 각종 도자기 그릇과 접시 등을 장시江西에서 특수 제작하였다. 자희태후 환갑을 축하하기 위해 백은白銀 천만 냥이라는 전대미문의 비용이 들었다.

천수연千叟宴

천수연은 강희황제 때 시작되어 건륭황제 때 성행했으며, 청나라 궁중에서 규모가 최대인 연회였다. 강희 52년 양춘원陽春園에서 천 명이 참석한 최초의 연회가 열렸다. 건륭 50년 건청궁에서 천수연이 열렸는데 이때 참석한 인원은 3천 명이었다. 가경 첫해 정월 녕수궁 황극전皇極殿에서 열린 연회에 참석한 인원은 3560명이었다.

구백연九白宴

구백연은 강희연간에 실시되었으며 몽고의 4개의 부락이 충성심을 표시하기 위해 시작하였다. 즉 매년 9백으로 조공을 바쳤다. 조공의 내역에는 흰 낙타 한 필, 백마 여덟 필이었다. 이를 조공으로 바친 몽고 부락의 사신은 황제가 베푼 연회에 참석했는데 이를 구백연이라 한다.

절령연節令宴

절령연은 청나라 궁정에서 해마다 정해진 절기마다 베푸는 연회이다. 예를 들어 설날 아침에 베푸는 원일연元日宴, 봄의 밭갈이 때 베푸는 춘경연春耕宴, 단오연端午宴, 중추연中秋宴, 중양연重陽宴, 동지연冬至宴, 12월 31일에 베푸는 제석연除夕宴 등이 있다. 만주족은 중원을 차지한 후 만주족과 한족의 문화를 융합하는 것이 통치에 유리하다는 사실을 깨닫고 한족의 음식문화도 받아들였다. 그래서 한족이 각 절기마다 먹는 음식, 예를 들어 단오에 먹는 쭝쯔粽子나 설명절에 먹는 위앤샤오元宵, 추석에 먹는 월병인 위에빙月餅 등과 같은 절기음식을 절령연에 사용했다.

지금도 베이징에는 만한전석을 하는 식당이 꽤 있다. 가장 유명한 곳으로는 베이하이 공원 근처의 팡산호텔仿膳飯店과 이허위앤 안의 팅리관聽鸝館 식당이 유명하다. 중국의 궁중요리에 대한 호기심으로 만한전석을 경험하지만 일반 음식에 비해 가격이 매우 비싸고, 가격 대비 맛은 그다지 좋지 않다는 반응이다.

제4장 베이징의 쇼핑과 문화생활

1) 베이징의 쇼핑가 '슈수이秀水 시장'

2) 골동품의 거리 '다짜란大柵欄'

3) 세계 최대의 진주 소매시장 '훙챠오虹橋'

4) 베이징인들의 여가 생활 '발마사지'

5) 베이징인들의 최대의 오락거리 '경극京劇'

6) 베이징의 차문화

7) 베이징의 밤 문화

제4장 베이징의 쇼핑과 문화생활

1992년 중국과의 수교 후, 중국을 다녀온 사람들은 밤거리가 어둡고 오가는 차량이나 인적도 드물어 쇼핑을 하거나 밤 문화를 즐길 만한 장소를 찾기가 여간 힘들지 않다며 불평을 털어놓았다.

1978년부터 덩샤오핑은 개혁개방 경제를 실시했지만 일부 지역에 국한된 점진적 개방을 주장했기 때문에 중국의 대중문화와 쇼핑문화가 성행하기 시작한 것은 불과 10년 전부터였다.

1994년 상하이에서 쇼핑을 할 수 있는 곳이란 몇 군데 되지 않는 백화점이 전부였지만 진열된 상품 수도 많지 않고 볼품이 없어 옛날 70년대 우리나라 명동이나, 종삭에 있었던 코스모스 백화점과 화신 백화점을 연상케 했다. 게다가 상하이의 가장 유명한 백화점 내에서 손님들이 화장실을 이용하기 위해서는 화장실 입구에 앉아 있는 종업원에게 화장실 사용료를 지불해야 했다. 정말 특이한 광경이었다. 켄터키후라이드치킨이나, 맥도널드 햄버거, 피자 등을 먹으려면, 시내 한 가운데 가장 번화한 곳을 찾아가야 했다. 그러나 지금은 그때를 상상하기 어려울 정도로 곳곳에 스타벅스, 맥도널드, 캔터키치킨, TGI 등 외식 업체들뿐만 아니라, 홍콩, 대만, 한국, 이태리, 프랑스 등 각국의 요리를 즐길 수 있는 식당들이 즐비하고, 중국 각지의 독특한 요리를 판매하는 식당까지 성업 중이다.

그리고 처음에는 외국인들에게만 개방되었던 호텔 내 가라오케들은 이제 어디서든 찾아 볼 수 있고, 영화관, 볼링장, 나이트, 재즈바Jazz Bar, 골프 등과 같은 오락 문화도 다양화되고 있는 추세다. 옛날 재래 시장에 있던 구멍가게 점포에서 이제는 큰 빌딩 안에 같은 부류의 업체끼리 모여 있는 광경도 흔하다. 나날이 다양화 되어 가고 있는 중국 문화를 모두 소개하기란 역부족이지만 중국의 전통문화, 요즘 뜨는 중국의 현대 문화, 그리고 쇼핑을 즐길 수 있는 장소가 있다.

▲ **슈수이 시장**
역사와 전통을 자랑하는 베이징 실크시장 슈수이 시장은 모조품의 천국이다.

1) 베이징의 쇼핑가 '슈수이秀水 시장'

베이징 실크시장인 슈수이 시장은 1989년부터 장이 형성되기 시작하였으며 나름대로 역사와 전통을 자랑한다. 장이 형성될 초기에는 손수레나 또는 길거리에 좌판을 펴고 물건을 팔기 시작한 상인들은 베이징 사람들이었지만, 지금 이곳에서 장사를 하는 사람들은 중국의 유태인으로 불리는 저장성浙江省 사람들로 바뀌었다. 소문에 의하면 초창기 상인들은 모두 한 몫씩 단단히 챙겼다고 한다. 베이징 백만장자 출신 중 일부가 실크시장 상인 출신이라는 소문도 파다하다. 거의 강산이 두 번쯤 바뀔만한 세월이 흐르는 동안 실크시장도 변화가 많았다.

1997년 그때만 해도 슈수이 시장은 우리나라 남대문 시장만큼은 번화하지 못했지만, 남대문 재래시장을 떠올리기에 충분했다. 길 양옆으로 길게 늘어선 조그만 상점들이 호객행위를 하는 상인들과 물건값을 깎으려는 손님들이 어우러져 실크시장은 활력이 넘쳤다. 그 당시 시장에서 판매되는 제품이 다양했지만 그래도 실크를 소재로 한 옷 가게가 가장 많았다.

중국인들은 왜 실크로 만든 속옷을 입을까? 면으로 만든 속옷이 훨씬 편하고 땀 흡수에도 좋으련만 왜 굳이 실크 속옷을 고집하는지 궁금했다. 그러나 백문이 불여일견이라고 실제로 실크 속옷을 입어보면 무척 가볍고 촉감이 좋아 편안함이 절로 느껴진다.

그 옛날 옹색하던 실크시장의 모습은 온데간데 없고 오늘날의 슈수이 시장은 크고 깨끗한 건물로 탈바꿈했다. 실크시장이 변한 이유는 중국정부가 안전에 관한 문제를 고려했기 때문이다. 시장 상인과 소비자 그리고 시장 주변에 있는 대사관 및 주민들의 생명과 재산을 안전하게 보호하려는 목적에서였다. 지금의 실크시장은 지하 2층 지상 5층으로 되어 있어 예전의 재래식 시장보다는 약 3배가량 더 많은 고객을 수용할 수 있다고 한다.

베이징의 실크시장은 얼마만큼 흥정을 하느냐에 따라 같은 물건이라도 개인마다 구매 가격이 다를 수 있다. 그럼 부르는 값에 몇 퍼센트를 깎아야 하냐고 묻겠지만 여기에는 정답이 없다. 다시 말하면 물건값은 극히 주관적이라는 이야기다. 중국인들 속담에 "화비삼가貨比三家"라는 말이 있다. 이는 같은 물건이라도 적어도 세 집의 가격을 비교하여 가장 좋은 가격으로 흥정하여 물건을 산다는 뜻으로, 이곳 실크시장도 같은 물건이지만 이 집에서 부르는 가격과 저 집에서 부르는 가격이 천차만별이다. 이왕이면 좋은 물건을 좋은 가격으로 기분 좋게 사야 한다는 중국인의 물건 사는 지혜를 되새겨 볼만하다.

옛날 실크시장에서 장사하던 초창기 멤버들은 영어를 몰라, 외국어를 할 줄 아는 대학생들을 아르바이트생으로 고용했다. 덕분에 이곳에서 아르바이트를 하는 대학생들도 수입이 짭짤했다. 하지만 지금은 상황이 많이 바뀌었다. 실크시장은 러시아인, 한국인 등 베이징을 방문한 모든 외국인들이 한 번쯤은 들르는 쇼핑장소이자 중국 내 유명 연예인, 모델 그리고 화이트칼라에서부터 가정주부에 이르기까지 너나 할 것 없이 쇼핑을 즐기는 장소가 되었다. 그러다 보니 이젠 상인들도 모두 장사에 필요한 영어, 한국어, 일본어 등은 기본이고, 러시아어도 잘한다. 이곳에서는 언제부터인가 러시아 보따리상인들이 주 거래 고객이 되었고, 이젠 한국 상인들까지 이곳에 진출하여 진주가게를 열고 있다. 그만큼 실크시장이 베이징에서 국제적인 명소라는 뜻도 된다. 이곳 관계자의 발표에 따르면 시장을 찾는 고객 중 80퍼센트 이상이 외국인이라고 한다.

실크시장을 더욱 유명하게 만든 것이라면 가짜 브랜드 상품이다. 가방 가게에 가면 5대 브랜드 루이비통LV, 펜디FENDI, 보스BOSS, 말보로MARLBORO, 프라다PRADA의 가짜 상품들이 넘쳐난다. 언뜻 보아서는 모두 진짜 같다. 가격 대비 가짜 상품이 진짜와 구별하기 어려워서인지 대량으로 구입해 선물용으로 쓰는 경우도 많다.

얼마 전 베이징시 고등법원인 인민법원은 외국의 지적재산권 침해에 대한 압력에 못 이겨 위에서 언급한 5대 브랜드 회사의 제품을 위조, 판매한 상점 다섯 군데에 대해 벌금을 부과하겠다고 판결을 내렸다가 사회적으로 큰 파장을 불러왔다. 가짜 상품이 꼬리를 감추는가 싶더니 몇 개월 지나지 않아서 실크 시장은 예전처럼 가짜 상품이 판을 치고 있다.

2005년 5월 황금연휴를 맞이하여 아디다스Adidas 모조 가방을 잔뜩 들고 프랑스 공항에 입국하려던 중국 관광객이 세관원에게 가방을 전부 몰수 당한 신문보도가 있었다. 중국인들은 외국정부가 모조품에 대한 엄격한 기준을 왜 유독 중국인에게만 들이대는지 이해할 수 없다고 항의했다. 중국인들이 더욱 이해할 수 없는 것은 평소에 엄격한 잣대를 들이대는 그들도 중국에 와서 이런 모조품 쇼핑을 즐기고 있다는 점이다. 심지어 커다란 가방을 가지고 와서 가방 가득히 모조품을 쓸어 담는 외국인들을 중국인들은 어떻게 해석해야 할지 난감하다고들 한다.

실크시장에는 생활에 필요한 모든 물건이 있다. 여행 가방에서부터 가구, 남성복, 여성복, 액세서리, 신발, 보석, 심지어는 양말, 단추 등에 이르기까지 의식주에서 필요한 모든 상품들이 총망라되어 있다. 그러나 시장을 처음 방문하는 외국인이라면 조금은 속을 각오를 해야 할 것이다. 중국 언론에 어느 한 중국 기자가 이곳을 방문하여 상인들과 인터뷰를 한 결과, 이곳의 어느 한 상인은 똑같은 제품일지라도 외국인들에게는 3배 이상으로 가격을 부풀려 판매한다고 한 기사가 실린 적이 있다.

모조품의 천국으로 알려진 실크시장은 이제 명실공히 국제적인 명소가 되었다. 실크시장 상인들은 자신들이 판매하는 제품에 대해 자부심이 대단하다. 모조품이지만 질적으로 우세하기 때문에 오리지널에 비해 절대로 품질이 떨어지지 않고 무엇보다도 가격 경쟁력을 갖추고 있다고 여긴다. 아울러 우습지만 모조품 유통을 불법으로 간주하기 때문에 외국에서는 절대로 살 수 없는 물건들을 자신들은 팔고 있다는 엉뚱한 자부심도 있다.

하지만 상인들의 자부심만으로 실크시장의 미래를 지킬 수 없다는 것을 중국 정부도 잘 알고 있다. 여러 정황으로 보아 외국 기업들이 중국 기업에 대해 지적재산권 침해에 대한 압력이 날로 거세질 거라는 사실은 불 보듯 뻔하기 때문이다.

과연 중국의 실크시장이 어디로 갈 것인가? 중국 정부가 실크시장의 미래를 무지개 빛으로만 바라보지 않고 있음은 확실하다.

2) 골동품의 거리 '다짜란大柵欄'

"베이징의 울타리"라는 뜻을 담고 있는 다짜란은 베이징에서 가장 오래되고, 유명한 번화가로 약 500년의 역사를 가지고 있다. 1420년, 명나라 영락황제 18년에 베이징으로 천도한 후 상공업 발달을 꾀하고자 정양문正陽門 밖에 시장을 하나 건립하였다. 이름하여 "랑팡廊房"이었다. 청나라 건륭황제에 이르러 랑팡거리 양쪽에 안전을 위해 쇠로 만든 울타리를 설치하였다. 울타리가 생긴 후부터 이 거리를 울타리라는 의미를 품고 있는 다짜란이라고 불렀다.

다짜란은 톈안먼 부근, 동으로는 첸먼다제前門大街에서 시작하여 서로는 메이스제煤市街까지 형성되어 있는 한 마디로 말해 쇼핑몰이다. 쇼핑몰이라면 거대한 빌딩을 연상할 수 있으나, 그런 형태의 쇼핑몰이 아니라, 아주 오래된 거리에 오래된 가게들이 밀집되어 있는 곳이다.

수십 년 동안 변함없는 거리, 길 양쪽으로 즐비한 상점들, 어지럽고 무질서하게 걸린 간판들 그리고 비좁은 골목길, 나지막하고 낡아빠진 건물들, 악기에 먼지가 수북하게 앉은 악기점, 3류영화를 상영하는 극장까지 거대한 도시 베이징에서 그리고 2008년 올림픽을 위해 전체 도시를 새로 정비하는 지금, 베이징시 한 쪽 귀퉁이에 이런 거리가 있으리라고 상상하기조차 어렵다.

해마다 여름이면 제비들은 처마 밑에서 둥지를 틀고, 오색 찬란한 황혼은 언제나처럼 초저녁 하늘을 물들이면 명나라와 청나라 조정의 500년 흥망성쇠의 역사와 상관없이 이곳에서는 서민들의 삶이 생생하게 살아난다. 이곳은 왕후장상만 드나들 수 있는 곳이 아니었다. 돈이 있건 없건, 지위가 높고 낮건 간에 그 누구도 올 수 있는 장소였다.

이곳을 구경하노라면 도대체 어디서 저런 물건들을 구해다 파는지 신기할 정도이다. 다짜란의 물건들은 언뜻 보기에도 무척 촌스러워 보인다. 게다가 물건 색깔이나 빛이 바래있어서 낡아 보이기도 하지만, 그 고풍스럽고 멋스러운 맛에 오히려 많은 외국 관광객들이 즐겨 찾는 곳이기도 하다. 게다가 서로 다른 나라와 문화를 향유하는 관광객들의 구미에 맞게 다양한 물건이 구비되어 있어 항상 사람들로 넘쳐난다. 이곳에 가면 우리 남대문 시장의 상인들과 똑같은 모습으로 호객행위를 하고 있는 상인들을 볼 수 있다. 마치 기억 속으로 사라진 추억을 되찾아온 느낌이다. 남대문에 가면 거리 좌판에서 상인들이 메가폰이나 스피커를 들고 장단에 맞춰 "자! 싸다 싸.

천원에 한 개"를 외치는 장면을 심심찮게 보았을 것이다. 이곳에서도 똑같은 장면들이 종종 연출된다.

"자, 이 아름다운 옥구슬이 5원에 한 개. 팔찌, 목걸이 모두 있습니다. 하나에 5원, 5원. 진짜, 진짜 옥구슬."

장사치의 말처럼 옥구슬이 진짜가 아니라 유리로 만든 가짜 제품이라는 것을 알면서도 사람들은 벌떼같이 모여든다.

다짜란에는 골동품만 파는 가게도 있다. 옛날 중국 공산당들이 대장정을 감행했을 때 팔로군八路軍이 썼던 오성기가 박힌 군모도 있고 구식 전화기도 있다. 언제적 물건인지 가늠하기조차 힘든 물건들을 보면서 옛 추억이 떠올라 어느새 얼굴에 미소가 번지기도 한다.

다짜란의 유래는 실은 명나라 백만장자인 왕민王敏이란 사람이 황제에게 베이징 안팎의 작은 골목에 치안을 유지하기 위해 밤에는 닫고, 낮에는 열 수 있는 울타리를 세워달라는 간곡한 상소를 올렸다는 데서 비롯됐다. 물론 지금은 동서 양쪽으로 쳐진 울타리, 다짜란은 존재하지 않지만 상상력을 조금만 발휘하면 명나라 때 도둑과 방범대원들의 쫓고 쫓기는 심야의 추격전을 연상해볼 수 있다.

이곳의 역사적 흔적은 비단 중국의 여러 고전 문헌 속에서 그 사적을 찾아 볼 수 있을 뿐 아니라 이곳에 남아있는 오래된 간판 속에서도 그 발자취를 찾아 볼 수 있다. "보석의 도시"라는 뜻의 주바오시珠寶市라고 걸린 간판을 보면 그 옛날 다짜란의 화려함을 짐작하고도 남음이 있다. 불길은 꺼진 지 오래지만 은전을 주조했던 용광로, 오랜 전부터 이곳을 지켜온 실크가게, 동인당 한약방 안에 진열되어 있는 수백 년은 됨직해 보이는 인삼과 약재, 그리고 청나라 때부터 내려오는 중국 찻집 등 모두가 역사의 흔적을 이야기하고 있다.

이곳에 골동품들만 있는 것은 아니다. 최신식 쇼윈도 안에 걸린

양복은 가게 인테리어와는 왠지 모르게 구색이 안 맞는 모습으로 걸린 채 묘한 분위기를 자아내고 있다. 50년 이상 된 선풍기 가게의 선풍기들이 멋들어지게 꾸며놓은 가게의 모습과 사뭇 어울리지 않는 모습을 하고 있다. 절묘한 것은 그렇다고 해서 이 선풍기 가게에 최신식 선풍기들을 가져다 놓는다면 아마도 물건이 제자리를 찾지 못하고 있다는 인상을 팍팍 풍길 것 같다는데 있다.

다짜란에는 독자적으로 경영을 하고 자신만의 브랜드를 가지고 있는 가게들도 있다. '동인당' 이란 이름은 우리에게도 그리 낯설지 않은 이름일 것이다. 동인당은 1669년 청나라 강희황제 때 자체적으로 한약을 제조해 전국으로 판매한 한약방이다. '마쥐위앤馬聚源 모자점帽店' 이란 모자 가게는 1811년부터 전문적으로 황실과 귀족들을 위해 모자와 비단신을 제조해 납품한 상점이다. '루이푸샹瑞蚨祥은 1893년부터 가게문을 열고 비단과 가죽제품을 판매하였다. '네이롄성內聯升 신발가게鞋店' 는 1853년에 문을 열고 황실과 고관대작의 신발을 만들었던 가게이다. 그밖에 이곳의 상권이 발달하게 된 또 다른 이유는 서민들의 오락장소인 유명한 극장이 밀집되어 있기 때문이었다. 당시 칭러위앤慶樂園 싼칭위앤三慶園 광더러우廣德樓 광허위앤廣和園과 퉁러위앤同樂園이라는 극장이 있었지만, 청나라 초에는 성문 안쪽에 오락장소가 성행하지 못하도록 엄한 금지령을 내렸다. 그 후 중화민국정부가 수립된 시기에 다시 이곳에 베이징 제일극장인 다관러우大觀樓가 생겨 이곳 상권이 활기를 띠었으나, 1900년 서구 열강들의 군화에 짓밟혀 다시 활기를 잃었다. 하지만 1949년 중국공산당 정권이 수립된 후로 이곳을 대대적으로 보수 개조하여 예로부터 대대로 내려온 역사가 오래된 상점들을 보존하는 한편 국영상점들이 들어와 새로운 활력을 불어 넣었다.

80년대 이후로 이곳은 중국의 개혁개방의 분위기에 맞추어 점차 현대화의 물결을 타고 발전하기 시작하였다. 혹자는 번화한 도시의 한 귀퉁이에 수백 년 동안 이어져 온 이곳에 넘쳐나는 것이라고는 실직자, 저임금 노동자, 갈 곳 없는 노인들 그리고 낡고 쓰러져 가는 건물과 불법 모조품밖에 없어서 이곳을 가리켜 "베이징의 빈민굴" 또는 "베이징의 촌구석"이라고 폄하하기도 한다. 옳은 말이다. 오죽했으면 베이징시가 다짜란을 앞으로 중점적으로 구획 정리할 시역으로 분류해 놓고 있겠는가! 베이징을 유람하는 사람들은 주로 현대적 시설을 갖춘 왕푸징王府井, 시단西單 같은 곳에서 쇼핑을 하지만 수백 년 동안 이어져 내려온 중국의 전통이 깃든 가게, 극장, 식당 등 진면목을 보여주는 곳이라면 이곳 다짜란이 아닐까 싶다.

머지 않아 이곳이 도시계획으로 사라질 것이라는 이야기를 들었는데 어쩌면 이 책을 읽는 독자들은 다짜란을 방문할 기회가 영 없을지도 모르겠다.

3) 세계 최대의 진주 소매시장 '훙챠오虹橋'

훙챠오시장은 1979년 가을에 처음으로 문을 열었다. 처음부터 지금의 건물이 있던 것이 아니었다. 처음엔 교외 지역의 농민들이 과일, 야채 등 농산물을 가져와 거래하기 시작하였다. 이렇게 시작된 교역시장이 지금은 중국 최대의 농산물과 부산물 교역시장으로 발전하였다. 1980년에는 지금의 장소인 텐탄공원 맞은 편으로 이주했다. 시장이 훙챠오 지역에 위치하였기 때문에 훙챠오시상으로 불려지게 되었다. 앞에서 이야기했듯이 처음엔 농수산물이 위주였지만 점차 일용잡화, 가구, 옷, 진주가게 등이 들어서면서 교역의 범위가 넓어지기 시작했다.

1992년 도시 미화의 일환으로 중국 정부는 맞은 편에 위치한 텐탄공원의 담을 보수하면서 홍챠오시장도 새롭게 단장하기로 결정하였다. 1993부터 시작된 공사는 거의 2년 동안 계속되었다. 1995년 1월 28일, 새단장을 한 홍챠오시장이 정식으로 영업을 시작했다. 지금의 홍챠오시장은 지하3층, 지상5층, 연건평 3만2000제곱킬로미터로 2천여 개의 점포가 들어서 있다. 매일 이곳을 찾는 사람만해도 3만~4만 명 가량된다.

중국 속담에 "부다오창청페이하오한不到長城非好漢."이라는 이야기가 있다. 즉 만리장성에 가보지 않은 남자는 사나이라고 할 수 없다는 뜻이다. 요즘에는 이런 말이 유행하고 있다.

"부다오창청페이하오한不到長城非好漢, 부다오홍챠오페이뤼커不到虹橋非旅客."

뜻풀이를 하자면 "만리장성에 오르지 않은 남자는 사내 대장부가 아니듯이 홍챠오시장을 다녀가지 않은 사람은 베이징을 다녀간 관광객이 아니다."라는 말이다.

베이징에 온 관광객이 만리장성과 자금성을 최대의 볼거리로 꼽는다면, 홍챠오시장은 꼭 가볼만한 쇼핑 장소라고 베이징 사람들은 입을 모은다.

홍챠오시장을 찾는 주된 고객은 크게 두 부류로 나누어진다. 내국인과 외국인이다. 내국인은 주로 수산물을 사기 위해 찾고, 외국인은 주로 진주를 사기 위해 이곳을 찾는다. 즉 홍챠오시장의 가장 특색 있는 제품은 수산불과 진주이다. 외국인들은 가이드나 지인의 소개 혹은 인터넷 사이트《http://www.hongqiao-pearmarket.com》를 보고 찾아오는 경우가 대부분이다. 홍챠오시장 4층과 5층에는 진주 가게들이 즐비하다. 진주 또한 담수진주, 해수진주, 남양진주, 흑진주 등 각종 진주들이 총망라되어 있다.

통계에 따르면 1995년 이후로 수용한 관광객 수만 해도 30만을 웃돌고 있다. 1995년 베이징에서 열린 세계여성대회에 참여한 세계에서 유명하다는 여성은 모두 이곳을 다녀갔다. 아울러 세계 유명한 정상들, 스웨덴 수상, 영국의 수상이었던 마가렛 대처 여사, 클린턴 전 미국 대통령, 러시아 대통령 푸틴도 다녀간 적이 있다.

게다가 2005년 9월 8일 〈베이징 홍챠오 국제진주 문화제 北京虹橋國際珍珠文化節〉가 정식 개막되어 세계 최대의 진주소매시장으로서의 자리를 더욱 공고히 하고 관광 쇼핑지로서의 베이징의 이미지와 위상을 드높였다. 이틀 동안 열린 진주문화제는 중국보석협회, 베이징시 여행국, 베이징시 홍챠오시장 주식회사와 공동으로 주최했으며 일반 소비자들에게 2005년과 2006년 최신 유행하는 진주상품 디자인을 감상할 수 있는 기회뿐 아니라 미국, 한국, 일본 인도네시아산 진귀한 진주 상품들도 선보였다. 값 비싸고 화려한 최신식 디자인 진주제품이 보는 이들의 눈을 즐겁게 해준 데다가 반값에 질 좋은 상품을 구매할 수 있어 그야말로 일석이조였다. 진주문화제와 더불어 〈진주산업 국제포럼〉, 〈진주 상품 추진회〉 등과 같은 활동도 함께 펼쳤다.

홍챠오진주시장이 갖는 경쟁력은 우수한 디자인과 가격 경쟁력일 것이다. 최근 홍챠오진주시장은 홍콩의 보석 디자인 전문가들을 고용하여 세계적으로 유행하는 최신 디자인을 개발하고 있으며 고객이 맘에 드는 디자인으로 여러 개를 주문하거나 평소에 생각했던 디자인을 이야기하거나 그림으로 제시하면서 그 자리에서 똑같이 만들어 준다. 아울러 위안화 몇 십 원이면 진주 귀걸이를 살 수 있고, 100위안 혹은 수백 위안이면 멋진 진주 목걸이 하나를 가질 수 있다. 그리고 진주를 잇는 줄도 백금, 도금, 18K 등 다양하게 선택할 수 있으며, 포장도 선물용으로 내놓기에 손색이 없도록 천으로 만든 예쁘고 앙증맞은 복 주머니에서부터 제법 품위 있는 상자에까지 다양하며 각자가 원하는 취향에 맞게 고를 수도 있다. 게다가 요즘은 진주 가게에는 진주만 있는 것이 아니라 산호, 비취, 옥 같은 보석 종류들도 많다. 또 하나 이곳 1층 잡화점에서는 옥이나 대리석으로 된 도장을 비롯해서 생활소품이나 잡화를 구매할 수도 있다.

홍챠오시장은 진주 외에도 값 비싼 해산물로도 유명하다. 따라서 홍챠오시장 건물을 들어서면 퀴퀴한 생선 냄새가 진동한다. 겨울철에 환기가 잘 되지 않을 때면 실내 공기가 더 심각하다. 이곳에는 값비싼 해삼, 상어지느러미, 전복, 제비집 등 진귀한 해산물에서부터 생선, 새우, 게 등 서민적이고 값 싼 해산물에 이르기까지 그 종류가 다양하다.

베이징시 4성급 호텔들은 이곳 해산물 도매시장에서 음식 재료를 구입한다. 아침 6시만 되면 홍챠오시장 지하 1층은 해산물을 구입하러 오는 베이징 시민들로 붐빈다. 여기로 들어오는 해산물은 바다와 접해 있는 산둥, 푸젠福建, 광둥, 저장 등 여러 성省 제품들이 많지만 연어 등은 노르웨이, 호주에서 직접 수입해 들여오며, 수입 해산물도 많다. 도매시장으로 값이 싸다는 장점과 박리다매를 원칙으로 가장 짧은 시간에 많은 상품 판매를 목표로 장사를 하기 때문에 장을 열리자마자 어떤 제품들은 동이 나기 일쑤다. 따라서 시장의 개장시간은 6시이지만 새벽 5시부터 와서 줄 서는 사람들도 많다. 물건이 들어오자마자 거래가 활발하게 이루어지기 때문에 해산물은 무척 신선하다. 이곳에는 총 168개의 해산물 가게가 있다.

4) 베이징인들의 여가 생활 '발마사지'

언제부터인가 한국인들이 꼭 경험하는 중국문화 중 하나가 발마사지이다. 중국을 자주 왕래하는 사람들에게는 이제 발마사지는 경험이라기 보다 일상처럼 자리잡았다. 중국이 낳은 세계적인 영화감독인 장이머우張藝謀 감독의 작품 중 하나인 〈홍등紅燈〉에서 주인공 공리鞏利가 저녁마다 하인에게 발마사지를 받는 장면이 나오는데 꽤나 인상적이었다. 짐작으로 중국에서 발마사지가 본격적으로 유행하기 시작한 것은 영화가 상영된 이후가 아니었나 추측된다.

베이징을 비롯해서 중국 각지에 발마사지라는 뜻을 지닌 〈쭈디안모足底按摩〉라는 글자가 적힌 간판이 세워진 곳은 모두 발마사지점이다. 그런데 각 가게마다 가격도 서비스도 천자만별이다. 100위안이 넘는 발마사지점인 경우는 제법 건물도 그럴싸하고 입구에서부터 서비스가 다르다. 입구에서 손님을 반갑게 맞이하는 중국식 고유의상을 입은 아가씨들이 발마사지를 받는 동안 가장 편한 자세와 휴식을 취할 수 있도록 설계된 룸으로 안내한다. 이어서 발의 피로를 풀 수 있는 따뜻한 한약수가 담겨 있는 나무로 된 큰 통이 들어 오고 통에다 한참 발을 담그고 나면 그 때부터 발마사지사들이 발 바닥의 혈을 누르면서 마사지를 시작한다. 발가락에 티눈이 있거나, 발 뒤꿈치에 각질을 제거하기를 원한다면 비용이 추가되는데 전문기술자에게 원하는 서비스를 받을 수 있다. 신기하고 놀라울 정도로 통증 없이 빠른 시간 내에 티눈이나 각질이 말끔히 정리된다.

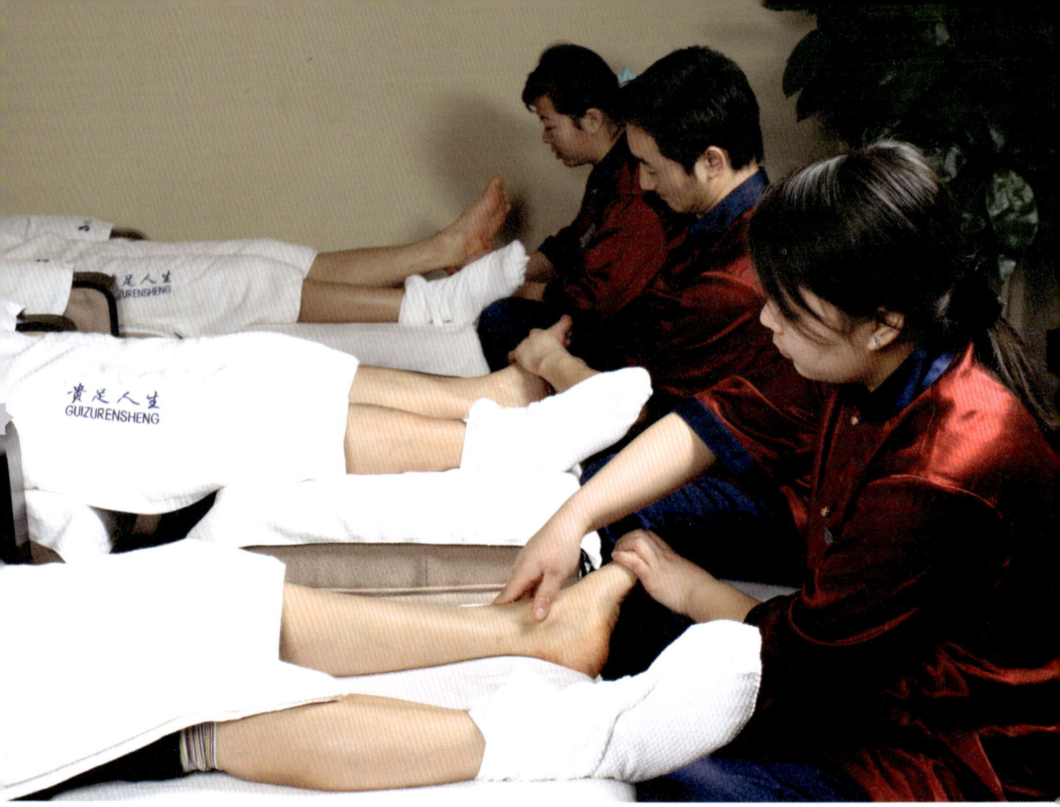

▲ **발마사지** : 중국인들이 좋아하는 발마사지는 가격과 쓰는 약품, 시설, 그리고 발마사지사들의 경력에 따라 차이가 있다.

발마사지 효과에 대해 많은 설이 있다.

한의학 관점에서 보면 사람에게는 코, 귀, 발, 유방 '4가지 뿌리'가 있는데, 그 중 발은 4가지 뿌리 중에서도 가장 중요한 곳이라고 한다. 따라서 추우면 발부터 차가워지고, 사람이 늙으면 발부터 노화한다고 한다. 발바닥은 우리 몸 전체 기관의 축소판으로 자극을 주면 몸 속의 각 기관이 잠재된 원동력을 발휘하여 각 기관이 제 기능을 발휘할 수 있도록 혈액순환을 촉진시키고, 신진대사와 면역력을 증강시켜 주며 여기 저기 막힌 혈을 풀어준다고 한다. 그뿐 아니라 근육의 긴장을 완화시켜 질병 치료와 예방에 효과가 있다고 믿는다. 따라서 자연치료 요법인 발마사지는 각광을 받고 있다.

중국인들은 감기, 두통, 불면증, 현기증, 고혈압, 위궤양, 설사, 변비, 당뇨, 월경불순, 갱년기 등과 같은 증상의 치료에 발마사지가 확실히 효과를 발휘한다고 믿는다. 또 내분비물 불균형과 장기의 질병치료에도 큰 효과가 있다고 믿고 있다.

발마사지는 방법이 다양하다. 엄지손가락 하나를 이용하거나, 식지를 이용하거나 혹은 엄지 손가락 두 개를 사용하는 것에 따라 힘의 강도가 모두 다르다. 따라서 발마사지사들이 마사지를 해주면서 손님에게 힘의 정도가 어떠냐고 자주 묻는다. 약할 때는 강하게 해달라고 주문할 수도 있고, 반대로 약하게 해달라고 주문을 할 수도 있다. 발에 부황을 떠주기도 한다. 물론 발마사지가 만병통치약은 아니다. 발마사지를 하여 효과를 톡톡히 보는 경우도 있지만, 어떤 병력을 가지고 있는 환자들에게는 오히려 더 해가 될 수도 있다. 예를 들어 신장과 당뇨로 인해 고혈압 증세가 있는 환자는 주의해야 한다. 또 여러 지병을 가지고 있는 사람들은 발마사지를 하기 전 자신의 병력을 발마사지사에게 이야기하여 힘의 강도를 조절할 수 있도록 해주는 것도 좋다. 그렇지 않으면 병을 더 악화시킬 수 있다. 발마사지의 또 다른 효과는 경추頸錐 신경의 퇴화를 막을 수 있다는 점이다. 사람의 경추는 기계 안에 있는 나사못처럼 오래 두면 녹슬고 마모된다. 만약 이에 대한 주의를 기울이지 않으면 노화가 빨리 진행될 수 있다. 경추를 보호하는 가장 좋은 방법은 평소에 좋은 생활습관과 바른 자세를 가지는 것이 가장 중요하다. 이와 동시에 효과적인 안마와 운동을 겸비한다면 더 오래 젊음을 유지할 수 있다. 그 밖에도 여성들은 생리기간에 발마사지를 피할 것을 한의학에서는 권하고 있다. 왜냐하면 먼저 약물로 발을 담그면 인체의 혈액순환이 빨라져 자궁의 출혈을 더욱 가속화 할 수 있기 때문이다.

이처럼 발마사지가 중국 전역에서 뭇사람들의 사랑을 받다 보니 여기 저기 우후죽순격으로 발마사지사 양성소가 설립되어 여러 가지 문제를 야기시키고 있다. 발마사지를 해주는 발마사지사들은 대부분 중국 전역에서 일자리를 찾아 베이징으로 상경한 젊은이들이다. 이들은 돈을 벌기 위한 수단으로 교습비가 만만치 않은 학교나 학원에 등록한다. 발마사지를 배우는 비용은 비싸지만 단기간의 훈련을 거치면 바로 일자리를 얻을 수 있다는 장점 때문에 상경한 젊은이들은 이 직종을 선호한다. 베이징고등중의약양성학교北京高等中醫藥培訓學校 학생모집 요강을 보면 훈련기간이 나흘에서 열흘로 규정되어 있다. 그리고 학생의 수준과 요구에 따라 기간은 조정이 가능하다고 되어있다. 과연 이토록 짧은 기간에 이루어진 집중적인 훈련으로 기

▲ **경극** : 중국의 전통 오페라 격인 경극은 중국인들의 많은 사랑을 받고 있다. 중국 안후이성에서 시작되어 1840년 청나라 건륭황제 때 베이징으로 진출하였다.

본적인 발마사지 방법을 학생이 모두 소화해낼 수 있을까? 그리고 그에 따른 효과는 어떨까? 라는 질문을 해보지만 이 질문에 대해 그 누구도 정확한 답을 해주기란 어려워 보인다.

5) 베이징인들의 최대의 오락거리 '경극京劇'

경극은 베이징에서 생겨난 중국 희곡 중의 하나로 200년 역사를 자랑하고 있다. 경극은 중국 안후이성安徽省의 후이시徽戲와 한시漢戲를 기초로 하여 다른 희곡의 장점과 특징을 받아들여 점차 형성되었다. 후이시는 1790년, 청나라 건륭황제 15년에 베이징으로 진출하였고, 경극이 정식으로 생겨난 것은 1840년 이후였다.

경극은 전형적인 베이징 지방의 희곡이다. 200년 동안 발전해오면서 경극은 창법과 대사 그리고 운율에 있어서 더욱 베이징화하는 작업이 가해졌다. 경극에 사용되는 악기는 중국의 소수 민족들이 발명한 현악기인 얼후二胡와 징후京胡 등이다. 경극은 창만이 아닌 음악, 미술, 무용, 문학의 종합예술적 형식을 띠고 있는 하나의 예술장르이다. 그리고 경극은 삼국지의 여러 가지 스토리를 수 내용으로 하고 있다.

경극 배우들의 얼굴에 물감으로 그려진 모습은 그 인물의 성격과 성품, 역할과 운명을 잘 드러내 보이고 있어서 얼굴 모습만으로도 스토리의 진행을 알 수 있는 것이 경극의 커다란 특징이다. 대체로 붉은 얼굴색을 하고 있는 사람은 충성되고 용감한 사람을 상징하고, 검은 얼굴은 지략이 뛰어난 사람, 파란색과 녹색 얼굴의 소지자는 약간 맹목적인 충성심을 발휘하는 영웅들, 노란색과 하얀색 얼굴의 소지자는 흉악하고 간사한 사람, 금색과 은색 얼굴의 소지자는 신비로움을 나타내는 요정으로 표현된다.

얼굴 색깔 외에도 분장 방법에 따라 그 인물의 성격을 표현할 수도 있다. 예를 들어 흉악한 이미지를 나타내는 얼굴 중에는 얼굴 전체를 하얀 색으로 처리 한 경우와, 코 언저리만 하얀 색으로 처리하는 경우가 있는데 이는 처리된 면적과 부위에 따라 그 인물의 교활한 정도를 표현하기도 한다. 색깔도 그 사람의 성격을 표현하지만 분장을 어떻게 하느냐에 따라서 그 인물의 성격이 표현된다. 얼굴 분장의 기원을 거슬러 올라가면 아마도 상고시대 종교와 가면무도회의 영향에서부터 흘러온 맥이 오늘날 각종 지방도시의 희곡에까지도 미쳐 이러한 전통을 보유하고 있다고 볼 수 있다.

경극에서 배우의 역할은 남녀노소, 잘생기고 못생기고, 정의롭고 사악한 것에 따라 생生, 단旦, 정淨, 추醜로 나누는데, '생'은 남자 주인공, '단'은 여자 주인공, '정'은 성격이 선명한 남자 조연, '추'는 유머러스하거나 악독한 성격의 인물로 구분된다. 모든 인물들의 성격이 거의 배우들의 분장에 나타나기 때문에 배우들이 무대에 올라서면 관객들은 한 눈에 그가 어떤 성격의 소유자인지 파악할 수 있다.

경극은 중국 전통 희곡 중에서도 진수다. 경극은 창과 무용, 그리고 음악을 자연스럽게 하나로 융합한 독특한 풍격을 지니고 있는 예술이다. 소재도 풍부하고, 각색도 다양하며, 많은 유명한 배우도 배출하여 국내외적으로 경극의 명성은 자자하다. 중국의 국보라고 할 만큼 경극은 비단 중국인들의 자랑거리일 뿐 아니라 중국인들로부터 많은 사랑을 받고 있다. 아울러 많은 외국학자들과 외국 관객들로부터 사랑을 받고 있다. 지금도 중국인들은 최대의 오락거리로 베이징 경극을 뽑는다.

6) 베이징의 차문화

▲ **중국차의 다기茶器**
중국은 세계에서 제일 먼저 찻잎을 사용한 나라로 17세기에 와서야 중국차는 서양사회로 유입되었다.

중국은 알다시피 차 문화가 일반 대중들에게도 널리 보편화되어 있다. 많은 한국인 관광객들이 중국을 방문하면 선물로 혹은 스스로 마시기 위해 중국차를 사와서는 처음 한 두 번은 잘 마시다 오래 두어 나중에는 버리기 십상이다. 이는 중국차의 깊은 맛을 터득하지 못한 이유도 있고, 시쳇말로 중국차에 인이 박히지 않아서 일수도 있다. 그렇다면 중국인들은 왜 그리 차를 즐겨 마실까? 중국 차에 대해 자세히 알아보자.

중국차의 기원

중국은 세계에서 제일 먼저 찻잎을 사용한 나라이다. 따라서 중국차의 기원을 일반적으로 차의 기원과 동일하게 보고, 이에 관해 여러 가지 이야기가 전해오고 있다.

당나라 육우陸羽가 쓴 《다경茶經》에 "신농神農이 지은 《식경食經》에 따르면 차를 오래 마시면 사람으로 하여금 힘이 있게 하고 마음을 즐겁게 한다."고 적혀있다. 신농 황제 때인 BC 2737년 경에도 차가 기호음료로 사용되었음을 알 수 있다. 신농은 중국 삼황三皇의 한 사람으로 백성들에게 농사짓는 법을 가르쳤다. 그가 온 세상에서 자라

나는 모든 식물의 효능을 알아보기 위해 그 맛을 보다가 독초에 중독이 되었는데, 어느 날 문득 찻잎을 먹고 난 다음 독이 제거된 것을 확인하고 이를 인간세상에 널리 보급하였다고 《신농본초경神農本草經》에 기록되어 있다.

중국의 고서 《사기》에 의하면 B.C 1066년 서주西周의 파촉巴蜀 지방에서 차의 재배가 행해졌다고 하며, 춘추전국 시대에는 한족과 소수민족에 의해 본격적인 차의 역사가 시작되었다고 기록되어 있다.

중국의 전한前漢시대인 BC 59년, 노비매매문서에도 "차를 많이 끓여 놓으니 한데 모여서 술 마시는 일이 없어졌다."고 적혀 있다. 미루어 짐작컨데 일찍이 차를 달이고烹, 차를 사고買, 팔았음賣을 알 수 있다. 그리고 손님이 오면 차를 달여서 대접하였다는 것으로 보아 인류가 차를 마시게 된 것은 어린 찻잎을 먹어보아 해가 없고 특별한 효능이 있으므로 식용이나 약용으로 쓰이다가 저장법이 발달하여 기호음료로 쓰였을 것이다. 따라서 음료로 마시게 된 차의 유래는 농경사회의 식생활 문화와 더불어 발전했다고 볼 수 있다.

또한 인도 향지국香至國의 왕자 달마達磨는 중국 소림굴小林窟에서 9년 동안 수련생활을 하였는데, 그때 가장 참기 어려운 것이 수마睡魔, 즉 잠이었다고 한다. 이에 그는 잠을 쫓기 위해 눈꺼풀을 떼어

▲ **용정차밭** : 용정차는 중국 절강성 항주시 서호옆에 위치해있는 용정 차밭에서 생산 되고, 중국 차 중에서 가장 으뜸으로 치는 차로, 청나라 건륭제 때에는 황실에서만 먹을 수 있었던 고급품이었다.

뜰에 던졌고 바로 그곳에서 자란 나무가 차나무였다는 전설이 전해져 오는데, 이야기의 진위는 알 길이 없으나 차는 불교와 더불어 중국, 한국, 일본 등 동양사회로 퍼져 나가게 된 것만은 확실하다.

중국차가 서양사회로 유입된 것은 17세기였다. 17세기 전까지 유럽에 음료라고는 물과 술밖에 없었지만, 당시 중국은 이미 중국 고유의 차 문화가 발달해 있었다. 중국차는 17세기 네덜란드인을 통해 처음으로 유럽으로 진출하게 되었다. 중국차가 전래될 당시의 유럽 사회는 술 마시고 취하는 풍습이 상 · 하 계층에 상관없이 매우 심했다. 그도 그럴 것이 차나 커피가 전래되기 전까지 서양인들의 음료는 물과 술뿐이었으며 술은 오늘날 우리가 상상할 수 없을 만큼 그 역할이 컸다. 영국의 찰스2세에게 시집 간 캐서린 공주는 차의 좋은 점을 널리 알리고 술에 취하는 악습을 없애기 위해, 먼저 왕실에서부터 술 대신 차를 마시는 풍습을 보급시켰다. 물론 그 숨은 속뜻은 술 마시지 말고 열심히 일하라는 것이었다. 마침내 차를 마시는 풍습은 모든 계층으로 확산되어 갔으며, 특히 상류사회에서는 사교모임의 중요한 수단으로서 다회(茶會, Tea Party)가 열리게 되었다.

삽시간에 유럽 사회 상류층 부인들 사이에 유행처럼 번진 티 파티가 점점 호화로워지면서 사회적인 문제로 떠올랐다. 부인들의 씀씀이가 커지고 외출이 잦아지고 귀가시간이 늦어지자 차츰 남편들도 다시 집 밖으로 돌다가 결국 술집으로 흘렀고, 남편과 아내가 동시에 사라져 버린 많은 가정이 혼란 속에서 파국을 맞는 결과가 빚어졌기 때문이다. 즉 유럽에 전래된 차는 그 본연의 성질과 무관하게 가정 파괴의 공범 역할을 해냈던 것이다. 여담이지만 미국의 '라이프 Life' 지는 새 밀레니엄을 앞둔 1997년에 지난 1000년 간의 100대 사건을 선정, 발표한 적이 있는데, 그 중 차가 유럽에 전래되어 초래

한 삶의 패턴 변화를 28위로, 그리고 커피의 보급을 78위로 꼽았다. 1위는 구텐베르그의 활판 인쇄술이었다.

삼국지를 보면 위魏, 진晋 시대로 접어들기 직전에 유비劉備 현덕玄德의 어머니가 낙양洛陽의 명차를 구해달라고 유비에게 부탁하여 유비가 상인들에게 자신이 지니고 있던 돈을 모두 주고 얼마만큼의 차를 얻기 위해 사정하는 이야기가 나온다. 이 일화로 미루어 보건대 당시의 차 값은 오늘날로 치면 보석 가격과 맞먹는 정도로 차는 그만큼 대중들과 거리가 있던 사치품이었다. 그리고 동진東晋시대 《진중흥서晋中興書》에 의하면 사안증謝安曾은 "손님을 초청하여 다과茶果를 내놓았다."라고 적었다. 이런 사실로 보건대 이때쯤 왕실이나 귀족사회에서는 차를 마시는 습관이 상당히 보편화되었음을 알 수 있다.

남북조南北朝 시대 중국을 보면 북쪽은 오랑캐인 선비족이 다스렸고 남쪽은 한족이 다스린 대립의 시기이다. 북위北魏의 팽성왕彭城王은 유호劉鎬가 남제南齊에서 귀순한 왕숙王肅으로부터 차 마시기를 배워 이를 즐기자, "임금이나 재상이 즐기는 진미 요리를 마다하고 하인들처럼 물이나 마시다니…" 하면서 그를 비웃었다고 전한다. 5세기 무렵까지만 해도 중국의 북쪽에서는 아직 다도가 성행하지 않았기 때문이었다.

수나라로 접어들어 수나라 문제文帝가 그를 괴롭힌 두통을 차를 마셔 해결했다는 기록이 있다. 그래서였는지 수나라는 차 문화 보급에 커다란 공헌을 하게 되었는데 바로 운하를 대대적으로 건설하여 남쪽 지방의 차를 북쪽으로 손쉽게 운반할 수 있도록 하였다.

당나라에 이르러서는 차 마시는 습관이 장안長安의 시중에까지 퍼지게 되었다. 다관茶館이 생기고 돈만 있으면 모든 이들이 차를 즐졌다. 차에 대한 세금이 생기고 밀거래까지 성행하게 되었다.

송나라는 북쪽으로 요와 금에 힘겹게 대항하고 있었으므로 국경지대 군사력을 유지하기 위한 군수물자 보급에 골머리를 앓고 있었다. 이를 해결하기 위해 일부 상인들에게 차의 전매특권을 부여하였으며 차 생산지에 관리를 파견하여 그 생산량의 일부는 조세로 충당하고 나머지는 정부가 사들여 고가로 판매하였다. 이때는 이미 차가 일반인들에게도 널리 보급되어 생활 필수품으로 자리잡았기 때문에 송나라 재정수입의 4분의 1 가량이 차의 전매수입으로 인해 들어올 정도였다. 송나라 때는 차의 대중화와 더불어 차의 제조법도 발전한 시기였다.

원나라 때는 차 마시는 습관이 북방의 유목민족들에게도 전파되어 차에 버터나 밀크를 타서 마시곤 하였다. 오늘날 서양사람들이 커피나 홍차를 마실 때 크림을 넣는 이유는 원나라의 풍습이 전해졌기 때문이라는 설도 있다.

명나라는 주원장이 정권을 쥐면서 그는 지금까지의 차 제조법이 너무 어려운 것을 개량하여 가마에서 볶아내는 방식을 개발하였다. 그래서 이때부터 엽차葉茶가 보급되기 시작하였고, 저쟝이나 안후이, 쟝쑤江蘇와 같은 화중 지방이 차의 명산지로 부각되어 지금도 유명한 룽징차龍井茶 즉 용정차와 무이차武夷茶 등이 이때부터 명성을 떨치게 되었다. 이때까지만 해도 서민들 사이에는 차에 이것 저것을 섞어 마시는 습관이 남아 있었는데 이것을 악습이라 하여 차만을 마시는 청음淸飮 방식을 권하였다. 그리고 이때부터 오늘과 같이 뜨거운 물에 찻잎을 불려 마시는 포다법泡茶法 방식이 대중화하게 되었다. 다기로는 광둥 차오저우潮州의 조그마한 찻잔인 다완茶碗, 차주전자인 다호茶壺가 유명해지고 찻잎을 보관하기 위한 엽차호葉茶壺도

등장하였다.

청나라 때는 화차花茶가 유행하기 시작하였다. 지방에까지 다관이나 다루茶樓가 들어섰다.

베이징에서의 차문화를 즐길 수 있는 곳은 많이 있지만 베이징 사람들뿐 아니라, 외국인들에게도 널리 알려진 차관은 라오스차관老舍茶館이다.

중국 차관은 역사적으로 유래가 매우 깊다. 동진 효원제孝元帝(317-322년) 때의 《광릉기노전廣陵耆老傳》에 다음과 같은 전설이 전해져 내려온다.

어느 할머니가 홀로 주전자를 하나 들고, 아침 일찍부터 시장에 나가면 많은 사람들이 차를 사서 마시는데 차가 저녁까지 줄지 않는다는 이야기이다.

위진 남북조시대에 와서는 차를 제공하는 숙소 즉 우리나라로 말하자면 옛날 주막 같은 곳이 생겼는데 이는 지금 차관의 초기 형태였다. 차관에 대한 최초의 기록으로는 당나라 《봉씨문견기封氏聞見記》에서 찾을 수 있다. 거기에는 차를 달여 사람들에게 판다는 기록이 나와 있다. 당나라 때부터 여러 도시에서는 차를 달여 파는 가게, 즉 지금의 차관이 생겨나기 시작했다. 송나라에 이르러서는 차를 전문적으로 파는 차관들이 많이 생겨났음을 알 수 있다. 《수호전水湖傳》에 등장하는 왕씨 성을 가진 노파가 찻집을 업으로 삼고 있다는 기록이 있다. 명나라의 《도암몽억陶闇夢憶》의 기록에서는 찻집 경영의 노하우에 대한 기록을 엿볼 수 있다. 차를 끓일 때의 물의 선택, 용기의 선택, 차를 달이는 기술, 불의 강도 등에 대해 자세하게 기록해 놓고 있다. 뿐만 아니라 베이싱에 그 당시 찻집이 성행하기 시작하였으며 360가지 상업행위를 할 수 있는 항목 중 정식 항목의 하나였다고 적혀있다.

청나라 고관대작의 자녀들이 종일 소일 거리가 없자 찻집에 모여 시간을 보내는 것을 놀이로 삼았다. 특히 청나라 강희 황제에서 건륭 황제에 이르기까지 태평성대를 구가하는 시기에 위로는 고관대작들이 밑으로는 일반 평민들까지 찻집을 찾았으며, 찻집은 그들의 중요한 생활공간으로 자리잡았다.

차에 얽힌 중국인들의 풍속

고대에는 남녀가 결혼을 할 때, 차를 선물하는 풍습이 있었다. 혼인을 정하고 나서 신부 측은 신랑 측이 주는 차인 쩡차(贈茶, 증차)를 받는데, 이를 "차를 받는다는 뜻에서 서우차(受茶, 수차)"라고 부른다. 중국 고대 소설 《홍루몽紅樓夢》에서는, 왕희봉王熙鳳이 임대옥林黛玉에게 "네가 우리 집 차를 마셨는데도 우리 집 며느리가 되기를 원치 않느냐?你旣然喫了我家的茶,還不給我們家當媳婦?"라며 묻는 대목이 나온다. 이 말은 바로 두 사람 사이의 혼인이 정해졌기에 임대옥이 왕희봉으로부터 '차를 받았다.' 는 뜻이다.

지금도 차를 서로 선물로 주고받는 것은 중국인들 사이에서는 서로의 깊은 정을 나누는 하나의 방식이며, 손님이 와서 차를 권하는 행위를 의미하는 '커라이징차(客來敬茶, 객래경차)' 도 중국인의 일상생활에서 가장 흔히 볼 수 있는 손님접대 방식이다. 따라서 중국인들은 우정의 뜻으로 차를 많이 선물한다.

차 마시는 습관은 각 지역마다 다소 다르다. 남쪽 지역인 광저우廣州나 홍콩 사람들은 아침에 차를 마시는 습관이 있다. 새벽에 잠에서 깨어나면, 사람들은 하나 둘씩 차관과 차루로 모여들어, 차를 마시면서 이야기를 나눈다. 홍콩 사람들은 이를 두고 광둥어로 "얌차

飮茶"라고 한다. 오전이면 얌차관에 모여 카트에 담긴 여러 가지 음식과 함께 차를 즐긴다.

오전 10시나 10시 30분쯤 얌차 집에 들어가면 그 커다란 식당이 여기저기서 왁자지껄하게 수다를 떨면서 음식과 함께 차를 마시는 사람들로 꽉 차 발 디딜 틈이 없다. 그럼 식당 구석 구석을 다니는 카트를 끄는 아줌마들의 발걸음도 같이 바쁘다. 카트마다 색다른 음식들이 몇 가지씩 놓여있는데 자신이 원하는 음식을 골라 먹는다. 음식을 고르면 아줌마는 테이블에 놓여있는 메뉴가 적힌 한 장짜리 계산서에 자신이 선택한 메뉴 옆에 사인을 해준다. 나중에 계산할 때 사인한 계산서를 보고 음식값과 찻값을 지불하면 된다.

상하이와 항저우 사람들은 저녁에 차를 마시는 것을 좋아해서 저녁 식사를 마치고 난 후에 차를 끓여서 여러 사람이 함께 둘러앉아 핀차品茶라 하여 차의 품평회와 곁들여 담소를 나누며 생활의 즐거움 찾는다. 중국에서 차관이 가장 많은 지역이 쓰촨 지역이며 아침부터 저녁때까지 차관은 사람들로 붐빈다.

차를 마시는 습관을 보면, 북방 사람들은 화차, 특히 쟈스민차라고 알려진 모리화차茉莉花茶를 좋아한다. 국화차菊花茶는 감기 예방에 좋다고 하여 베이징 사람들이 즐겨 마시는 차 중의 하나다. 저장이나 상하이 사람들은 녹차綠茶, 특히 룽징龍井, 비뤄춘碧螺春, 마오펑毛峰 차를 좋아한다. 광저우, 선전 등 남쪽 사람들은 홍차, 특히 치먼홍차祁門紅茶를 좋아한다. 어떤 지방에서는 찻잎을 찧어 부수고 소금을 약간 가미한 셴차咸茶를 마신다. 내몽고內蒙古와 서북지방에는 목축민이 많은데 이들은 우유를 많이 마시고 육식을 많이 하는 탓인지 차를 시발에 담아 즐겨 마신나. 쓰촨, 구이저우貴州, 윈난 등의 고산 지역은 채소가 적기 때문에 채소 대신에 항상 차를 마시는데 거의 모든 집마다 다기가 있고, 매일 적어도 세 번씩 차를 마신다.

중국 사람들이 차를 즐기는 이유는 위에서 언급한 바와 같이 차에 관한 깊은 역사와도 관련이 있지만, 차에는 단백질, 안기산, 비타민C가 풍부하게 함유되어 있어 건강에 많은 도움을 주기 때문이다. 차는 건강을 유지하거나, 병을 치료하는 효과도 있다.

베이징에서 중국인들의 이런 차문화를 경험해 볼 수 있는 곳이 라오스차관이다. 라오스차관은 비단 중국 차만이 아니라, 중국 음식도 즐길 수 있으며, 경극공연도 함께 관람할 수 있는 곳이라 일석삼조의 문화체험을 할 수 있는 곳이기도 하다.

7) 베이징의 밤 문화

베이징에서 밤 문화를 즐길 수 있는 사람이라면 어느 정도 높은 수입을 보장받고 있는 소비능력이 있는 집단을 뜻한다. 밤 문화에서의 소비는 베이징인들의 체면 문화와 관련이 많다. 밤 문화는 보통 퇴근 후 오후 6시부터 시작하여 새벽 2시까지 진행되는 것이 일반적이다. 새벽 2시라는 이야기는 중국정부가 최근 제정하여 국무원 원자바오溫家寶 총리가 발표한 〈오락장소 관리 조례〉에 근거한 것이다.

밤 문화를 즐길 수 있는 소비자들은 늘어가고 있는 추세이지만 공간이 매우 제한적이다. 보통 술집과 KTV, 음식점에서 시간을 보낸다. 차오양공원朝陽公園, 옌사燕紗백화점, 외국인들이 잘 가는 술집이 집결되어 있는 산리둔三里屯, 요즘 뜨는 장소인 베이징의 바다 허우하이後海 등이 밤 문화 공간이다. 여기는 보통 재즈음악이 있는 술집, 바 등이 있다. 베이징의 술집과 바는 다른 곳에 비해 수준이

▲ **라오스차관**
차문화 등 대표적인 중국문화를 결집하여 아름다운 중국문화를 선양하자는 취지로 문을 열었다.

높은 편이며, 종류도 다양하다. 영화를 상영하는 바, 음악이 있는 바 등은 사전 예약이 필요하다. KTV도 베이징 사람들이 즐기는 오락 중의 하나이다. 퇴근 후, 동료들끼리 노래도 부르고 서로 친목도 다지기에 좋은 장소로 꼽힌다. 물론 먹는 것도 중국인들이 즐기는 오락 중이 하나라고 할 수 있다. 룽푸쓰隆福寺의 먹자거리, 왕푸징王府井의 먹자거리, 둥즈먼東直門 큰 길의 먹자거리 등은 중국인에게 매우 인기 있는 곳이다. 저녁만 되면 삼삼오오 짝을 이룬 사람들이 이곳에 모여 즐겁게 떠들며, 맛있는 음식을 즐기는 곳이라 분위기가 뜨겁다.

베이징인의 밤 문화가 중국적인 문화보다는 서구적인 문화에 더욱 치우쳐있다는 우려의 목소리도 없지 않다. 사실 베이징에서 중국 특색의 혹은 베이징 특색의 문화를 즐길 수 있는 장소를 찾기란 힘들어졌다. 베이징 사람들에게 중국의 밤 문화를 즐길 수 있는 장소를 묻는다면 아마도 십중팔구는 라오스차관을 힘주어 말 할 것이다. 이 밖에 중국의 문화를 접할 수 있는 곳으로 리위앤梨園극장, 창안제長安街에 있는 창안다시위앤長安大戲院을 들 수 있지만, 이렇게 중국 특색의 밤 문화를 즐길 수 있는 곳이 흔치 않다. 게다가 문호개방에 따라 서양문화가 밀려오면서 이에 대한 호기심을 갖는 젊은이들의 수요에 따라 베이징에 디스코텍, 술집, 바, 가라오케 등이 우후죽순처럼 여기저기에 생겨나고 있다.

몇 년 전만 해도 볼링장이 매우 유행했었다. 하지만 지금은 흘러간 옛 이야기가 되었다. 한동안 번성했던 볼링장이 하나 둘씩 문을

라오스차관老舍茶館

라오스차관은 1988년에 지어졌다. 중국이 개혁개방의 문호를 열자마자 서양의 문화가 빠른 속도로 밀려 들어오면서 중국 전통문화의 퇴화를 목도한 중국의 문화전통을 사랑하는 어느 기업가에 의해 설립되었다. 중국의 희곡, 먹거리, 차문화 등 대표적인 중국전통문화를 결집하여 대내외에 중국의 아름다운 전통문화를 선양하자는 취지로 그는 라오스차관의 문을 열었다. 라오스차관은 라오스老舍라는 중국의 유명한 문학가의 이름을 차용하였다. 그 까닭은 중국의 대문호였던 라오스의 작품 속에 담긴 표현에는 베이징의 냄새가 무척 농후했기 때문이었다. 라오스차관에서는 각종 차를 음미할 수 있을 뿐 아니라, 전통적인 건축구조, 중국식 전통가구, 벽에 걸려 있는 각종 등과 같은 소품 하나하나에서도 중국 고유의 소박함과 전통을 엿볼 수 있고, 계절의 추이에 따른 베이징의 토속 음식도 맛볼 수 있다. 이곳에서는 거의 매일 두 시간 가량 되는 공연이 열리는데 중국의 희극, 전통무용, 잡기, 중국의 전통무술과 전통악기 연주 등 중국 베이징의 문화를 한 자리에서 감상 할 수 있도록 되어 있다.

라오스차관의 설립자인 인성시尹盛喜는 사라져가는 민간예술 부분에 중점을 두어 민간예술을 발전시켰다면, 그의 후계자인 딸 인즈쥔尹智君은 베이징의 모든 전통적인 먹거리를 더욱 섬세하게 발전시켜 음식 하나하나를 예술작품으로 승화시켰다. 인즈쥔은 당糖이 적게 들어간, 그리고 음식마다 차茶를 조금씩 가미시키는 독특한 방식으로 새로운 음식 맛을 개발했다. 아울러 현재 고객들의 구미에 맞는 경영방식을 채택하여 인터넷사이트도 개설하였다. 라오스차관의 사이트는 〈www.laosheteahouse.com〉이다.

라오스차관 2층은 중국의 골목 풍경을 연상케 하는 분위기로 꾸며졌고, 3층은 300명 가량을 수용할 수 있는 극장으로 이곳에서 저녁마다 공연을 볼 수 있다. 라오스차관은 하나의 문화박물관을 방불케 하는 곳이자 베이징문화의 향기가 물씬 풍겨나는 곳이기도 하다. 이곳에서는 향긋한 차와 중국의 전통 먹거리를 음미할 수 있을 뿐 아니라 베이징문화에 대한 이해와 매력을 만끽할 수 있다.

▲ **왕푸징샤오츠제** : 중국의 일번지라고 불릴 만큼 베이징의 가장 큰 번화가인 왕푸징 안에 있는 왕푸징샤오츠제는 북경 사람들의 토속음식을 맛볼 수 있는 거리이다.

닫기 시작하여 지금은 볼링장 찾아보기가 어렵다. 1998년에는 베이징에 있던 볼링장들이 한꺼번에 문을 닫는 사태가 발생했다. 이는 서양 문화라면 맹목적으로 추구하는 이들에게 울리는 하나의 경종이었다. 이처럼 중국 문화의 흐름도 여러 가지 사회적인 요소와 맞물려 있으며 아울러 문화의 흐름 또한 자본주의 사회 못지않게 급변하고 있다는 느낌이다. 요즘 베이징에서 유행하는 밤 문화 몇 가지를 소개하고자 하는데 한편으로는 책이 출간될 쯤 해서 혹시라도 베이징의 밤 문화가 다시 한번 변천을 거듭해서 책에 소개된 내용이 격세지감을 느끼게 되지 않을까 하는 걱정부터 앞선다.

왕푸징의 샤오츠제小吃街

왕푸징은 중국의 일번지라고 불릴 만큼 베이징에 사는 사람이라면 누구나 알고 있는 거리다. 왕푸징은 북쪽으로는 둥쓰시다제(東四西大街, 동사서대가)에서부터 남으로는 창안제까지로 약 1킬로미터 정도 되는 거리이다.

원나라 전까지는 마을에 불과한 이곳이 원나라 이후 인구가 늘어나면서부터 발전하기 시작하였다. 명나라 때에 왕푸징에 왕가의 친인척의 저택이 생기기 시작하면서 이곳을 스왕푸제十王府街로 이름하였다. 청나라 때 이곳을 왕푸졔王府街로 개칭하였다. 명나라 때부터 왕푸징에서는 실크와 모자 등의 물건을 파는 장이 열리기 시작하였고, 청대에 이르러서는 가게가 우후죽순처럼 생겨났다. 1903년 둥안시장東安市場이 설립되자, 이곳의 상권이 본격적으로 발전하기 시작했다. 청조가 망하고 중화민국 정권이 들어서면서 제국주의가 밀려오자, 왕푸징은 점차 서구화되기 시작하였다. 이곳에 서양 물건을 파는 점포가 하나 둘씩 생기면서, 중국인들의 관심을 끌기 시작하였다. 청나라 때 고위관료, 거상, 정계의 인사들과 귀부인들의 사치스러운 생활을 만족시키기 위해 왕푸징 거리 점포의 쇼윈도는 각종 희귀한 상품들로 넘쳐나고 점점 고급화되어 갔다.

청나라가 멸망한 후 새로운 정부 중화민국정부가 성립되자 왕푸징은 대대적 정비와 개조작업에 돌입했다. 왕푸징의 입구에 해당되는 베이징호텔北京飯店에서부터 북쪽으로 난 길을 따라 죽 걷다 보면 길 양 옆으로 상점들이 빽빽하게 들어서 있다. 주말이면 이 길을 봉쇄하여 차는 다닐 수 없고, 사람만 다닐 수 있다. 아침부터 저녁까지 이곳을 찾는 인파가 약 백만 명에 달한다고 한다.

이곳 왕푸징에는 유명한 가게가 많다. 예를 들면 둥안시장, 베이징백화점北京百貨店, 쉬순창徐順昌양복점, 헝더리亨得利시계점, 다밍大明안경점, 중국공예미술품상점中國工藝美術品商店 등이다. 왕푸징에는 일용잡화에서부터 가전제품, 가구점, 안경점, 먹거리, 문구류에서 약재에 이르기까지 없는 것이 없을 정도이다. 이곳은 또 중국 국내 유명 브랜드와 해외의 명품가게가 즐비한 곳이기도 하다. 아울러 우리의 개량한복이 있듯이 중국식 개량 전통옷 가게도 이곳에 있다. 개량 전통옷은 실크나 마를 소재로 한 제품들이 대부분이고 디자인도 특이하지만, 가볍고 촉감이 좋아 즐겨 찾는 사람들이 많다.

왕푸징은 그 옛날 마차와 인력거가 다니던 길이 이제는 새로운 상업지역으로 개발되면서 자전거, 승용차, 내외국인이 함께 활보하는 거리로 바뀐 역사가 살아 숨쉬는 거리이다. 복잡한 현대식 건물들이 즐비해 있는 이곳 왕푸징에서 옛날을 한 번 상상해 보는 것도 좋을 듯 하다.

1999년부터 왕푸징은 주말이면 입구에서부터 차량이 통제되기 때문에 보행자 자유구역이 되었다. 왕푸징은 프랑스의 샹젤리제 거리와 자매거리를 맺고 있어서 여름만 되면 샹젤리제 거리의 노천 카페처럼, 왕푸징도 노천에 카페석을 마련하고 때론 맥주파티도 개최하여 유럽과 같은 기분을 내기도 한다. 왕푸징은 쇼핑을 하기에도 좋지만, 먹자거리로 더 유명하다.

왕푸징에서 판매되고 있는 먹거리는 과연 얼마나 될까? 중국 요식협회에서 조사한 바에 따르면 500여 종에 달한다고 한다. 요식협회가 인정하는 유명한 먹거리 집이 21곳에 달하고, 오랜 전통을 가진 음식자체가 브랜드가 된 집이 3곳, 그리고 닝샤寧夏자치구 무슬림 입맛에 맞는 회교도 식당만해도 10곳이 된다. 회교도 식당은 주로 양고기로 만든 음식이 많고, 오랜 전통을 가진 음식점은 그야말로 그집만이 갖고 있는 비법으로 만들어진 전통음식을 파는 곳으로 일반 식당에서는 감히 흉내 낼 수 없는 독특한 맛을 내는 음식점들이 대부분이다. 이밖에 기타 지역의 내노라하는 음식들을 만드는 식당들이 모두 모여있는 곳이 바로 왕푸징이다. 닭을 갈아 만든 톈진 지역의 토속음식인 지모정쟈오鷄磨蒸餃라는 만두, 쓰촨의 두부음식, 란저우蘭州의 면 요리인 단단멘擔擔麵, 인도음식인 케밥 등 모두 지방색이 농후한 음식의 집결지도 바로 왕푸징 먹자거리이다.

왕푸징거리王府井大街 입구에 있는 베이징반점에서 베이징백화점

쪽으로 걷다 보면 왼쪽에 '왕푸징먹자거리'란 뜻의 "왕푸징샤오츠제王府井小吃街"라는 커다란 간판이 세워져 있는 골목이 있다. 저녁나절 시장할 즈음에 왕푸징 거리를 거닐다 보면 포장마차에서 솔솔 풍겨오는 향기로운 냄새가 더욱 시장기를 충동질 한다. 특히 추운 겨울이면 지글지글 프라이팬에서 금방 익혀낸 따뜻하고 먹음직스러운 음식들은 여지없이 행인들의 발걸음을 붙잡는다. 양꼬치, 군만두, 돼지 볶음, 닭발, 오징어, 멍게, 해삼, 갖가지 튀김 등 우리 포장마차에서 흔히 볼 수 있는 것도 많지만 정말 별의별 음식들이 다 있다. 뱀, 개구리, 참새, 지네, 귀뚜라미, 메뚜기, 굼벵이 등등, 음식도 음식이지만 볼거리도 많다.

중국에 주재원으로 파견 나간 제자가 한번은 광둥에서 중국 바이어들에게 귀한 음식을 대접 받았는데 그가 간 곳이 악어요리를 전문으로 하는 식당이었다. 살아있는 악어 새끼들 중 한 마리를 골라 요리를 주문하자, 곧 접시에 담아 내온 요리가 악어의 다리 한 쪽이었다. 악어고기라는 것을 증명하기 위해 악어 가죽을 벗겨 요리 위에 살짝 덮는 센스까지 보여주었다고 한다.

광둥 지역에서 우연히 〈희귀한 음식 먹기 대회〉라는 텔레비전 프로그램을 시청했는데 그 프로는 일반인들이 참여하는 대회로 우승자가 되면 거액의 상금을 거머쥘 수 있었다. 게임방식은 양쪽 선수들 앞에 뚜껑이 닫힌 채로 놓여진 음식을 가위바위보로 결정하여 이긴 사람에게 우선권이 주어지는데 이긴 사람이 먼저 뚜껑을 열고, 그릇에 담겨진 음식을 먹으면 옆 사람이 자동 탈락되는 프로였다. 결승에 진출한 최종 주자 두 사람의 앞에 놓인 음식을 보고 제자는 과연 저 그릇 안에 어떤 희귀한 음식이 들어 있을까 궁금하기도 했지만 한편으로는 무척 염려스러웠다고 한다. 가위바위보를 해서 이긴 사람이 여성이었기 때문이였다. 그 여성이 조심스럽게 뚜껑을 열자, 정말 모두 깜짝 놀랄만한 음식이 접시 안에 놓여있었다. 다름아닌 갓 태어난 살아있는 생쥐였다. 사회자가 마이크를 가까이 대자, 살아있는 아기 생쥐의 찍찍대는 소리가 들렸다. 문제는 그 살아있는 생쥐를 한 입에 넣어 삼키면 그 여성은 승자가 되어 많은 상금을 탈 수 있는 행운이 주어졌다. 겨우 생쥐를 집어 든 여성은 입을 크게 벌려 쥐를 입 속으로 넣었으나 도저히 먹을 자신이 없는지 다시 입 밖으로 내 놓았다. 그러나 포기하자니 상금이 욕심나 다시 입 속으로 집어 넣었으나, 그만 삼킬 자신이 없는지 끝내 포기하는 장면을 보고 기절초풍할 뻔 했다고 한다.

중국 광둥에서 우리나라에 교환교수로 오신 중국인 교수 한 분은 지독한 채식주의자였다. 그분은 처음부터 자신은 채식주의자가 아니었노라고 고백했다. 같은 중국인이지만 중국 사람들이 별의별 희한한 음식을 먹는 것을 보고 그분은 채식주의자가 되었노라고 했다. 한 번은 살아있는 원숭이 골을 먹는 것을 직접 목격한 경험담을 고통스러워하면서 털어놓았다. 그리고 구이저우에 연구자료 수집차 갔었는데, 내놓은 음식이 부엉이 머리를 다려 만든 탕과, 어린 강아지를 털만 뽑고 그대로 화롯불에 구워 놓은 음식을 보고 도저히 더 이상 육식을 할 수 없었노라고 했다.

청나라의 만한전석 요리는 가장 진귀한 청나라 궁중요리로 지금도 베이징의 베이하이공원에 가면 코스요리를 즐길 수 있다. 옛날 만한전석에 포함된 요리 중에는 곰 발바닥, 호랑이 고환, 코끼리 코 등과 같은 요리가 있었다고 한다. 정말 상상을 초월하는 요리가 아닐 수 없다. 중국인들은 정말 날아다니는 비행기를 제외한 모든 것을 다 먹는다는 말이 실감난다.

산리둔三里屯

저녁 12시가 되어도 산리둔은 대낮처럼 환하고 소란스럽다. 길다란 길 옆으로 늘어선 술집에서는 목청 높여 외국곡을 부르는 무명 가수들의 노래 소리, 금속 악기의 연주 소리는 지나가는 사람의 귀청을 따갑게 한다. 밖에는 호객행위를 하는 종업원들, 외국인들이 많이 모이는 곳이기 때문에 외국인에 대한 호기심에서 이곳을 찾는 손님들, 그리고 관광객들, 이곳에서 구걸하는 소위 밀하는 나이 어린 꽃 제비들도 눈에 띈다. 어쨌든 산리둔의 밤을 즐기는 중국인들이 심심치 않게 많다. 그들은 각자 나름대로 이유가 있다. 이곳 분위기가 좋아서, 이곳에 오면 자신이 좋아하는 풍의 노래를 들을 수 있기 때문에, 혹은 노래를 부르는 무명가수가 마음에 들어서, 이도저도 아니라 이곳에서 마시는 맥주 한 잔에 모든 생활의 스트레스가 날아간다는 개똥철학을 갖고 오는 사람 등 이유도 가지가지이다.

국민들의 생활수준이 높아지면 문화생활도 다양해질 수밖에 없다. 몇 년 전, 사스가 중국 전역을 휩쓸고 간 지 얼마 안 되어 중국은 또 다른 새롭고 신선한 밤 문화가 수면위로 떠올랐다.

백 년의 역사를 갖고 있는 재즈음악이 최근 베이징의 밤 문화를 수놓고 있다. 전문적인 재즈 바가 생겨나 재즈를 즐기는 마니아들이 이곳에 와서 재즈 음악을 듣고, 술을 마시고, 혹은 악기를 가지고 와서 직접 연주할 수 있는 무대도 마련되어 재즈 애호가들의 즐거움을 더하고 있다. 산리둔의 재즈-야jazz-ya라는 재즈바는 일본인이 경영하는 곳으로 낮에는 일본 정통요리로 밤에는 재즈바로 손님을 끌고 있다.

베이징의 재즈 마니아들은 아마도 옛날에 문을 연 재즈바 썩세스success를 기억할 것이다. 주로 마니아들만을 상대로 그간 장사를 했지만 경영난에 허덕여 결국 문을 닫았다. 요즘 베이징에서 재즈가 밤 문화의 하나로 떠오르면서 썩세스는 다시 영업을 재개했다. 재즈바에는 재즈 가수 등을 초빙하여 밤무대를 수놓는 연출가들의 수준도 상당하다. 이처럼 베이징에서 재즈가 성행하는 이유는 무엇일까? 전문가들의 분석에 따르면 이는 일종의 사회적 현상이라고 한다. 베이징의 문호가 개방되면서 많은 외국인들이 그들의 향수를 달래줄 수 있는 문화를 찾기 때문이기도 하고, 외국에서 유학을 마치고 돌아온 중국 내 유학파들이 서양문화 속에서 접하였던 문화를 즐기고 싶은 수요 등과 더불어 일반인들이 서양사람들이 즐기는 파티문화, 바비큐 문화, 클럽문화 등에 대한 일종의 호기심이 어우러진 탓이 아닐까라고 분석하고 있다. 아무튼 재즈문화는 지금 현재 베이징 사람들이 즐기는 밤 문화 중의 일부가 되었다. 재즈 문화는 어떤 이들에게는 필수품일 수도 있고, 어떤 이에게는 장식품 혹은 사치품일 수도 있다.

나이트

방학을 이용해 한국 대학생들을 이끌고 중국으로 연수를 갈 기회가 많은데 예전에는 학생들이 주어진 자유시간에 관광명소를 돌아본 후 저녁시간에는 주로 서점, 레스토랑, 쇼핑몰 등에서 시간을 보냈다. 그러나 요즘 아이들은 밤새 디스코텍에서 광란의 밤을 보내다 오곤 한다. 록음악이 울리는 젊은이들의 열기 발산의 장소인 디스코텍이 요즘 중국에서 성업중인 이유도 젊음과 문화에 목말라하는 분위기에 편승한 탓이 아닐까 한다. 반짝이는 네온사인에 고막을 찢어 놓을 듯한 금속성 음악소리, 하지만 이런 분위기를 좋아하는 젊은이들은 머리부터 발끝까지 흔들며 그들만의 열정을 발산한다. 요즘 뜨는 TV 연속극을 보거나 영화를 보면 주로 젊은이들의 만남의 장소로 디스코텍이 비춰지는 장면이 많다.

최근 원자바오 총리가 발표한 〈오락장소 관리조례〉는 1999년 국무원에서 발표한 것에 비해 그 규제가 한층 강화되었다.

"영리를 목적으로 하고 소비자들에게 개방된 가무, 오락 장소는 새벽 2시에서 오후 8시까지는 영업을 할 수 없다."라고 명시되어 있기 때문에 최근 불꽃처럼 왕성하게 번지고 있는 디스코텍과 같은 오락 장소는 또 한 차례 강도 높은 타격이 예상된다. 조항에 따르면 "국가기관 혹은 이와 유사한 기관에서 일하는 공무원들은 오락장소를 경영할 수도 경영활동에 참여할 수 없다."라고 엄격하게 규제해 놓고 있으며, "문화 주무처와 공안부公安部인 경찰청에서 근무하는 공무원의 가족, 친척, 3대 이내의 방계 친인척관계에 있는 사람도 오락장소를 경영할 수 없다."라고 못박았다. 따라서 현재의 디스코텍들의 향방에 대해 귀추가 주목된다.

저소득층 베이징인들도 나름대로 그들만의 밤 문화를 즐기고 있다. 베이징 뒷골목과 동네 작은 음식점에 옹기종기 모여 앉아 양꼬치, 스프, 냉채요리 몇 가지를 차려놓고 국수 등을 말아 먹으면서 서로 삶의 애환을 이야기하며 즐거운 이야기 꽃을 피운다. 이 시간만큼은 그들에게 있어서 누구에게나 소중한 시간이다. 물론 어떤 이들은 집에서 TV를 시청하는 경우도 있지만, 친구들과 서로 이야기 꽃을 피우는 경우가 더 많다. 혹은 베이징의 야경을 구경하거나, 마트에 가서 쇼핑을 하거나, 영화관, PC방 등 즐거움을 찾아 다양한 밤 문화를 즐긴다.

시단西單

"베이징 사람들이 돈을 3만원 쓰면 1만원은 시단시장에서 물건을 산다."라는 이야기가 있다. 베이징의 3대 상업지구 가운데 하나인 시단지역은 1993년부터 8년 동안 동서 방향으로 늘어서 있던 옛 시장의 점포들을 모두 구획 정리하고, 남북으로는 길이를 확장하여 현대화 건설작업을 통해 새롭게 단장되었다. 복잡하고 협소한 전통 시장의 구조를 모두 최신식 고층빌딩으로 개축하였으며, 도로계획 또한 새롭게 설계하여 좁고 무질서했던 과거의 모습은 이미 사라져 그 흔적을 찾을 수 없게 되었다. 총면적이 16만 평방킬로미터에 달하는 거대한 규모의 시단 상업지구에 가보면 신시단상창新西單商場, 화웨이빌딩華威大廈, 종여우中友백화점, 서우두스다이광창首都時代廣場과 같은 큰 상가 빌딩들이 즐비해 있으며, 최첨단 상업용 빌딩들이 건설되고 있는 것을 볼 수 있다. 이곳에는 비단 쇼핑상가들이 즐비한 빌딩만이 있는 것이 아니라, 중국은행, 전신전화국, 중국민항, 베이징도서빌딩北京圖書大廈 등도 있고, 호텔, 식당, 금융센터 등도 있어 새롭고 멀티플한 상업지역으로 뜨고 있다.

과거 이 지역을 기억하고 있는 사람이라면 환골탈태換骨奪胎한 요즘 이곳 모습을 보면 그 놀라움을 감추지 못할 것이다. 예전에는 주차 공간은 커녕, 인도와 차도의 구별조차 하지 못할 정도로 복잡하였지만, 지금은 인도와 차도가 완전히 구분되어 있고, 자전거도로까지 갖추어져 있다.

시단에는 우리나라 교보문고에 해당되는 베이징도서빌딩이 있다. 교보문고보다 규모가 훨씬 큰데, 갈 때마다 인파에 밀려 사려는 책을 충분히 보지 못하고, 다소 필요하다고 판단되는 책이라면 얼른 카트에 주어 담는다. 베이징도서빌딩 주변에는 공원과 문화광장 등 제반 부대시설도 함께 갖추어 이곳을 찾는 베이징 시민들에게 휴식공간과 문화공간을 제공하고 있다.

현재 시단상업지구는 베이징에서 가장 규모가 크고 영업실적이 가장 높은 비즈니스 센터로 탈바꿈했다.

베이징의 인물

제5장

1) 서태후

2) 환관

3) 마지막 황제 푸이(溥儀, 부의)

4) 후스(胡適, 호적)

5) 라오스(老舍, 노사)

6) 마오쩌둥(毛澤東, 모택동)

7) 중국의 작은 거인– 덩샤오핑(鄧小平, 등소평)

제5장 베이징의 인물

5000년 역사를 자랑하는 중국의 기나긴 역사 속에서 음으로 양으로 영향을 끼친 인물들이 무수히 많지만 시대와 범위를 좁혀 청나라 말부터 근 현대사에 이르기까지 중국역사에, 특별히 베이징을 둘러싸고 영향을 미쳤던 인물들이 있다. 권좌에 48년 동안을 앉아 있었던 함풍 황제의 황후 서태후는 중국 역사를 논하는데 있어 빼놓을 수 없는 인물이다. 그녀가 자신의 권력에 대한 욕심을 줄이고, 어진 정치를 폈더라면 청 말에서부터 중국의 현대사에 이르는 암울한 중국 역사가 지금과는 사뭇 다르게 펼쳐졌을 것이다.

아울러 명, 청 시대의 환관들의 극에 달하였던 횡포와 권력욕 또한 중국의 몰락에 많은 부정적 영향을 미쳤다.

청나라 마지막 황제인 푸이의 비극적인 삶, 그리고 수천 년 동안 이어진 중국의 왕정정치가 역사 속으로 힘없이 사라지는 모습을 지켜보면서 또다시 영욕의 무상함을 느낀다.

청조가 역사의 뒤안길로 사라지고 새로운 정부가 들어서면서 수많은 개혁가와 혁명가들이 중국 역사의 무대에 대거 등장한다. 부패한 청조를 타도하기 위해 끊임없는 혁명을 일으켜 11번째 혁명인 신해혁명을 성공시킨 쑨원孫文과 같은 훌륭한 인물도 있었지만, 2000년 동안 사대부의 전유물이었던 중국의 문자를 지금 현재 중국인들이 사용하고 있는 글로 대체시킨 그야말로 언어와 문자에 있어 혁명을 일으킨 후스가 있다. 그리고 베이징의 인력거꾼의 비참한 삶을 통해 사회의 어두운 현실을 날카롭게 파헤친 작품, 《낙타상자駱駝祥子》(1936년)를 쓴 중국의 대문호 라오서도 있다. 그는 문화대혁명이 발발하자 이를 반대하다가 싸늘한 주검이 되어버렸다.

격동과 혼란의 연속인 중국의 근대사 속에서 다시 한 번 중국이라는 거대한 땅을 공산화시킨 마오쩌둥과 빠른 변화를 추구하는 격변하는 현대사의 흐름을 잘 간파하여 13억의 인구의 의식주 문제를 해결키 위해 특색 있는 중국의 사회주의 노선을 주창하면서 자본주의 사회체제를 도입했던 작은 거인 덩샤오핑鄧小平이 있다.

1) 서태후

1644년 청나라가 개국하여 1911년 신해혁명으로 왕정정치를 마감하고 멸망할 때까지 약 300년 세월동안 모두 순치順治, 강희, 옹정, 건륭, 가경, 도광, 함풍, 동치同治, 광서, 선통宣統 이렇게 총 10

▲ **서태후**는 서궁의 황후여서 서태후라고 불리지만 자희태후라고도 칭한다. 48년 동안 서태후가 권좌에 앉아 있는 동안 중국역사는 내리막길을 걸었다.

명의 황제가 직위했다. 한 황제당 평균 30년도 채 못 되는 세월을 집권한 셈이다. 이 중 강희와 건륭, 두 황제의 즉위 기간은 121년으로 최장기 집권을 하였고, 옹정, 함풍, 동치는 불과 10년이 조금 넘는 짧은 기간 동안만 집권했다. 마지막 황제인 푸이, 즉 선통황제는 집권 3년 만에 왕정정치인 봉건왕조를 마감해야 했다.

함풍 황제는 서태후를 서궁西宮의 황후로 맞아 들이면서 청나라의 역사적 비극이 시작되었다. 서태후는 서궁의 황후라서 서태후라고도 불리지만 자희태후라고도 칭한다. 함풍황제는 매우 유약한 사람이었다. 그는 청조 대부분의 황제가 수렵을 좋아하고 용맹했던 것과는 달리 동화 속에 사는 사람처럼, 자연을 사랑하고, 자연과 벗삼아 살았다. 그는 생전에 개미 한 마리를 죽이지 못하는 황제였다고 한다. 청나라 황제들은 봄이면 어김없이 사냥에 나섰지만 그는 워낙 살생을 싫어하는 데다가 봄이 되면 만물이 소생하고, 새들이 알을 낳는 계절이기 때문에 새들의 보금자리를 파괴하고 생태계를 파괴하는 일은 잔인한 일이라 하여 꼼짝하지 않았다고 한다. 이처럼 허약한 성격의 소유자였넌 그가 펼친 유약한 정치 탓에 1860년 함풍 10년에 중국은 처음으로 치욕의 역사를 겪는다. 즉 영국과 프랑스 연합군으로부터 침략을 당해 중국 역사상 처음으로 수천 년 맥을 이어온 중국의 수도 베이징이 외국인들의 손에 함락되는 참극이 벌어졌다. 이때 함풍황제는 영불연합군과 맞서 싸우기보다는 피난길을 택했다. 나라의 종묘사직을 지키지 못하여 조상들에게 누를 끼쳤다는 죄책감에 시달린 그는 피난길에 오른 지 1년 만에 큰 병을 얻어 그만 그곳에서 세상을 하직하고 말았다. 함풍은 이렇듯 중국역사에 오점을 남기고 사라진 황제였다. 하지만 이 보다 너 큰 오류는 장가를 잘못 갔다는 점이다. 남편을 잃은 서태후는 권좌에 대한 욕심으로 아들 동치 황제를 세웠지만 자리를 오래 지키지 못하자, 자신의 여동생 아들을 황제의 자리에 앉히고 수렴청정을 시작한다.

서태후는 48년 동안 권좌에 앉아 있으면서 청나라 10명의 황제 가운데 네 명의 황제를 거쳤다. 함풍황제는 자신의 남편이었지만, 동치와 광서, 선통황제는 그녀가 생전에 그녀 손으로 직접 세운 황제들이었다. 동치황제는 함풍황제와 서태후의 소생으로 여섯 살에 권좌에 앉았다. 서태후는 자신의 여동생을 함풍황제의 7번째 동생과 결혼시켰고, 동치황제가 죽자 서태후는 또 다시 여동생의 네 살 배기 아들을 권좌에 앉혀 수렴청정을 시작하였다. 그가 광서황제이다. 광서황제도 서태후 등살에 오래 살지 못하고 죽게 된다. 그녀는 또 다시 함풍황제의 7번째 동생 즉 자신의 여동생과 결혼한 매제의 또 다른 소생, 즉 매제의 둘째 마누라에서 난 손자를 강제로 빼앗아 자신이 죽기 전 그를 황제의 자리에 앉힌다. 그가 바로 청나라 마지막 황제인 선통황제 푸이다. 푸이를 잃은 푸이의 어머니는 정신이 나갔고, 그 외할머니마저 손자를 강탈당했다는 분노에 미치광이가 된다.

서태후가 권좌에 앉은 후로 중국 역사는 내리막길을 걸었다. 세계 열강의 침략으로 계속하여 불평등조약을 맺어, 나라의 일부를 할

양이라는 명목으로 빼앗겼으며 거액의 돈을 배상해야 했다. 그럼에도 불구하고 서태후는 국방을 튼튼히 할 생각은 하지 않고, 해군의 군비를 횡령하여 이허위앤 건립에 탕진했다. 1900년 광서황제 16년에 다시금 수도 베이징을 두 번째로 빼앗기는 치욕을 당하게 된다. 함풍황제도 그랬지만 동치와 광서황제 역시 황제다운 면모가 없었다. 그야말로 서태후의 손바닥 안에서 놀아났다고 해도 과언이 아니다. 그래도 광서황제는 개혁을 하려고 시도는 하였지만 서태후의 제재로 모든 계획이 수포로 돌아갔으며 그가 가장 사랑하는 진비는 서태후에 의해 자금성 우물 안에 수장 당하고 말았다. 그 사실을 모두 알면서도 광서황제는 손 한번 써보지도 못하고, 두 눈 멀쩡히 뜨고 그 치욕을 다 당해야 했다. 황제의 권력이 얼마나 유명무실하였던가!

서태후는 목욕을 즐겼다고 한다. 여름에는 매일 목욕을 하였고, 겨울에는 이틀 혹은 사흘에 한 번씩은 꼭 목욕을 하였다고 전한다. 궁궐에서는 일반적으로 낮보다는 저녁 목욕을 선호하였다. 서태후의 목욕시간은 고정되어 있지 않았지만 대략 저녁 식사를 마친 후에 목욕을 즐겼다고 한다. 내시들이 목욕 욕조와 목욕물, 수건, 비누, 향수 등을 날랐고, 내시들이 물러가면 같은 복장을 한 궁녀 4명이 들어와 시중을 들었다. 서태후가 사용한 욕조는 나무 위에 은을 두른 것이었다. 서태후는 목욕을 할 때마다 욕조 두 개가 필요했다. 하나는 상반신을 또 다른 하나는 하반신을 씻기 위한 것이었다. 놀라운 것은 그녀가 목욕을 한 번 할 때마다 수건을 100장이나 사용했다는 사실이다. 25개를 한 묶음으로 모두 4묶음으로 된 수건에는 각각 황금색 실로 용이 수놓아져 있었다. 수놓아진 용의 그림도 천편일률적으로 똑같지 않았다. 용의 머리가 수놓아진 그림이 있는가 하면 용이 달을 보는 그림도 있고 용이 여의주를 가지고 노는 그림, 물을 튀기면서 노는 그림 등 다양했다. 그리고 수건 가장자리에는 꽃무늬 모양의 수가 둘러져 있었으며 수건은 다리미로 다려서 가지런히 놓아 두었다.

목욕을 하는데 100장의 수건이 필요하다는 이야기는 엄밀히 말해 서태후는 물속에서 목욕을 하기 보다는 몸을 닦는 독특한 방식으로 목욕을 했다는 뜻이다. 우선 욕조에 담긴 물이 일정한 온도를 유지해야 한다. 너무 뜨거워도 차가워도 안 된다. 목욕 중간에 물이 식기 때문에 물을 다시 갈아야 했다. 따라서 밖에는 물을 갈기 위해 대기하고 있는 궁녀들이 있었다. 서태후가 욕조 옆에 나지막한 의자에 앉으면 4명의 궁녀들이 상반신부터 수건으로 닦아 내려간다. 이때 궁녀들에게 신속하고, 정확한 손놀림이 요구된다. 먼저 궁녀 하나가 수건 4장을 물에 적셔 각각의 궁녀에게 하나씩 나눠주고, 나눠가진 수건으로 서태후의 몸을 천천히 닦아 내려 간다. 이런 동작을 예닐곱 번 반복하는데 이는 모공을 열기 위한 작업이었다. 다음은 비누를 몸에 바르는 단계이다. 사용되는 비누는 궁에서 특별히 황제나 황후를 위해 장미향이 나도록 만든 비누로 몸에 두루두루 바른 후 다시 욕조의 물에 수건을 교체해가며 깨끗이 닦아 내려간다. 마지막 단계는 마른 수건으로 몸을 닦고 난 다음에 손바닥 만한 실크 수건에 향수를 쏟아 살짝 두드리면서 온몸에 바른다. 이렇게 상반신을 다 씻은 후 수놓아진 잠옷을 두르고 나면 바로 하반신을 씻기 시작한다. 상박식에 사용되는 수건은 50에서 60장 정도이고, 나머지는 하반신을 씻는데 사용되었다. 하반신 목욕이 끝나면 목련이 수놓아진 바지 잠옷을 입고, 수가 놓인 빨간색 실내화를 신으면 그것으로 전신욕이 끝났다.

서태후는 48년 권좌에 앉아 있는 동안 그녀에 대한 각종 루머가 끊이지 않았다. 루머들은 심지어 지금까지도 세인들에게 회자되고 있으며, 중국 역사 속에서 많은 이야기 거리를 제공하고 있다. 1908년 11월 14일 저녁 38세의 광서황제는 침상에 누워 한 많은 세상을 하직했다. 그가 죽은 다음날 오후 광서황제의 어마마마이자 정적政敵이었던 서태후도 죽게 된다. 이들 모자母子는 비록 피한방울 섞이지 않은 순전히 정치적인 모자 관계였지만, 희한하게 24시간 안에 연달아 세상을 등졌다.

생전에 대립관계였던 이들 둘의 관계는 중국 역사상 매우 드문 케이스이다. 두 사람의 죽음이 전해지자 삽시간에 많은 루머가 떠돌기 시작하였다. 사람들은 서태후가 죽기 전, 자신이 죽은 후 정적인 광서황제가 다시 정권을 잡는 것을 우려해 먼저 그를 독살하였다는 소문이 돌았다. 그리고 서태후의 총애를 받는 내시인 이연영이 평소 광서황제를 중상모략하고 희롱한 죄로 서태후가 죽으면 자신의 입지가 매우 곤란할 것을 예측하여 서태후가 죽기 전 먼저 손을 썼다는 소문도 있었다. 청나라 문헌의 기록에 따르면 광서황제의 직접적인 사망 원인은 심폐기능이 점차적으로 쇠약해져 죽었다는 기록이 남아있다. 독살이나, 돌발적인 사망도 아니며, 기타 상해를 받은 흔적이 없고, 병으로 인해 사망한 지극히 정상적인 병거였다고 전해진다. 서태후는 임종 전 순친왕醇親王의 아들 푸이를 황제로 옹립하였다.

2) 환관

위충현魏忠賢

왕정시대의 내시들은 온전히 궁중의 수요에 의해 만들어진 봉건

사회의 희생양들이자 소모품에 불과했다. 환관들이 최고의 권력자로 인해 막강한 파워를 가졌다 해도 그들은 황제의 노예에 불과하였다. 최고의 권력자 옆에서 목숨을 부지하기 위해 구차한 삶을 살아가야 하는 것이 환관들의 삶이었다. 명, 청 시대 환관의 숫자는 한 도시의 인구만큼 많았는데 약 만 명 정도 되었다고 한다. 황제 한 사람의 시중을 들기 위해 이렇게 거대한 인력을 동원한 셈이다. 다시 말하면 남자 한 사람이 황제로 살아가기 위해 수많은 남사들이 남성으로서의 권리를 박탈당했던 것이다.

중국 역사에 존재하였던 수많은 환관들이 그들의 임무에만 충실했던 것은 아니다. 최고 권력자 주변의 권력 다툼의 한 가운데 서있기도 하였고, 권력다툼의 불씨가 되기도 하였으며, 마치 자신이 황제인양 착각하고 권력을 휘둘러 무고한 목숨들이 그들의 계략과 음모에 희생당하기도 하였다.

명나라의 세 가지 해악 중 하나가 환관의 해악이었다. 명나라는 환관을 등용하여 영락연간에 황가皇家의 특수기구인 둥광東廣을 세워 환관이 이를 맡아서 관리하도록 하였다. 그 후에 시광西廣이 설립되자 위충현이라는 환관에게 시광의 관리를 맡겼다. 위충현은 원래는 명나라 희종熹宗황제의 식사를 준비하는 주방장이었다. 그는 요리 솜씨가 뛰어나 황제에게 발탁되어 황제 곁에서 시중을 들었다. 하루 아침에 출세가도를 달리는 위충현은 하늘 높은 줄 모르고 자신에게 주어진 권력을 휘둘렀다. 그는 제거하고 싶은 사람이 있으면 황제의 어명인양 거짓 어명을 내려 제거하였으며, 심지어는 황후를 독살하려고도 하였다. 뿐만 아니라, 원나라 때 만들어진 샹산香山의 비윈사(碧云寺, 벽운사)를 자신의 무덤으로 선정하여 살아생전에 자신의 무덤에 대한 건축을 대대적으로 시행한 결과 황제의 능묘보다 더 화려하고 규모있게 꾸몄다고 한다. 후에 청나라 대신 하나가 그가 꾸며놓은 무덤을 보고 강희황제에게 일개 환관의 묘가 황제의 능을 방불케 한다고 비웃었다는 일화가 있다.

희종이 붕어하고 숭정崇禎황제가 왕위에 오르자 위충현은 추방당했다. 그는 유배길에서 목매달아 자살했다. 죽은 후 그의 시체는 갈기갈기 찢겨져 그가 스스로를 위해 그토록 열심히 마련한 그 화려한 능에 온전히 묻히지도 못했다.

안덕해安德海

청나라 서태후의 후광을 입은 환관으로 우선 안덕해를 꼽을 수 있다. 동치황제 때 서태후의 총애를 받은 안덕해는 국정도 간섭하기 시작하였다. 24세의 안덕해는 당시 35세의 서태후를 모시고 있었다. 서태후는 가끔 죽은 함풍황제 즉 남편이 입었던 용포를 안덕해에게 입혔다고 한다. 대신들은 이에 대해 이견이 있어도 감히 직언하는 사람이 없었다. 어린 동치황제는 어머니의 사랑을 한 몸에 받고 있는 안덕해를 끔찍이 싫어했다. 동치황제는 환관들과 진흙인형놀이를 할 때면 인형의 눈을 파거나, 혹은 인형의 목을 자르고는 그 인형을 안덕해라고 하였다. 때로는 붓으로 안덕해를 그린 후 작은 칼로 눈과 코를 파내고 잘랐다. 어린 동치황제는 어머니 품이 그리워 어머니의 궁을 찾을 때면 때론 어머니 서태후가 안덕해와 함께 침대에서 껴안은 장면도 종종 목격했다. 서태후와 안덕해는 이런 이유로 동치황제를 무척 미워했다. 서태후의 총애를 받은 안덕해는 그 누구도 두려워하지 않았다. 안덕해는 마치 고삐 풀린 망아지처럼 행동했다.

1869년 8월 13일, 안덕해는 궁 안의 생활을 답답해하면서 외유를 나가겠다고 말한다. 서태후도 말렸지만 듣지 않고 안덕해는 기어코 20여 명의 하인을 대동하고 바깥 나들이에 나선다. 안덕해가 조정의 법도를 어기고 궁을 나갔다는 것이 발각되자, 외교술에 뛰어난 공친왕恭親王은 동태후, 즉 자안태후慈安太后를 설득해 동태후의 승인을 받아 안덕해를 체포, 관가로 끌고가 어명을 낭독한 후 처형한다. 처형당할 위기에 처한 안덕해를 서태후조차 어찌할 수가 없었다. 그가 법도를 어겼기 때문이었다. 결국 안덕해를 잃게 된 시대후는 이어 이연영을 발탁한다.

이연영李蓮英

이연영은 서태후와 광서황제 사이에서 줄다리기를 잘한 덕에 그는 관례를 깨고 2품 대총관大總官의 자리에까지 올랐다. 통상 환관으로 오를 수 있는 가장 높은 관직은 4품 궁정감독宮廷監督 시위관이었다. 그는 서태후의 머리를 만지는 머리방에서 일하다가 서태후의 헤어 디자인을 잘했기에 발탁되었다. 그는 서태후의 총애를 받자 무소불위였다. 밑에 있는 환관들을 발가락의 때만큼도 여기지 않았으며, 그의 곤장에 죽어나간 환관만 해도 셀 수 없을 정도였다. 광서황제가 사랑하는 진비를 우물에 빠뜨리도록 사주 한 것도 실은 이연영이었다. 이연영은 나이가 들어 서태후에게 노후를 준비한다는 명분을 내세워 궁을 나갔다. 서태후는 이런 그에게 중난하이中南海에 있는 화방花房을 별장으로 하사하였다.

1908년 서태후가 죽자 이연영은 비빌 언덕을 잃었다. 다행인 것은 서태후보다 광서황제가 하루 일찍 붕어하였다는 사실이었다. 만약 서태후가 먼저 죽었더라면 이연영은 광서황제의 손에 요절이 났을 것이다. 서태후가 죽자 이연영은 평소 서태후가 기거하던 장춘궁

長春宮에 심복을 심어 놓았다. 그는 심복을 통하여 장춘궁에서 값나가는 진귀한 보물들을 모두 다 갈취했다. 이연영이 소유한 재산은 엄청났다. 광서황제가 서거하자, 이제 자금성의 주인은 광서황제의 황후 융유(隆裕, 룽위)였다. 황후 융유가 이연영의 재산을 몰수하려하자, 이를 알아차린 이연영은 그를 도와줄 사람을 만나고 오는 길에 살해당한다. 그의 피살소식을 접한 집안 사람들은 밤새 이연영의 시체를 찾아 나서지만, 이연영의 머리밖에는 찾을 수 없었다. 후에 견고하게 구축된 그의 무덤을 힘들게 파헤친 결과 이연영의 무덤에서 발견된 것은 의관과 그의 머리뿐이었다고 한다. 의관은 모두 잘 보존되어 있었고, 머리 부분은 있었지만, 몸통부분에는 진주와 금은 보화로 채워져 있었다고 전한다.

구연재寇連材

환관이라고 하여 모두 권력과 재력에만 관심을 쏟았던 것도 아니었다. 환관 구연재는 비록 28살이라는 짧은 생을 살았지만 임금께 충성하고, 불의에 대해 감히 직언을 하였던 사람이었다. 구연재는 열 다섯에 같은 고을의 장씨 성을 가진 처자와 결혼하여 슬하에 2남 1녀를 두었다. 그의 아버지는 주인과의 소송에서 억울하게 패소한 후 한을 품고 죽자 그는 입궁하여 서태후를 모시는 환관이 되었다.

1894년 중일 갑오전쟁이 발발하자, 중국은 일본과 치욕적인 마관조약馬關條約을 맺었다. 관료 대신들이 상소를 올려 국방을 튼튼히 할 것을 강조하였지만, 서태후는 이 기회를 빌어 광서황제를 폐하고, 광서황제의 애첩이자 비서였던 진비를 내칠 것을 궁리하였다. 구연재는 정직하고 곧은 사람으로 나라 안팎의 일에 탄식하고 있었다. 의분을 참지 못하던 그는 홀연히 어느 날 아침 서태후가 기상하기도 전에 그녀의 거처에 나아가 나라의 위태함이 코 앞에 있는데, 어찌 나라 걱정은 하지 않고 안일을 도모하느냐고 읍소했다. 서태후는 그의 충정을 이렇게 비웃었다.

"환관인 주제에 감히 무엄하게 나라에 대해 이러쿵저러쿵 하는 것은 엄벌로 다스려야 하나, 나이가 어린 고로 한 번은 눈감아 주겠다. 물러가라."

서태후가 천성적으로 사비가 넘쳐서 그를 엄벌에 처하지 않은 것이 아니라 배후세력에 대해 알고자 하여 그를 놓아준 것이었다. 얼마 후 구연재는 다시 서태후에게 나아가 10가지 직언을 늘어 놓았다. 서태후는 노여워했다. 그는 결국 형부로 끌려가 처형당했다.

그런데 우습게도 구연재는 원래 이연영의 심복으로 그의 임무는 광서황제 곁에서 여러 가지 정사에 관한 일을 염탐하는 것이었다.

1924년 마지막 황제 푸이가 자금성에서 쫓겨나면서 남은 환관들도 모두 민가로 흩어져 각기 자신의 활로를 찾아 나갔다. 황제가 사라지자 환관은 더 이상 그 존재 가치를 잃었다. 자금성을 여행하다 보면, 태화전, 중화전, 보화전 등 건물 옆으로 늘어선 작은 방들이 보이는데 모두 환관들의 거처였다.

▲ **푸이** : 청나라 마지막 황제 푸이는 황제의 자리를 빼앗기고 자금성을 쫓겨나는 수모를 겪고 일본의 꼭두각시 노릇을 한 치욕으로 점철된 삶을 살았다.

3) 마지막 황제 푸이 (溥儀, 부의)

부패하고 세계열강의 침략에 무기력한 청조를 타도하려는 중국 청년들의 움직임이 20

세기 초 활발히 진행되었다. 쑨원은 청조를 타도하기 위한 혁명을 주도하였다. 신해혁명에 의해 마침내 500년 역사를 구가하던 만주족이 세운 청조는 멸망하고 말았다. 이로써 중국은 기나긴 왕정정치를 마감하게 되었다. 새로이 들어선 중화민국정부는 옛 황실에 대한 예우 차원으로 청조의 마지막 황제인 푸이를 자금성에 남겨 두었다.

자금성 밖에서는 새로운 세상이 펼쳐 졌으나 황제 푸이가 기거하는 자금성은 여전히 황제폐하를 부르며 내시와 하녀들은 옛 봉건사회의 풍습을 계속해서 지켜나갔다. 그러나 아무리 높은 자금성의 벽이라 해도 바깥세상으로부터 흘러 들어오는 서양문물을 차단시키지는 못했다. 황제 푸이는 자신의 손으로 청나라 때 유행했던 긴 변발을 가위로 자르고, 침실에 전화를 설치하였으며, 욕조에서 목욕을 즐기고, 세면대에서 수염을 깎았다. 뿐만 아니라, 거실에는 소파를 들이고 주방에는 서양요리를 하는 주방장도 모셔왔다. 푸이는 내무부에 요청하여 서양브랜드의 자전거와 자동차를 구입해 답답한 자신의 처지를 자전거와 자동차를 타고 다니면서 해소했다. 푸이는 1924년까지 자금성의 후3궁으로 불리는 건청궁, 교태전, 건녕궁에 기거하였다.

푸이는 1924년 11월 2일 자금성에서 쫓겨났다. 그 당시 궁에 남아 있는 내시 470여 명과 궁녀 100여 명, 그리고 동치황제의 두 명의 비를 남겨둔 채, 푸이는 가족과 꼭 시중을 들어야 하는 하인 몇 명과 자신이 쓰던 물건, 가구, 용품, 개인적으로 소유하고 있던 재물 등을 챙겨 차량 다섯 대에 싣고 자금성을 나간다. 푸이가 궁을 나간 후, 재산 몰수를 염려했던 동치황제와 광서황제의 두 명의 비빈도 재물을 챙겨 시중들과 함께 출궁한다.

푸이의 아내인 마지막 황후는 1905년 내무대신의 딸로 태어났다. 마지막 황후 '궈부러우郭布羅 완롱婉容'은 1922년 만 17세 때 간택되어 입궁했다. 뛰어나고 세련된 미모와 그림, 글, 악기, 장기 등 다방면으로 출중한 재능을 가진 미인이었다. 하지만 그녀의 간택 배경에는 그녀의 미모와 재능 때문만이 아니라 위풍당당한 가문의 세력에 힘입은 탓이기도 했다. 미모와 재능으로 보자면 당시 완롱과 경쟁자였던 또 다른 양가집 규수 원슈文綉가 월등했지만 가문의 세력이 완롱만 못하다는 이유로 그녀는 황후가 아닌 비로 간택되있다. 완롱은 황후에 간택되는 행운을 잡았지만 이때부터 그녀의 불행은 시작되었다. 완롱은 비록 봉건사회 규수였지만 서양식 신식 교육을 받았으며, 매우 개방적인 사고의 소유자였다. 그녀는 엘리자베스라는 서양식 이름도 사용하였다. 완롱은 결혼 후, 궁중에서 약 2년 정도 생활하였다. 그녀는 남편 푸이의 적극적인 지지로 세 명의 서양인 가정교사를 두고 영어, 문학, 역사, 예술 및 세계 각 지역의 문물을 습득하였다. 물론 완롱을 가르치는 교사들은 당시 상당한 보수를 받고 교육을 실시하였다.

그 후 중국은 일본의 침략을 받았다. 푸이는 일본의 보호 아래 14년 동안 만주국의 황제로 일본제국주의 꼭두각시 노릇을 한다. 1945년 일본 히로시마에 미국이 원자탄을 투하하면서 일본은 항복을 선언하고 일본의 항복과 더불어 푸이의 만주국 황제도 끝이 났다. 1945년 8월 16일 푸이는 퇴위선언을 한 뒤 중국 선양(瀋陽, 심양)에서 완롱을 비롯한 식솔들과 함께 일본으로의 탈출을 시도하였으나, 선양 비행장에서 소련군들에 의해 푸이와 몇몇 식솔들은 다시 소련으로 압송되어 간다. 소련은 그동안 일본군의 꼭두각시였던 푸이를 이용해 후에 일본 전범들을 법정에서 심판할 증서자료 확보를 위해 그를 압송해 갔다.

이때부터 푸이와 부인 완룡과의 긴 이별이 시작된다. 푸이와 생이별을 한 완룡은 중국 해방군에 의해 잠시 동안 창춘의 한 호텔에 머물렀지만 돌아갈 집이 없었다. 창춘에 있는 친척 집에 기거하려 하였지만 거절 당한 완룡 일행은 다시 중국 해방군에 의해 옌지(延吉, 연길)에 있는 감옥에 수용되었다. 그녀가 감옥에 수용된 이유는 단지 그녀가 갈 곳이 없다는 이유와 당시 국민당과 공산당이 내전 중이었으므로 양쪽 다 완룡을 모실만한 여유가 없어서였다. 옌지 감옥은 꽤 컸다. 빌딩 하나에 약 40개 감방이 있었으며 감방은 만원이었다. 감방에 수감된 완룡은 정신적인 충격을 견디지 못했다. 콧구멍만한 감방 이층침대 아래칸에 있던 그녀는 때로 자다가 세면바닥으로 굴러 떨어져도 혼자 일어나지도 못했고 점점 대소변도 가리지 못했다. 끼니 때마다 감옥에서 주는 배식도 마다하고 음식을 입에 대지 않아 몰골이 초췌해져만 갔다. 결국 그녀는 그 감방에서 쓸쓸히 생을 마감한다.

중국공산당 정권이 들어서자, 소련으로 압송되어 간 푸이는 다시 중국으로 압송된다. "마지막 황제末代皇帝"라는 영화가 세간의 이목을 끌었던 적이 있었다. 청나라 마지막 황제인 푸이의 일대기를 그린 영화로, 영화 속에서는 중국 정부에 인도되는 과정에서 그가 기차역에서 자살을 시도하는 장면이 나온다. 하지만 이는 신빙성이 전혀 없는 포장된 이야기에 불과하다. 신병이 중국공산당 정권으로 인도될 당시, 그는 매우 불안한 기색을 보였을 뿐이라고 한다. 그의 불안은 새로 들어선 중국공산당 정권이 그를 어떻게 처리할 지, 먼저 비판대에 세워 비판을 하게 한 후 총살형에 처할지 아니면 또 다시 어디론가 유배를 보낼 지 전혀 알 수 없었기 때문이었다. 푸이는 자살을 할 만큼 용기 있는 사람이 아니었다. 만약 그가 자살을 하려고 하였으면 벌써 했을 것이라는 게 역사가들의 추측이다.

그는 청조의 멸망을 목격하였고, 황제의 자리를 빼앗겼으며, 자금성에서 쫓겨나는 수모도 겪었다. 일본의 꼭두각시 노릇을 해야 했으며, 소련에 끌려가 한동안 고통을 당해야 했던, 황제로서 그의 생은 치욕으로 점철된 삶이었다.

푸이는 일생 동안 5명의 처가 있었다. 집안이 기울어 황후의 자리에 앉지 못했던 숙비淑妃인 원슈는 푸이와 약 9년 동안의 결혼 생활 중 같이 지낸 시간이 많지 않았다. 자금성에서 2년, 자금성을 나와 사가인 춘왕平醇王府에서 20여 일, 베이징주재 일본 공사관에서 3개월, 텐진에서 6년을 함께 살았다. 텐진에서 은거 생활을 하고 있을 당시, 1931년 원슈는 변호사를 고용하여 이혼을 청구하였다. 위자료 5만 5000원을 받아냈지만, 그녀는 승소비용과 변호사 수임료로 3만 원을 변호사에게 뺏긴 후, 베이징으로 돌아와 작은 사립초등학교에서 교사 노릇을 하였다. 후에 푸이의 숙비였다는 사실이 알려지자 사업가, 관리 등으로부터 청혼이 잇달았지만 그녀는 청혼을 모두 거절하였다. 형편이 더욱 어려워진 그녀는 사촌 오빠의 집에 머물게 되었다. 사촌 오빠 소개로 〈화북일보華北日報〉라는 신문사에 취직했다. 신문사 사장이 그녀의 딱한 처지를 동정하여 자신의 친척 류전둥劉振東을 소개하였고 두 사람은 곧 재혼한다. 당시 류전둥은 나이 마흔에 그녀와의 결혼이 초혼이었다. 1947년 6월 두 사람은 결혼식을 올렸다. 결혼을 한 후, 원슈는 직장을 그만두고 집에서 가사일을 돌보다 1952년 9월 18일 심근경색으로 짧은 생을 마친다.

마지막 황제인 푸이는 중국 공산당으로 압송 당한 뒤, 평민의 신분으로 돌아와 중국 공산당의 배려로 정치협상회의會議政治協商會議인 정협에서 역사 문서를 정리하는 작업을 했다. 1962년 7월, 동료가 가져온 사진 속의 여인 리수센李淑賢과 우연한 기회에 만나게 되어 그는 다시 사랑에 빠진다. 그의 동료는 푸이가 아닌 다른 사람에게 사진 속의 여인을 소개 시켜 줄 생각으로 사진을 가져왔다가, 같이 회의에 참석한 푸이의 마음에 들게 되었다. 리수센의 직업은 의사였다. 당시 리수센의 나이는 서른 일곱이었고 푸이의 나이는 쉰다섯이었다. 리수센은 당시 푸이가 그녀와 나이 차가 너무 많은 것에 대해 염려했으며 그가 일개 평민으로서 매달 받는 월급이 100원 정도인데다 재산이 전혀 없다는 점 때문에 그녀와의 결혼을 부담스러워했다고 회고한다.

푸이는 중국 봉건사회의 마지막 황제였다. 그는 중국의 파란 많은 역사의 격동기에서, 황제에서 평민에 이르는 파란만장한 삶을 살다 1967년 10월 17일 신장암으로 생을 마쳤다. 화장터에서 한 줌 흙으로 돌아간 푸이의 유골은 베이징의 바바오산(八寶山, 팔보산) 공동묘지에 안장되어 있었으나 1995년 허베이성의 화룡황가의 묘인 화룡황가릉원華龍皇家陵園에 이장되어 현재 안치되어있다.

4) 후스(胡適, 호적)

후스(1891-1962)는 중국 근대사에 매우 큰 영향력을 끼친 사람으로 문학가이자 역사학자이며 철학가였다. 본명은 홍마신(洪馬辛, 홍마신)이다.

후스는 중국 상하이에서 교육을 받으면서 처음으로 서방의 문화와 사상을 접했다. 그는 1910년 정부에서 주는 장학금을 받고 미국의 코넬대학에서 철학을 전공하였다. 그리고 5년 뒤인 1915년 미국

콜롬비아대학원에 입학하여 실용주의 철학을 공부하였다. 그는 서양 근대 철학의 체계와 방법을 연구하였고, 이를 바탕으로 중국 고대철학인 선진先秦철학을 연구하였다. 그는 1917년에 귀국하여 베이징대 교수에 임명되었다.

▲ **후스**
중국 사대부의 전유물이었던 문언문을 타파하고 백화문白話文白 쓰기를 주창하였다.

1919년에 출판한 〈중국철학사대강中國哲學史大綱〉에서는 서방의 근대철학을 연구하는 체계와 방법으로 중국 고대철학과 공자孔子 그리고 유학儒學을 연구했다. 그는 공자와 유학을 평등한 시각으로 바라보면서 유학의 신비로운 색채와 독특한 지위를 발견하여 후학들에게 깊은 인상을 남겼다. 아울러 공자학설의 중요성을 부각시켜 공자의 학설은 사회 속에서 개인의 위치를 가늠하게 하고 교육과 인仁의 정치를 펼칠 수 있도록 하는 것임을 역설하여 당시 사회적으로 큰 파장을 불러왔다. 후스는 맹목적으로 공자와 유학을 숭배한 것이 아니라, 유교에서 강조하는 삼강오륜 중 시대에 부합되지 않는 것은 호되게 비판하는 태도를 취하였다. 뿐만 아니라, 신해혁명 후 중국사회 발전은 공자의 은공이 아니라 모든 사람들이 새로운 세계의 문명을 받아 들이려는 노력이 가져다 준 결과임을 명시하고 매우 냉철하고 이성적인 태도로 국민들의 정신세계를 선도하였다.

1920년부터 1933년까지 그는 주로 중국고전 소설 고증연구 작업에 힘을 쏟는 동시에 정치활동에도 참여했다. 1938년에는 미국주재 중국대사로 임명되어 활동하기도 하였다. 항일전쟁 후, 1946년에는 베이징대학 총장을 지낸 바 있고, 1949년에는 미국으로 건너갔다가 다시 대만으로 왔다. 1957년에는 대만 중앙연구원 원장을 역임하는 등 많은 활동을 하다 1962년 연회석상에서 심장마비로 유명을 달리했다. 후스는 해박한 학문의 소유자로 문학, 철학, 사학, 교육학, 윤리학 등 많은 분야에 영향을 끼쳤다.

그의 수많은 치적 중 가장 위대한 것으로는 신문화운동新文化運動이다. 그는 미국 컬럼비아대학 유학시절 미국에서 출판하는 〈유학생계보留學生季報〉에 무심코 기고했던 문장, 〈문학개량추이文學改良趨議〉가 중국의 《신청년新青年》이란 잡지에 실리면서 커다란 반향을 불러 일으켰다. 이 문장에서 그는 문언문이 아닌 백화白話로 문장을 쓸 것을 주장하였다. 이어서 1917년과 1918년에 각각 〈역사적문학관념론歷史的文學觀念論〉과 〈건설적문학혁명론建設的文學革命論〉 등의 논문을 발표하였다.

그는 논문에서 "죽은 문자는 생생한 문학을 생산해 낼 수 없다. 생동하는 문학은 반드시 백화로 쓰여져야 한다"고 주창하였다. 그는 2000년 동안 중국 사회를 수 놓은 문언문을 타파할 것을 강력히 주장한 사람이었다. 후스는 인재를 발탁하고 키우는 혜안을 가진 사람이기도 하였다.

리아오李敖는 생전에 후스의 도움을 많이 받았다면서 2005년 중국 방문의 해를 맞이하여 베이징대학을 방문해 후스 선생의 동상을 설립하는 기금을 내놓기로 하였다. 뿐만 아니라, 량스츄梁實秋를 발탁하여 그가 세익스피어 전집을 번역함으로 중국 문단에 큰 기여를 하도록 하였다. 중국이 낳은 유명한 학자 임어당林語堂 선생도 청나라 정부의 해외 유학생 지원이 끊기자, 후스 선생의 도움으로 유학을 마칠 수가 있었다. 후스 선생의 백화문 주창이 없었더라면 지금 우리가 배우는 중국어가 현대식 중국어가 아닌 말과 글이 서로 다른, 즉 말은 백화로 의사 소통을 하지만, 글은 옛날 사대부가 사용했던 문자와 격식을 따르는 언문불일치의 양상이 빚어졌을 것이다.

5) 라오스(老舍, 노사)

베이징을 이야기를 하면서 빼놓을 수 없는 것은 문학 작가 라오스 선생이다. 라오스는 20세기 상반기 동안 베이징 서민들의 신화를 창조한 사람이었다. 그는 문학사적인 관점에서 사회 하층민의 생활상을 소재로 한 작품들을 썼다. 그는 20세기 베이징에 사는 소시민들의 희로애락, 아픔과 이별, 그리고 만남 등을 실감나게 그려냈으며, 그의 붓끝으로 그려진 인물들은 영웅이 되어 독자들의 가슴에 다가왔다. 그는 그의 작품 세계 속에 그려진 인물들과 동고동락同苦同樂을 하기라도 한 사람처럼 작품 하나하나가 너무 생생해서 모든 이들의 사랑을 받았다. 그는 죽었지만 그의 작품 속에서 출연한 인물들은 아직까지도 지면에서 호흡하고 있으며 독자들에게 무한한 감동으로 다가간다.

베이징은 자고로 귀족과 왕후 장상들이 사는 곳이지만 이러한 영화로운 귀족 문화는 쉽게 부식되고 낡았다. 그러나 그는 민중의 소박한 생활을 가장 값지고 향기 나는 것으로 만들어 베이징에 커다란 문화 유산을 남겨 놓은 시대적인 영웅이자 세기를 초월한 가장 위대한 인물이었다.

그의 작품 세계는 그의 자라온 환경과 무관하지 않다. 그는 청나라 광서황제 때인 1899년 베이징 어느 빈민가에서 태어났다. 라오스는 훗날 자서전에 이렇게 기록했다.

"우리 동네에서 가장 값나가는 것이라고는 장 씨 아주머니의 결혼반지인 구리반지와 이 씨 아주머니의 은비녀이다. 내가 사는 골목은 손수레도 들어오지 못할 정도로 좁았다. 골목에 사는 사람들은 여름이면 소금에 무친 파와 밥을 삼키고, 겨울이면 절인 배추에 고추기름을 조금 친 것으로 끼니를 이어 나갔다. 형편이 더 어려운 사람들은 쌀 한 줌에 야채 몇 가닥 넣고 끓인 죽을 온 가족이 나눠 먹었다."

라오스는 서민을 대표하는 작가였다. 그는 지난한 몸부림과 같은 삶을 살아가는 서민들의 정신세계를 그려내려는데 집착하였다. 그는 베이징 토속어를 사용하여 통속적이고 서민적인 풍격으로 당시 귀족의 입맛에 맞게 길들여져 있던 문단에 새로운 활력을 주입시켰다. 후대 사람들은 이를 베이징의 맛이라고 했다.

라오스는 문화대혁명 때 호수에 빠져 자살하였다. 그의 죽음은 초나라 충신이었던 굴원屈原과 닮아있다. 호수에서 건져낸 그의 시신을 화장하여 부인에게 유해를 전했다고 하지만 일설에는 부인이 전해 받은 유골함에는 라오스가 평소에 쓰던 안경과 만년필 한 자루만 들어 있었다고 전한다. 라오스는 떠났지만 그의 이름은 베이징인들의 가슴속에 영원토록 남아 있다. 그는 가장 순수하고 서민적인 작가였으며 《조자왈趙子曰》, 《라오장老張》, 《낙타상자》을 비롯한 무수한 그의 작품은 아직까지도 중국인의 심금을 울리고 있다. 그는 베이징인들의 영원한 우상이자 영웅이다.

6) 마오쩌둥(毛澤東, 모택동)

▲ **마오쩌둥**은 무척 검소하고 소박한 사람이었다. 헤어진 옷을 기워입고 치약 대신 소금으로 이를 닦았다.

마오쩌둥은 1893년 12월 26일 중국 후난성湖南省의 부유한 농가에서 태어났다. 그의 아버지는 부자가 되려는 생각으로 가득 찬 사람이었다. 마오쩌둥의 아버지는 특별한 정치적인 이상이 없던 사람이었다. 그래서 그의 아들이 후에 중국을 다스릴 지도자가 되리라고 꿈도 꾸지 못했다.

아버지는 그가 글만 깨우치고 셈만 좀 할 줄 알면 된다고 생각했기 때문에 학교생활을 시작한지 불과 2년 만에 그를 자퇴시켜 집에서 농사일을 돕도록 하였다. 그의 아버지는 더 이상의 공부는 돈 낭비라고 생각하였다. 하지만 공부하기를 좋아했던 마오쩌둥은 낮에 아버지와 같이 밭일을 하면서 아버지가 잠시 쉬는 짬을 이용하여 틈틈이 책을 보았다. 이러한 마오쩌둥의 이상과 아버지의 생각은 마오쩌둥이 커가면서 그 격차가 점점 심해졌다. 마오쩌둥을 때리기도 하고 얼러보기도 했지만 공부에 빠진 그를 아버지는 끝내 이길 수 없었다. 15살이 되던 해 마오쩌둥은 고향을 떠나 공부를 하러 갈 계획을 세운다. 아버지는 이런 그를 만류하기도 하고 사정도 해보았지만 그는 일꾼의 1년치 품삯을 융통해 그 돈을 아버지께 드리고 도시로 떠났다. 그는 중국의 고통 받는 대중들의 해방과 그들의 권리 투쟁을 위해 일생을 헌신하기로 마음먹었다.

마오쩌둥이 고향을 떠나기 전 아버지는 그보다 4살이 많은 러우羅 성을 가진 고향 아가씨와 강제결혼을 시켰다. 결혼 당시 마오쩌둥의 나이는 14세, 그의 아내는 18세였다. 아버지의 성화에 못 이겨 혼인식을 거행하였으나 그는 그녀와 동침하지 않았다. 후에 마오쩌둥이 혁명의 길로 들어서면서 그녀와의 인연도 끝이 났다.

그 후, 혁명에 가담한 그는 은사의 딸인 양카이후이楊開慧와 결혼하여 슬하에 아들 삼형제를 두었지만 그가 사랑하는 아내는 반동파에 의해 스물 아홉 꽃다운 나이에 살해되었다. 양카이후이가 죽자 마오쩌둥의 세 아들은 유랑생활을 시작하였다. 1936년에야 비로소 자신의 피붙이를 찾은 마오쩌둥은 두 아들은 소련으로 유학을 보냈지만 막내 아들은 병사한다.

혁명에 한창 열을 올리고 있을 때 그는 동지이자 아름다운 여성인 허쯔전賀子珍과 사랑에 빠졌으나, 성격차이로 두 사람의 사랑은 점점 식어갔다. 마오쩌둥은 홍군紅軍에 가담하여 2만 5천 리 대장정에 올라 승리를 거두게 된다. 대장정에서 마오쩌둥은 쟝칭(江靑, 강청)을 만난다. 1938년 7월 7일 "7 · 7 항전" 1주년 기념행사가 옌안延安에서 열렸다. 오후에는 문화행사가 있었는데, 이 문화행사에서 쟝칭은 경극 〈타어살가打漁殺家〉의 주연을 맡아 관중들로부터 호평을 받았다. 공연을 끝까지 관람한 마오쩌둥은 배우들을 격려하기 위해 분장실로 들어가서 쟝칭과 악수를 하고 담소를 나누었다. 이로써 쟝칭과 그의 역사적인 만남이 이루어졌다. 당시 쟝칭은 용모도 출중한 편이었으며 연기도 뛰어났다. 그녀는 연기뿐 아니라 노래도 잘했고 글씨와 문장에도 뛰어났다. 그녀는 승마와 포커도 좋아하고 뜨개질과 화장을 잘 했지만 사격은 별로 좋아하지 않았다.

그럼에도 불구하고 1938년 8월 쟝칭은 군위원회 사무실 비서로 발령받아 마오쩌둥과 함께 일할 수 있는 기회를 얻게 되었으며, 이때부터 마오쩌둥과 예사롭지 않은 사이로 발전하였다. 마오쩌둥과 쟝칭의 열애설이 퍼져 나가자 이를 반대하는 사람이 많았다. 결국 중국공산당 중앙정치국에서는 마오쩌둥의 결혼 문제를 토론에 붙여 그의 뜻에 따르기로 결정하였다. 그리고 중앙정치국에서는 쟝칭에게 "오로지 가정주부와 사무 보조원 신분으로서 마오쩌둥의 생활과 건강을 책임지고 돌볼 뿐, 당내의 어떠한 직무를 맡거나 정치에 간여할 수는 없다."는 규정을 두기로 했다. 이것이 바로 후에 "약법삼장約法三章"으로 일컬어진 규정이다.

그 후 그녀는 이 규정에 묶여 문화대혁명이 일어나기 전까지는 어떠한 정치활동에도 참여하지 못했다. 1938년 11월 쟝칭은 스물네 살의 나이로 자기보다 무려 21살이나 많은 마흔 다섯의 마오쩌둥과 결혼식을 올렸다. 결혼 후에도 쟝칭은 명분상으로는 여전히 중국공산당 중앙군사위원회 비서였지만, 실제로는 집에서 마오쩌둥을 돌보는 평범한 가정주부였다. 이때 쟝칭은 행동을 최대한 조심하면서 항상 미소를 짓고 있었으며, 말을 삼갔다. 그리고 마오쩌둥을 위해서 스웨터를 짜고 맛있는 요리를 만들고 노래도 불러주었다. 집에 사람들이 찾아오면 마오쩌둥이 부를 때를 제외하고는 좀처럼 얼굴을 비치지도 않았다. 그래서 마오쩌둥의 집을 방문했던 어떤 외국 기자는 그러한 쟝칭에 대해 "그녀는 솔직하면서도 겸손하고 사리에 밝은 현모양처 같았다."라고 기술하였다.

쟝칭은 마오쩌둥과 결혼하기 전에 이미 네 번의 결혼경험이 있었다. 그녀는 배우 활동으로 바쁜 나날을 보내고 있었기 때문에 아이를 원하지 않았다. 그러나 마오쩌둥과 결혼한 후에 그녀는 빨리 아이를 갖고 싶어 했다. 아이가 있으면 무료한 시간을 달랠 수도 있고, 더욱이 마오쩌둥의 정실 자격을 확실히 다질 수 있다고 생각했기 때문이다. 1940년 8월 그녀는 마침내 딸 리너李訥를 낳아 마오쩌둥의 사랑을 받으면서 정실의 지위에 한 걸음 더 다가갈 수 있었다. 그 후 그녀는 재차 임신을 하였으나 더 이상 아이를 갖지 않겠다는 생각에서 낙태수술과 더불어 임신중절 수술을 받았다.

1949년부터 쟝칭에 대한 규제가 많이 완화되어 마오쩌둥을 따라다닐 수 있게 되자 그녀는 요양차 소련에 다녀오기도 했다. 중화인민공화국 수립 이후 그녀는 일을 하고 싶다면서 공식적인 직책을 요구했다. 당에서는 이를 신중하게 의논한 끝에 그녀에게 중국공산당 중앙선전부 영화처 부처장이라는 직함을 주었다. 이 직책은 매일 출근할 필요가 없을 정도로 한직이었지만, 어쨌든 그녀는 이때부터 당내에 공식적인 직함을 가지게 되자 이를 기점으로 정치에 대한 야망을 키워나갔다. 그 후 그녀는 또 전국 영화 지도위원회 위원을 역임한 후 문화부 영화국 고문으로 승진하면서 사상적으로 문제가 된다고 생각되는 문예들에 대한 비판운동에 앞장섰다.

1956년 쟝칭은 중국공산당 중앙정치국 상무위원회에서 공식적으로 마오쩌둥의 생활비서로 임명 받았다. 이로써 당내에서 그녀의 위상은 한층 높아졌다.

1964년 6월 5일에서 7월 31일까지 경극현대극콩쿠르京劇現代戲觀摩演出大會에서 쟝칭은 전면에 나서 경극혁명의 기수로 행세하면서, 〈경극혁명을 논한다談京劇革命〉라는 제목으로 공개 연설을 했다. 1938년 8월 하순에 옌안에 들어간 이후 27년 만에 처음으로 공개석상에서 가진 그녀의 연설은 이후 본격적인 정치활동을 위한 신호탄이 되었다.

이때부터 쟝칭은 경극혁명이란 이름 하에 문예계의 정풍운동을 주도하면서 극좌적 사조를 선동하였다. 중간인물론, 사실주의 심화론, 시대정신 회합론 등을 비판하고, 연구할만한 가치가 있는 문예

론들까지도 "자산계급적 문학 주장", "반혁명 수정주의적 문학 주장"으로 몰아 무자비한 비판을 가했다. 그녀는 또 전국을 다니면서 노동자 · 농민 · 군인 등에 대해 묘사한 연극 작품을 골라내어 현대 경극으로 개편하도록 지시하여, 마침내 그녀는 "프롤레타리아 문예 혁명의 기수"라는 칭호를 듣게 되었다. 그 후 그녀는 정치에서도 서서히 두각을 나타내기 시작하였고, 베이징과 상하이를 빈번하게 왕래하며 장춘챠오張春橋, 야오원위앤姚文元 능과 섭촉하면서 극히 비밀스런 정치활동을 준비하여 마침내 문화대혁명의 주역이 되었다. 그러나 역사가 증명하듯, 쟝칭과의 결혼은 마오쩌둥 개인과 국가에 있어서 모두 불행한 결혼이었다.

마오쩌둥은 자식에 대한 사랑이 매우 각별하였으나 엄격하기도 하였다. 18년 동안 아버지의 얼굴을 보지 못하고 소련에서 유학하고 돌아온 큰아들 마오안잉毛岸英을 마오쩌둥은 반갑게 맞이 하였다. 하지만 자식을 다시 만난 형언할 수 없는 기쁜 감정을 억누르고 다시 그를 농촌지역으로 보내 훈련시킨다. 훈련을 마치고 돌아온 마오안잉을 마오쩌둥은 또 기꺼이 맞이 하였으나, 1950년 한국전쟁이 발발하자 자신의 아들을 다시 전쟁터로 보냈다. 후에 아들이 전장에서 전사하였다는 소식을 듣고 마오쩌둥은 눈물을 많이 흘렸다고 한다. 마오쩌둥은 슬하에 아들 삼 형제 외에 딸 둘을 더 두었다. 그는 두 딸 이름을 각각 리민李敏, 리너라고 지었다. 리민은 허쯔전과의 사이에서 난 딸이고 리너는 쟝칭과의 사이에서 난 딸이다. 마오쩌둥은 무척 검소하고 소박한 사람이었다고 한다. 옷도 때론 헤어져 기운 것을 입기도 하고, 치약 대신 소금으로 늘 이빨을 닦았다고 한다.

더운 여름날 베트남의 원수가 중국을 방문한 적이 있었다. 두 사람은 매우 가까운 사이였다. 그래서 두 사람 모두 웃통을 벗고 짧은 반바지만 입고 정상회담을 하였다고 기록되어 있다. 아마도 세계에서 이런 차림으로 정상회담을 한 사람은 마오쩌둥 한 사람뿐일 것이다. 식사를 할 때도 매끼 밥 한 그릇에 반찬 3가지만 차려놓고 먹었다고 한다. 그가 가장 좋아하는 고추요리는 매끼 식탁에 올라왔고 야채 한 가지와 볶음요리가 그의 식단이었다. 가끔 먹는 고기요리는 마오쩌둥에게는 호사스러운 식사였다.

마오쩌둥은 국민들로부터 존경도 많이 받은 반면 중국정치사에 씻을 수 없는 오점도 남겼다. 1966년부터 근 10년 동안 중국역사 흐름을 역류시켰던 문화대혁명文化大革命은 중국 국민들에게 지금도 가슴 깊이 남아있는 상처이다.

문화대혁명

문화대혁명은 1966년 5월부터 1976년 10월까지 중국의 통치자인 마오쩌둥이 발동한 정치운동이었으며, 이를 3단계로 나누어 볼 수 있다.

문화대혁명 제1단계는 1966년 5월의 문화대혁명의 발발에서부터 1969년 4월 중국공산당 제9차 전국대표회의까지로 이 시기 문화대혁명의 주된 목적은 "자본주의계급 타도"였다. 1966년 8월 18일, 마오쩌둥과 린뱌오(林彪, 임표)는 천안문에 운집한 전국 각지에서 결성된 홍위병紅衛兵 1100만을 접견하고 그들의 행동을 지지하였다. 홍위병들은 전국적으로 전단지와 대자보를 돌리고, 구호를 외치며, 자본주의 계급의 유물이라고 생각되는 것은 모두 타도 대상으로 삼았다. 사원과 교회를 짓밟고, 문화재를 훼손하고, 서적과 그림들을 불태우고, 지식인들을 공격하였으며, 공개비판으로 구타와 학대, 모욕을 일삼고 비판 대상자들의 가택수사를 철저히 했다. 도덕과 윤리가 땅에 떨어진 시기였다.

아울러 문화대혁명을 반대하는 자에게는 온갖 죄명을 씌워 잔혹한 학대를 가하였다. 당시 문인 라오스를 비롯하여, 번역가 푸레이傅雷 등 많은 사람들이 수치심을 참지 못해 자살로 생을 마감하였다. 국가 고위직 공무원들도 예외는 아니었다. 당시 서열 2위였던 류샤오치와 덩샤오핑도 비판 대상이 되어 모두 관직을 박탈 당하고, 농촌으로 보내지는 샤팡(下放, 하방)을 당했다. 이 밖에도 당시 베이징대학 부총장인 젠보어찬翦伯贊, 중국국가 작사자 텐한田漢, 작가 쟈오수리趙樹理 등도 역시 자살로 생을 마감하였다. 여기에 자살한 일반 시민들까지 포함한다면 그 숫자가 대략 40만 정도가 될 것이라고 전한다. 후에 홍위병의 주모자 역할을 하였던 사인방四人幇이 붙잡힌 후에도 수 많은 사람들의 자살은 끊이지 않았다. 통계자료에 따르면 문화대혁명 기간에 사망한 인원이 전국적으로 200만에서 700만으로 당시 전체 인구의 백분의 1에 해당하는 어마어마한 숫자였다.

이 시기에 또 다른 특징은 마오쩌둥을 신격화했다는 점이다.

린뱌오는 "마오쩌둥은 사회주의가 낳은 천재이며, 그의 말씀 하나 하나는 진리가 담겨 있고, 우리의 생각을 뛰어 넘는다"고 하면서 마오쩌둥의 개인 우상화에 열을 올렸다

문화대혁명 2단계는 1969년 4월에서 중공중앙 제9차 전국인민대회에서부터 1973년 4월 중공중앙 제10차 전국인민대회까지의 시기이다. 이 시기에 있었던 가장 중요한 사건은 마오쩌둥을 우상화하였던 린뱌오가 혁명을 일으켜서 최고 권력자의 자리를 넘보려는 음모를 꾸미다가 탄로나 외국으로 망명하다 불행한 최후를 맞았다. 이는 사실상 문화대혁명의 모순을 잘 드러내며 문화대혁명의 실패를 예고한 사건이었다.

마오쩌둥과 쟝칭의 신임을 얻어 당 제1부주석 자리를 차지하게 된 린뱌오는 국가 주석 직위의 설립을 옹호하면서 여러 차례 국가 주석의 자리에 앉지 않겠다고 선언한 마오쩌둥의 직위를 찬탈하려 하자 1970년 8월23일 루산廬山에서 열린 회의에서 마오쩌둥은 그를 숙청하였다. 그러나 린뱌오는 여기서 멈추지 않고 비밀리에 조직한 "연합함대"를 투입하여 1971년 9월 8일과 10일 사이 마오쩌둥을 습격하지만 이 쿠테타 역시 실패하자 1971년 9월 11일 이후 행방이 묘연해졌다. 중국 관영통신에 따르면 9월 13일 린뱌오와 그의 일행은 소련으로 가던 중 몽골의 영공에서 비행기가 추락하여 일가족 모두 변을 당하였다고 전했다.

린뱌오가 타도되자, 린뱌오로부터 호된 비판을 받았던 저우언라이(周恩來, 주은래)는 다시 제 자리를 회복하고 정치, 경제, 외교 등 분야에서 많은 활약을 하지만 쟝칭의 일당에게 "우파적 경향"이 있다고 하여 다시 또 비판을 받는다. 이로써 좌파의 오류를 인정하지 않는 마오쩌둥의 지지를 얻은 쟝칭 일당은 더욱 득세를 하게 되고 좌경화 경향은 짙어만 갔다.

1973년 8월 중국공산당 제10차 전국대표대회를 베이징에서 개최하고, 마오쩌둥은 왕홍원王洪文을 중앙 부주석 자리에 앉혀 그를 자신의 후임자로 지목하였다. 왕홍원은 쟝칭, 장춘챠오, 야오원위앤과 함께 사인방을 결성하였다.

제3단계는 1973년 8월 중국공산당 제10차 전국대표대회에서부터 1976년 10월까지라 볼 수 있다. 1974년부터 쟝칭을 포함한 4인방은 더욱 득세하여 정권찬탈을 기도하고 이들의 음모를 간파한 마오쩌둥은 호된 비판을 가하고, 그들을 사인방이라 선포한다. 이들의 기가 한 풀 꺾이자, 저우언라이와 덩샤오핑이 다시 정치적으로 부각되어 각각 총리와 부총리를 역임하게 된다. 총리가 된 저우언라이이가 병으로 몸져 눕게 되자, 덩샤오핑은 저우언라이와 마오쩌둥의 지지하에 사회적인 전분야에 걸쳐 개혁을 단행한다.

1976년 1월 8일 저우언라이의 죽음을 개기로 덩샤오핑의 개혁에 비판을 가하는 사인방을 반대하는 목소리가 베이징, 난징, 타이위앤등지에서부터 점차 확산되기 시작하였다. 1976년 9월 9일 마오쩌둥이 서거하자, 사인방의 반혁명 수위가 높아져 왕홍원은 당 중앙지도자의 자리를 얻으려 하였으나, 화궈펑(華國鋒,화국봉), 예젠잉(葉劍英, 엽검영), 리셴녠(李先念, 이선념) 등의 중앙정치국 핵심인물에 의해 봉쇄당한다. 이를 기화로 사인방의 정치적인 야심은 철저하게 분쇄당한다.

1977년 8월 중국공산당 제11차 전국대표대회에서 당 중앙은 정식으로 문화대혁명의 종말을 선포한다.

문화대혁명은 그 시대를 살아간 모든 중국인들에게 잊혀지지 않는 큰 사건이었다. 그리고 문화대혁명의 영향은 모든 중국인들에게 미쳤다. 이러한 소모적인 정치적 운동은 경제 발전을 중단시켰고, 많은 자원을 낭비하였다. 문화대혁명 기간 동안 부서진 가옥과 도로, 그리고 잃어버린 문화재와 유적이 부지기수이다. 문화대혁명은 마르크스 레닌주의에도 부합하지 않으며, 중국의 현실에도 부합되지 않았다. 이는 또한 의미 있는 사회적인 혁명의 시도도 아니었고 사회적인 발전을 가져오기는커녕 사회발전을 저해하는 걸림돌이 되었다. 문화대혁명은 지도자의 일시적인 착각 속에서 빚어진 운동이었고, 이는 반혁명세력에게 빌미를 주었으며, 당과 국가 나아가 국민들에게 커다란 해악을 끼쳐 심각한 내란을 일으켰다고 중국인들은 평한다.

문화대혁명이라는 실책을 범했지만 중국 국민들에게 위대한 정치가와 지도자로 추앙 받던 마오쩌둥도 죽음을 피해갈 수 없었다. 그는 1976년 9월 9일 세상을 떠났다.

천안문사건

1976년 9월 9일 마오쩌둥이 서거하자 중국에는 자유주의 사상의 물결이 일기 시작하였다. 1985년 구소련에는 고르바초프가 등극하여 인도주의를 핵심으로 하는 "새로운 사고新思維"가 고개를 들고 있었다.

1987년 중국의 정치가인 후야오방(胡耀邦, 호요방)은 프롤레타리아 계급임에도 불구하고 자본주의적인 자유주의 사상을 띠고 있다 하여 중국 공산당 원로들의 압박을 받아 사직을 하게 된다. 1989년 4월 15일 후야오방은 73세의 나이로 병사하고 그의 죽음은 천안문 사태의 도화선이 되었다. 그를 추도하기 위해 모인 대학생들은 반부패, 자유와 민주를 외치며 급기야 거리로 나서 가두시위를 벌였다.

자유와 민주를 갈망하는 학생들의 외침은 계속 이어졌고, 천안문 광장의 시위 인파는 날로 더하여 4월 21일 20만을 돌파하였다. 4월 23일 베이징의 〈과학일보〉는 정부의 신문봉쇄를 무릅쓰고, 헤드라인 기사로 "학생들의 외침은 10억 중국 국민들의 외침이다."라고 보도하자, 4월 26일자 〈인민일보〉 사설에는 "극소수 다른 목적이 있는 사람들이 학생들을 선동하여 당과 국민들을 혼란에 빠뜨린다."라고 하면서 "온 국민들이 모두 합심하여 동란에 반대하는 투쟁의 깃발을 드높일 것을" 호소하였다. 훗날 이를 가리켜 〈4 · 26사설 四 · 二六社論〉이라고 칭하였다. 이틀날 이에 격분한 약 5만 명 가량의 학생들이 "동란이 왠 말이냐", "관료타도" 등을 외치며 대규모 시위를 벌였다.

이에 대해 전 중국 총리였던 리펑(李鵬, 이붕)을 비롯한 중공중앙위원회의 간부들은 16개 대학 학생 대표들과 만나 대화로 실마리를 풀어 사태를 진정시키려 하였으나, 서로의 입장차이로 감정의 골이 더욱 깊어만 갔다.

5월 1일 노동절에 베이징에 소재한 대학교 대표들로 구성된 "베이징대학생자치연합위원회北京高校學生自治聯合委員會"는 베이징대학에서 기자회견을 갖고, 수업거부를 전국적으로 시행할 것을 선포하였다. 뿐만 아니라 정부와의 대화, 반부패, 경제정책 실패에 대한 검토와 사설 신문 발행을 허락해 줄 것을 요구하였다.

이러한 요구가 받아들여 지지 않자, 5월 13일부터 수백 명의 학생들은 천안문 광장에서 단식 투쟁을 벌이기 시작하였다. 여기에 더하여 〈4 · 26사설〉의 주장을 철회하라고 외치며 정부는 학생들의 시위운동이 애국 운동이었다고 인정해 줄 것을 요구하였다. 학생들이 단식투쟁에 들어가자, 사회의 각 단체들이 지지하기 시작하였고, 20여 개 도시의 대학생들도 시위로 단식 투쟁하는 학생들을 지지하였다. 단식 투쟁에 참여하는 인원수가 날로 더해가자 탈진하여 병원으로 실려가는 사람들이 속출하였다. 언론 매체들은 연일 천안문의 학생시위를 보도하면서 여론 또한 학생들의 편을 들자, 사태발전을 수습하기 위해 5월 19일 자오즈양(趙紫陽, 조자양)은 새벽 4시 50분 천안문 광장에 나와 학생들에게 단식투쟁을 철회할 것과, 학생들이 요구하는 것을 해결해 나가겠다고 하였으며, 단식투쟁을 철회한다면 정부는 결코 대화의 문을 닫지 않겠다고 약속하면서 고개를 숙였다. 학생들로부터 뜨거운 박수를 받은 자오즈양은 그 날로 정치 무대에서 사라지게 된다. 그날 학생들은 단식투쟁을 중지하고, 침묵시위로 항의를 계속할 것을 선포하였다. 하지만 같은 날 저녁 리펑과 양샹

쿤(陽尙昆, 양상군)은 국무회의를 주재하여 계엄령을 선포할 것을 결정한다. 그리고 텔레비전 방송을 통해 계엄령을 선포한다. 계엄령이 선포되자 심야에 탱크, 장갑차, 지프차 등을 탄 무장 군인들이 베이징성에 입성한다.

5월 20일 리펑은 정식으로 계엄령에 서명하여 베이징은 계엄체제로 들어간다. 5월 21일 천안문 광장에는 군용 헬기가 정찰을 하자, 학생들 사이에서 소동이 일기 시작했다. 그날부터 백만 인파의 시위는 다시 시작되었다. 아직까지도 신분이 확실히 밝혀지지 않은 탱크차에 깔려 숨진 어느 한 학생의 죽음은 중국 공산정권의 잔혹상을 전세계에 알리는 역할을 하였다.

6월 3일 밤 10시 16분에 베이징시 정부와 계엄부대지휘사령관은 공동으로 더욱 강경한 발언을 선포하였다. "해방군은 반드시 계획에 따라 계엄의 임무를 집행할 것이며, 그 어느 누구도 이를 막지 못할 것이다."라고 선언하자, 6월 3일 밤 11시부터 6월 4일 새벽까지 계엄군과 학생, 그리고 베이징시 시민들과 계엄군과의 충돌이 시작되었다. 그리고 계엄군의 총포와 군화발 아래 무고한 시민들과 학생들이 희생당했다. 희생당한 인원에 대한 보도가 엇갈렸으나, 서방매체는 사망자의 수가 천 명 이상에 달한다고 보도하였다.

어떤 매체들은 이 사건을 가리켜 "6 · 4 도살사건" 혹은 "천안문 도살사건"이라고 한다. 천안문사건은 중국이 그 동안 장기적으로 누적된 사회 전반적 모순이 총체적으로 폭발한 사건이었다고 혹자는 평가한다.

1989년 6월 4일 천안문 사태가 발발한 후 1년도 채 되지 않아 동유럽 사회주의 국가들의 와해 움직임이 시작되었고, 2년 후 공산주의의 종주국이었던 구소련은 공산정권의 붕괴를 선언하였다.

천안문 사건 후 중국은 정치적인 분위기가 살벌해졌고, 경제발전의 후퇴를 불러 일으켰으며, 국민들의 사기는 땅에 뚝 떨어졌고, 국제사회에서 고립되었다. 이러한 어려움 속에서 1992년 덩샤오핑은 천안문사건 이후로 느슨해진 개혁의 속도를 다시 가속화하기 시작하였다. 천안문 사건은 중국이 민주화의 길로, 개혁개방의 길로 접어드는 커다란 계기가 되었다고 평가 받는다.

7) 중국의 작은 거인- 덩샤오핑(鄧小平, 등소평)

▲ **덩샤오핑**은 중국의 작은 거인으로 알려져 있으며, 중국의 개혁 개방을 이끌어 낸 인물이다.

덩샤오핑은(1904-1997)은 마르크스주의자, 무산계급 혁명가, 정치가, 군사전략가였으며 외교가였다. 뿐만 아니라 그는 중국을 사회주의 개혁개방과 현대화 건설로 이끄는데 가장 큰 공을 세운 사람이다.

덩샤오핑은 1904년 8월 22일에 태어나 만 5세에 학교에 입학했다. 1920년에 프랑스로 건너가 수학하였고 1922년에 중국사회주의 청년단에 가입하였으며, 1926년 초에 소련으로 유학차 건너갔다. 1927년 봄에 다시 중국으로 돌아와 시안에서 정치와 관련된 업무를 맡게 되었다. 그 후 여러 직위를 두루 거쳐 1945년 중국공산당 제7차 전국대표대회 석상에서 중앙위원에 당선되었다. 그 후 그는 여러 요직을 거쳤다.

1966년부터 1977년까지 중국은 10년이 넘는 세월 동안 큰 소용돌이에 휘말렸다. 바로 문화대혁명의 시기였다. 문화대혁명 기간 동안 중국은 상층부의 권력투쟁으로 인하여 모든 것이 피폐해져 갔다. 덩샤오핑도 예외는 아니었다. 덩샤오핑은 문화대혁명 기간 동안, 정확히 말하자면 1969년에서 1973년까지 쟝시성에 새로 건설된 포크레인 수리장에서 노동을 강요당했다.

1973년 3월 그는 다시 국무원 총리직에 복귀했으며, 1975년 1월에는 중국 공산당 중앙부주석 국무원부총리 겸 중앙군사 위원회 부주석과 인민해방군 참모총장에 임명되었다. 저우언라이의 병세가 악화되자 마오쩌둥은 덩샤오핑에게 힘을 실어주었고 당과 국가, 군대의 모든 업무를 총괄하게 된 그는 문화대혁명으로 인해 혼란했던 상황들을 정돈하고 이에 따른 가시적인 성과를 거두자 국민들로부터 신임을 얻게 되었다. 1977년 8월에 열린 중국공산당 제11차 전국대표대회에서 그는 중국공산당 중앙부주석으로 당선되었다.

1978년 12월에 열렸던 중국공산당 제11차 3중전회三中全會에서 덩샤오핑은 중국개혁개방과 사회주의 현대화 건설에 역점을 두어야 할 것을 강조하고 전면적으로 문화대혁명을 부정하였다. 그는 마르크스주의의 보편적인 진리를 구체적인 실천으로 연결하여 특색 있는 사회주의 건설을 주장하였다. 그는 중국이 사회주의 기초 단계에 머물러 있다고 생각하고 개혁개방의 기본 방침과 현대화 건설 그리고 경제건설에 주력하여야 한다고 주장하였다. 현대화란 과학기술의 현대화를 이루는 것임을 강조하고 과학기술이야 말로 생산력을 제고시킬 수 있는 일등공신이라고 주장했다. 따라서 과학기술을 발전시킬 수 있는 교육이야말로 민족의 백년대계로 가장 기본적이고 기초적인 사업임을 역설했다.

그는 농촌개혁과 도시개혁을 단행하였으며, 개혁은 제2의 혁명이라고 하였다. 이어 개혁의 기본 목표뿐 아니라 경제특구를 설정하여 상하이 푸동浦東 지역을 포함한 14개 연해도시를 개방하여 경제개발의 틀을 잡았다. 그는 정치개혁에 있어서도 매우 적극적이었다. 그는 또 1997년, 1999년에 이양된 홍콩과 마카오 반환에도 관심을 기울였으며, 그의 주재 하에 미국과 외교관계를 수립하였고, 일본과 중 · 일 평화조약을 맺었으며, 소원했던 중 · 소 관계를 회복하였다. 1989년에 그는 정치 일선에서 물러났다.

덩샤오핑은 슬하에 다섯 명의 자녀를 두었다. 1939년 9월초 그는 서른 다섯의 나이로 베이징대학 물리학과에 다니는 당시 나이 스물 셋이었던 여대생 푸징잉浦璟英과 결혼했다. 1941년 큰 딸 덩린鄧林이 태어났지만 고향집으로 딸을 내려 보내 양육을 부탁할 정도로 그는 가난했다. 1944년 큰 아들 덩푸팡鄧朴方을 얻었으나, 젖이 부족하여 어느 한 농가에 아들의 양육도 부탁했다. 1945년에는 둘째 딸을 얻었지만 마찬가지로 키울 여건이 되지 않아서 또 시골 농가로 내려 보냈다. 덩샤오핑은 과묵했다고 한다. 그러나 자녀들과 함께 있는 시간만큼은 즐겁게 많은 대화를 나누면서 지냈다고 한다. 그는 바쁜 일정을 쪼개서 아이들과 썬탠도 즐겼고 함께 축구 구경을 하기도 했다. 덩샤오핑은 프랑스 유학시절 축구경기를 좋아해, 축구경기가 있는 날에는 시간을 내어 경기를 관람하였다고 한다. 덩샤오핑의 아내는 아이들에게 과학지식을 불어넣어 주기 위해 애썼다. 매일 저녁 그녀는 과학에 대한 원리와 상식을 직접 아이들에게 가르쳤다.

그 결과 다섯 자녀 중 세 자녀 모두 베이징대학 물리학과에 진학해 수학했다. 덩샤오핑은 자식뿐 아니라 손자 손녀들에 대한 사랑도 극진했다. 덩샤오핑은 가족을 소중하게 여긴 중국의 지도자 중 한 사람이었다.

제6장 베이징의 대학

제6장 베이징의 대학

중국의 대학은 무서운 속도로 세계 초일류대학을 향해 발돋움하고 있다. 최근 영국 더 타임즈 The Times지가 발표한 세계 상위 200대 대학 순위에 베이징대를 비롯하여 중국 내 총 5개 대학이 순위 안에 들었다.

베이징대는 아시아에서는 제일 높은 순위로 12위를 차지했으며, 그 뒤를 이어 칭화清華대학이 62위, 화중華中과학기술대 154위, 난징南京대 192위, 푸단復旦대 196위 순이다. 그러나 중국 국내에서의 순위는 세계에서의 순위와 차이가 있다. 중국 내 순위에서는 칭화대가 1위, 베이징대기 2위, 저장대가 3위, 푸단대학이 4위, 난징대학이 5위, 화중과학기술대가 6위이다. 이는 여러 원인이 있겠지만, 현재 후진타오胡錦濤 국가주석을 비롯하여 2008년 3월 5일부터 열린 제 11차 중국전국인민대표회의에서 선발된 포스트 후진타오인 시진핑習進平 등 중국 지도층의 영향력 있는 인사가 칭화대 출신이라는 점 또한 무시할 수 없는 요인 중 하나로 꼽을 수 있다. 반면 우리의 서울대는 겨우 세계순위 100위에 턱걸이를 했다.

중국이 이와 같이 세계적으로 경쟁력을 갖춘 대학을 갖게 된 이유를 들자면 이미 1990년대 초반부터 소위 '211공징工程'에 이은 '985공정'을 추진함으로써 세계 일류대학 양성 및 우수한 핵심인력 양성에 국가가 집중적인 투자를 했기 때문이다.

일류대학에 입학하여 우수한 교육을 받고 핵심 인재가 되는 것, 꿈과 낭만, 젊음과 열정이 넘치는 대학생활과 대학문화에 푹 빠질 수 있는 그 첫걸음은 먼저 대학입학이라는 산을 넘어야 가능하다. 특별히 베이징에 소재해있는 베이징대학이나 칭화대학은 역사와 전통을 자랑하고 있기 때문에 여타 대학보다 경쟁이 더더욱 치열하다.

1) 중국의 대학생활

중국의 대학 입학 시험은 매년 6월 7일에서 9일까지 사흘간 오전과 오후 한 과목씩 시험을 치르게 된다. 따라서 점심시간에 집에 가서 점심을 먹고 다시 고사장으로 와서 시험을 치를 수 있어 하루에 시험을 다 치러야 하는 우리와 비교해서 좀 여유가 있다고 할 수 있다.

시험을 치르고 나서 점수가 나오면 이제 본격적으로 작년의 대학별 합격 점수와 학과별 경쟁률을 꼼꼼히 따져보고 자신이 원하는 학교에 지원서를 내게 된다. 한 대학의 2개 학과에 지원할 수 있으며,

여러 대학에 원서를 낼 수 있다. 만약 일반대학에서 떨어지게 될 경우는 9월에 학생을 모집하는 전문대학에 지원이 가능하다. 중국 대입제도 중에서 특이한 것이 있다면, 6월에 실시되는 정규대입고사에서 충분히 실력을 발휘하지 못한 학생들을 구제하기 위해 이듬해 4월 춘계고시春季考試라 하여 다시 한 번 시험을 치를 기회가 주어지지만 춘계고시를 적용하는 대학이 그리 많지 않은 것이 흠이다.

대학에 입학하면 신입생들은 곧 시험을 치르게 되는 데 이는 영어성적에 따라 분반을 하여 영어수업을 진행하기 위함이다. 영어시험 외에 대학 새내기들은 고등교육을 받을 만한 자격이 있는지 육체와 정신에 대한 엄격한 고찰과 검증을 받아야 하는데 이것이 바로 군사훈련이다. 따라서 대학생 군사훈련은 입학과 동시에 받아야 하는 첫 번째 교과인 셈이다.

군사훈련의 목적이라면 정치적인 각성을 제고하고 애국심을 고취시키며, 대학의 좋은 학풍과 생활습관을 선양하기 위함이다. 아울러 국가차원에서는 기본적인 군사지식을 갖춘 후방의 지원병과 예비역 군관을 양성한다는 취지다.

대학의 군사훈련은 보통 9월이나 10월, 한 달간 베이징 교외에 있는 군부대에서 실시된다. 교관은 군인이며 대학생이라면 남녀 구분 없이 모두가 훈련을 받아야 되며, 훈련을 받을 때는 성별을 나누어 훈련을 실시한다.

훈련을 마치고 학교로 돌아오면 일단 신입생 환영회나 각 지역 출신 선후배로 이루어진 우리의 향우회나 동문회와 비슷한 "노향회老鄕會", "동향회同鄕會"가 기다리고 있다.

학교에서 거행하는 신입생환영회는 주로 학교에 대한 역사를 이해하고 교내에 설치되어 있는 박물관을 참관하고, 교정을 돌아보고,

학교관계자들의 강연으로 구성된다. 이 순서가 끝나면 각 단과대학별로 실시되는 환영회가 있는데 먼저 단과대학별 개황을 소개하고 단과대학장의 강연을 듣는다. 이어서 각 과 선배들이 신입생들을 대상으로 학교활동에 대한 이해를 제고시키고 각종 동아리에 대한 소개와 유치작전을 펼친다. 저녁에는 신입생을 위한 만찬이 준비되어 있다. 만찬석상에서는 학생과 교수들이 함께 학생들이 준비한 공연을 감상한다.

노향회, 동향회는 같은 성省이나 시市 혹은 같은 고등학교 출신들이 모여 구성하는 단체이다. 보통은 노향회에 소속된 회원들 간의 관계가 가장 친밀하고 결속력이 강하다고 볼 수 있다. 노향회 선배들은 후배들을 위해 먼저 환영회를 열고 학교 돌아가는 사정이나 경험담을 들려주고 여러모로 후배들을 보살펴준다.

환영회다 뭐다 해서 정신 없이 시간을 보내다 보면 곧 시험이 코앞으로 다가온다. 그럼 그동안 밀렸던 공부를 하기 위해 도서관을 찾게 된다. 우리와 마찬가지로 중국도 중간시험이나 기말시험 기간이 되면 새벽부터 도서관 앞에서 크고 작은 책보따리를 지고 장사진을 이룬 학생들로 넘쳐난다. 소위 "점좌占座"라 하는 도서관의 자리를 차지하기 위한 전쟁이 본격적으로 시작된다. 특히 겨울에는 날이 밝기 전부터 살을 에는 추위에도 아랑곳하지 않고 도서관 문이 열리기를 기다린다.

이제 본격적으로 대학생활을 시작하면 교실, 기숙사, 식당, 세 군데를 축으로 대학생활이 이루어진다. 중국의 대학생들은 거의 모두가 기숙사에서 생활한다 해도 과언이 아니다. 대학의 기숙사는 중국 전역에서 몰려든 학생들로 넘쳐나기 때문에 다양한 문화의 장이자 최소한 하루 절반 이상의 시간을 이곳에서 보내기에 대학생활의 꽃이자 핵으로 볼 수 있다.

학교식당의 매력이라면 가격이 싸다는 점이다. 수입이라고는 용돈이 고작인 대학생들이 보통 학교 바깥에 있는 음식점에서 매 끼니를 해결하기란 불가능하기 때문에 학교 식당은 지대한 관심의 대상이다. 가격이나 맛도 항상 학생들 사이에서 심심찮게 토론의 쟁점이 되기도 한다. 점심이나 저녁 식사시간대 학교식당은 그야말로 입추의 여지가 없다. 그러나 메뉴도 단순하고 맛도 별로인데다 배식을 받는 시간도 길기 때문에 불만이 많다. 게다가 위생문제도 가끔씩 도마에 오른다. 배식 받은 음식에서 벌레를 발견하거나 무심코 먹어본 경우가 다반사이기 때문이다. 신입생들이 처음 학교에 입학하면 선배들이 학년에 따른 식판에서 벌레를 발견했을 때의 반응에 대한 우스개 소리를 해준다.

1학년 신입생인 경우 벌레를 발견하면 비명을 지르고 음식을 쓰레기통에 버리고 먹지 않지만, 2학년이 되면 벌레를 덜어내고 식사를 계속한다. 3학년이나 4학년쯤 되면 아무것도 발견하지 못한 것처럼 태연하게 계속 식사를 한다는 것이다.

2) 대학문화

중국은 "자전거의 천국"이라는 이름에 걸맞게 자전거는 대학생들에게도 가장 인기 있는 교통수단이다. 그 이유는 대학 캠퍼스가 넓기 때문에 기숙사에서 학교까지의 거리가 만만치 않아 만약 걸어서 양쪽을 오간다면 시간 낭비가 이만 저만이 아닐 뿐더러 셔틀버스 또한 언제든 타고 싶을 때 쉽게 탈 수 없기 때문이다. 자전거 없는 베이징 대학이나 칭화 대학에서의 대학생활은 꿈도 꿀 수 없다.

자전거를 장만했다 해서 모든 문제가 해결되는 것은 아니다. 이제는 자전거를 잘 간수해야 하는 문제가 생긴다. 자전거에 자물쇠를 달아놓아도 도난을 당하는 일이 종종 발생하기 때문이다. 그런데 대부분 도난을 당하는 자전거가 여학생들 것인데 그 이유는 여학생들의 자전거가 새것이고, 자전거를 애지중지 하는 여학생들 특성상 자전기에 필요한 장비들을 잘 갖추이 놓기 때문이다. 신배들은 1학년 신입생들에게 자전거는 낡은 것일수록 좋은 것이라며 절대 새 자전거를 사지 말 것을 권한다.

자전거에 얽힌 재미있는 이야기가 있다. 한 학생이 자전거가 도난 당하는 것을 방지하기 위해 자전거에 자물쇠를 여러 개 달아놓았다. 그리고 자전거 주인이 "어디 가져갈 테면 가져가봐!"라고 도발적인 문구를 쓴 도전장을 자전거 도둑에게 내밀었다. 수업이 끝나고 자전거를 세워놓은 장소에 가보니 자전거가 얌전히 주인을 기다리고 있었다. 자전거 주인이 기분이 좋아서 열심히 열쇠로 자물쇠를 풀고 있는데 갑자기 자물쇠 하나가 도무지 열리지 않았다. 그때 자전거 주인의 시야에 "어디 타고 갈 수 있으면 타고가 봐!"라는 글귀가 적힌 쪽시가 보었나. 결국 사선거 주인이었넌 그 학생은 자선거를 매고 열쇠가게를 찾아가야만 했다.

중국의 대학에서는 보통 봄가을에 한 차례씩 전교 운동회가 열린다. 주로 단거리와 장거리 달리기, 높이뛰기, 멀리뛰기 등 육상을 위주로 한 운동회다. 계절운동회 외에 각 학과별 또는 서클이 주관하는 다채롭고 풍부한 체육활동도 있다. 배구시합, 농구시합, 축구시합 등을 비롯하여 줄다리기, 바둑, 징기 시합도 있다.

대학에서의 다양한 스포츠 활동은 체력증강은 물론, 심신에 쌓인 피로를 풀어주는데 그만이다.

신체단련과 더불어 정신을 무장하는데 있어 그 대학만이 가지는 독특한 정신이나 혼을 나타내주는 것이 있다면 바로 교훈校訓일 것이다. 교훈은 오랜 세월을 두고 이어져 내려온 학교의 전통이자 정신적인 지표일 뿐 아니라 교사와 학생들이 서로 격려와 권면을 아끼지 않는 지향점이기 때문이다. 그래서 졸업을 하고 학교를 떠났을지라도 가슴 한구석에는 어딘지 모르게 교훈이 새겨져 있기 마련이다. 하버드대를 비롯하여 국내 유수 대학이 진리와 자유, 정의를 부르짖듯이 중국의 유수 대학들은 다음과 같은 교훈을 표방하고 있다.

베이징 대학은 애국, 진보, 민주, 과학이 교훈이다. 칭화대학의 교훈은 자강불식自强不息 후덕재물厚德載物이며, 베이징사범대학北京師範大學은 배움에 있어서는 만인의 스승이 되고, 실천에 있어서는 세계의 모범이 되자는 교훈을 갖고 있다. 인민대학은 실사구시實事求是로 간단하다. 교훈에서 시사하는 바와 같이 대학은 진리탐구와 인격도야라는 엄숙한 측면도 있지만 동서고금을 총망라해 대학은 꿈과 낭만, 젊음과 개성이 살아 숨쉬는 멋진 곳이다.

체제가 다르고 이념이 다르지만 중국의 대학도 마찬가지이다. 해마다 11월 11일이면 중국 대학생들도 광군제光棍節라 하여 우리와 마찬가지로 숫자 1이 연속 4개인 것을 기념한 빼빼로 데이가 있다. 게다가 대학 내에 학생들이 자체적으로 조직한 벼룩시장도 있어서 자신에게 필요 없는 책이나 옷 그리고 생활용품을 지정된 장소에서 사고 판다.

우리에게 학생운동을 기념하는 4 · 19가 있다면 중국에서는 칭녠제靑年節, 즉 청년절이 있다. 1919년 5월 4일은 베이징의 대학생들이 주축이 되어 파리에서 열린 회의에서 중국에 대한 일본의 침략행위를 지지하는 제국주의에 항거하여 시위를 벌였다. 이 시위는 점차 전 국민이 참여하는 반제국주의, 반봉건주의를 부르짖는 애국운동으로 발전했다. "5 · 4운동"은 민족의 독립을 수호하고 민주주의를 쟁취하겠다는 결연한 의지의 표현이자 중국의 신민주주의 혁명의 신호탄이었다. 1939년 샨시, 간쑤, 난징을 중심으로 한 서북청년구국연합회가 5 · 4운동 때 분연히 일어났던 청년들의 의기를 계승하고자 5월 4일을 칭넨제로 제정하였던 것이, 1949년 12월 23일 성무원政務院에서 이를 공식 지정했다. 최근에는 5월 1일 노동절을 기념하여 일주일 동안 휴가를 주는 바람에 칭넨제 경축 분위기가 예전과 같지 않은 것이 사실이다.

칭넨제와 더불어 중요한 학생운동이 있다면 12 · 9가 있다. 1935년 12월 9일 베이징 대학생 수천 명이 중국공산당의 지도 아래 항일구국 시위를 벌였다. 화북사변華北事變 후 나라 안팎으로 위기감이 고조되자 중국공산당은 내전을 그치고 함께 항일의 구호를 외쳤다. 그 결과 항일구국운동은 전국으로 퍼져나갔다. 당시 학생운동을 기념하여 각 대학에서는 강연이나 합창대회 등을 개최한다.

중국 대학에도 축제가 있다. 그 중 굵직하고 특색있는 축제를 꼽자면 맨 먼저 "베이징대학생 영화제"가 있다. 베이징대학생 영화제는 베이징사범대학 예술과藝術系, 광덴총국廣電總局 영화채널프로그램 제작 센터, 중국영화자료관, 베이징텔레비전 영상부, 중국영화신문사, 베이징시영화공사, 베이징 신영화 관련 사업 유한책임공사, 중국영화기금회, 베이징시 학생연합회 등 여러 기관이 모여서 거행하는 대형 문화제이자 축제이다. 대학생 영화제는 매년 4월 20일에서 5월 4일까지 열린다. 이 영화제는 전국 각 대학에서 구성된 학생평가위원회가 있으며 가장 참신하고 우수한 작품이 출품될 뿐 아니라 참가인원 또한 중국 내 영화제 중 최고이다. 영화제는 최우수 작품상, 감독상, 인기상, 남우 주연상, 여우 주연상, 예술부문 특별상 등 다양한 상이 있다. 각 부문에 수여되는 상은 대학생들의 투표를 기초로 대학생과 청년 논평가로 구성된 평가위원회가 평가를 한다. 영화제 장소는 베이징사범대학, 칭화대학, 베이징대학을 비롯하여 베이징의 20여 개 저명한 대학에서 영화제 출품작을 상영하고 관람객수는 20여 만 명에 달한다. 영화제 기간 동안 주머니가 가벼운 학생들은 자신들이 평소 관심있는 분야의 영화를 5콰이첸塊錢(한화 7~800원)만 주면 실컷 관람할 수 있을 뿐 아니라 영화를 만든 제작진들과의 좌담회이라던가 유명한 영화감독과의 좌담회 등 다양한 프로그램이 마련되어 있다.

대학생 영화제는 한마디로 대학생뿐 아니라 영화에 뜻을 둔 젊은 이들을 위한 축제의 장이자 실험무대로 이해할 수 있다.

그밖에 특별한 축제로는 "요리경연대회", "가수경연 대회" 그리고 "의상 경연대회"가 있다.

"대학생 요리경연대회"는 요리에 대해 일가견이 있는 학생들의 내공內功을 평가하는 평가의 장이다. 이 대회는 남녀를 불문하고 참여가 가능하다. 참가자는 먼저 자신이 좋아하는 요리 재료를 선택하여 기량을 뽐내고 순수하게 학생들로만 구성된 평가단의 평가를 받는다. 대체로 요리 경연대회에 참가하는 선수들은 중국 전역에서 모여든 학생들 탓에 대회장은 각양각색의 음식재료에서부터, 색깔, 맛, 모양 등 다채롭고 지방색이 강한 요리가 올라온다. 한국식 매운탕은 충칭重慶요리에서 맛볼 수 있고, 한국식 닭도리탕과 맛이 비슷한 다판지大盤鷄에 곁들여 손으로 밥을 뭉쳐서 먹는 요리는 신장요리이다.

요리 경연대회는 미각뿐 아니라 시각 또한 즐겁게 해주는 그야말로 요리가 예술로 승화된 대회이다.

"대학생 가수 경연대회"는 말하자면 우리의 "대학 가요제"와 비슷하다. 대학생 가수 경연대회는 각 학교가 연계하여 진행하며 문턱이 낮다. 이 대회는 나이, 신체, 외모 등을 불문하고 참가신청을 하기만 하면 참가할 수 있다. 개인 한 사람의 참여도 가능하고 보컬을 구성해서 참여도 가능하다. 이들을 심사하는 심사위원단은 자격을 갖춘 음악인과 교수님으로 구성되어 있어 최대한 공정성을 확보하고 있다. 대회에서 마련된 상도 다양하다. 인기상에서 시작해서 가창상, 최우수상 등이 있다. 대회의 진정한 의의라면 경쟁 그 자체보다는 경연을 통해 학생들에 대한 격려와 이들 세계에 대한 인정에 있다.

"의상 경연대회"는 교내 경연대회이다. 칭화대학이나 베이징사범대학은 매년 이 대회를 개최한다. 주로 학과별로 참가 신청을 받는다. 대회 참여의사를 밝힌 과는 무대에서의 워킹이나 세세한 동작까지도 꼼꼼히 준비한다. 아울러 무대에 입고 나오는 의상은 참가 학생 스스로가 디자인하고 제작해야 하며, 의상 컨셉에 맞는 음악이나 분위기 연출을 위한 배경이나 조형물 또한 학생들 스스로가 선별해야 한다.

의상 경연대회를 지켜보노라면 대학생들의 미적 감각이나 유행에 대해 이해할 수 있다.

중국 대학생들도 동아리 활동에 열심이다. 신입생이 들어오면 각 동아리들은 신입생 유치작전에 열을 올린다. 통계에 따르면 60퍼센트 이상의 재학생이 한 개 혹은 여러 개 동아리에 가입하고 있으며, 90퍼센트 이상의 대학생이 동아리에서 주관하는 활동에 참가해본 경험이 있는 것으로 조사되고 있다. 동아리는 주로 이론과 학습, 과학기술, 문학과 예술, 스포츠와 취미활동, 사회봉사 활동 등 여러 분야가 있다. 동아리 활동은 새로운 친구를 사귈 수 있는 계기가 될 뿐 아니라 평생에 잊을 수 없는 아름다운 추억 그리고 학교라는 울타리를 뛰어넘어 중국의 현실을 이해할 수 있는 귀중한 기회를 얻을 수 있다.

동아리 활동을 하다 보면 어느새 서로 마음에 드는 이성이 생긴다. 80년대 초반만해도 각 대학은 남녀학생들의 연애를 허락하지 않는다는 규정이 있었지만 한 번도 이러한 규정이 제대로 지켜진 적은 없었다. 90년대에 들어와서는 심지어 중학생들조차 연애를 하는 경우도 심심치 않게 볼 수 있을 정도인데 하물며 대학생들은 말할 필요가 없다. 학교에서도 이런 사실을 알면서도 그냥 묵인하고 있다.

대학생들끼리는 연애하는 동기도 단순하기 때문에 현실적인 어려움에 부딪히면 이를 이겨내는 커플이 많지 않다. 그래서 졸업을 전후해서 헤어지는 경우가 대부분이고 결혼까지 골인하는 경우는 무척 드물다.

헤어질 때 헤어지더라도 대학생활 중 연애경험은 대학생활을 훨씬 더 아름답고 낭만적으로 만들어 주는 것임에 틀림없다. 교내에는 커플들을 위해 "연인을 위한 동산", "연인을 위한 오솔길" 등 연인들에게 이상적인 장소가 많다. 연애하는 방식도 우리와 별다를 게 없다. 함께 공부하고, 밥 먹고, 쇼핑하고 영화를 본다. 기숙사 입구에서는 매일 밤마다 헤어지기 아쉬워하는 연인들을 언제나 만나볼 수 있다.

3) 졸업과 취업

축제에도 참가하고, 동아리활동도 열심히 하고, 연애도 하다 보면 어느새 4년이 훌쩍 지나 졸업이 코앞으로 다가온다. 졸업을 하려면 일단 일정한 학점을 이수해야만 졸업논문을 쓸 수 있는 자격이 주어진다. 졸업논문은 8천자 정도면 된다. 보통은 4학년 2학기가 시작되면 논문신청서를 제출하고 논문 지도교수를 선정한다. 논문 제목을 정하고 열심히 논문을 준비한다. 논문에 대한 답변은 5월에 진행되는데 이때 학교측 심의를 통과해야만 비로소 졸업장과 학위증명서를 받을 수 있다.

논문이 통과되면 졸업여행도 다녀오고 졸업사진도 찍는다. 그리고 학교에서 졸업생환송회 형식으로 거행되는 초대형 만찬에도 참석하고, 기숙사나 과별 환송회에도 참석하느라 꽤 분주한 시간을 보낸다. 아울러 도서대출증이나 의료보험카드 등과 같은 카드도 이제 학교측에 반납해야 하고 기숙사에서 퇴소하는 수속도 밟아야 한다.

졸업식과 동시에 학교를 떠나면 이제 사회 초년병이 되어 사회에 첫 발을 디디게 된다. 취업을 위한 준비는 보통 대학 3학년 2학기부터 시작된다. 학생들 대부분은 취업준비에 앞서 대학원 진학을 놓고 고민한다. 대학원 진학을 위해서는 시험준비를 해야 하기 때문이다. 물론 취업을 위해서도 준비가 필요하다. 대학 4학년 1학기 중간쯤부터 시작해서 기업들이 학교를 찾아와 취업박람회를 열고 인재 스카웃에 열을 올린다. 그러나 문제는 기업의 채용규모가 너무 적다는 데 있다.

교내에서 열리는 취업박람회 외에 학교 바깥에서 열리는 취업박람회도 있다. 그러나 이런 곳에서는 대부분 유경험자를 찾기 때문에 대학을 갓 졸업한 학생들에게는 상대적으로 불리하다. 그래서 학생들 사이에 이런 유머가 오간다. 대학원에 진학한 대학원생을 두고 "돼지"라고 하고, 대학원 시험을 준비하는 졸업생을 "개"라고 한다. 그리고 취직자리를 구하는 졸업생을 두고 "개나 돼지 보다 못하다"라고 한다. 그 이유는 대학원생들은 돼지처럼 여유만만한 생활을 즐길 수 있기 때문이고, 시험을 준비하는 학생들은 매일 열심히 공부를 해야 하기 때문이다. 그러나 뭐니뭐니 해도 지금 중국대학생들도 우리나라 대학생들처럼 취직자리를 구하는 것이 그 어떤 것보다 고달프고 어렵다.

4) 베이징의 대학과 한국 유학생

베이징은 중국의 수도인 만큼 대학의 밀집지역이기도 하다. 수도 베이징에는 베이징대학, 칭화대학, 런민대학, 베이징사범대학 등 종합대학 성격을 띠고 있는 대학도 많지만, 전문교육을 실시하는 대학들도 많다. 예를 들면 베이징우주항공대학, 베이징임업대학北京林業大學, 베이징음학대학北京音樂大學, 베이징신문방송대학北京傳媒大學, 베이징한의학대학北京中醫藥大學 등이다. 이들 대학들은 우리나라 전문대학과는 다르게 4년제이며, 석 · 박사 코스도 있다.

중국교육부 통계에 따르면 2002년 초 · 중 · 고 학생을 제외한 중국에서 유학하는 전체 유학생 6만 명 중 한국 학생이 2만 2000명 정도로 가장 많고, 2003년에는 그 수가 3만 6000명까지 늘어났다고 밝혔다. 현재는 4만 명을 훨씬 넘을 것으로 추정하고 있다.

베이징에 있는 대학 중에서 한국 학생들이 선호하는 대학과 중문과 그리고 중국어 연수기관은 다음과 같다.

(1) 칭화대학

베이징시 서북교외지역 하이딩취에는 유명한 대학이 두 곳 있다. 하나는 베이징대학이고, 또 하나는 칭화대학이다. 두 대학은 서로 인접해있다. 베이징대학과 칭화대학 그리고 위앤밍위앤 세 곳은 지도상으로도 하이딩취 대부분을 차지하고 있다.

▲ 자강불식, 후덕재물을 교훈으로 삼는 칭화대학의 휘장

칭화대학은 중국 내에서도 유명한 명문 대학이다. 중국 최고의 과학기술인력을 배출하는 대학이자 과학기술 연구에 있어 중요한 기관이다. 1911년 설립 당시에는 미국유학을 가기 위해 국내 우수한 학생들이 반드시 거쳐야 하는 대학이었으며 당시는 칭화학당淸華學堂이라고 불렀다. 1912년에 칭화대학이라고 학교명을 바꾼 후부터 본격적으로 국내 인재 양성을 시도하였다. 1925년 학부과정을 설립하였으나, 1937년 항일전쟁이 발발하자 학교가 윈난성으로 옮겨가게 되었다. 윈난성에서 칭화대학은 베이징대학, 난카이대학南開大學과 함께 연합하여 국립서남연합대학國立西南聯合大學으로 학교명을 개칭하고 대학을 운영하였다. 1946년에 다시 베이징으로 옮겨와 본래의 명칭인 칭화대학을 회복하고 문과, 법과, 이과, 공과, 농과 등 5개 단과대학 26개 학과로 새 출발했다. 이렇게 출발한 칭화대학은 지금은 13개 단과대학 54개 학과로 발전하였다. 칭화대학은 이공계

계통의 전공학과가 많다. 칭화대학을 미국 MIT공대 정도라고 생각하면 이해가 빠를 것이다. 1994년 정보통신과가 단과대학으로 발전하였으며, 2000년에는 기존의 토목수리학과를 기초로 토목수리단과대학이 설립되었다. 아울러 우주항공기술연구센터宇航技術研究中心를 바탕으로 우주항공단과대학航天航空學院을 설립하였다. 앞에서 언급한 학과들은 다른 종합대학에서 찾아보기 드문 학과들이자 칭화대학의 성격을 잘 나타내주는 학과들이다.

중국어언문학中國語言文學

인문사회과학단과대학人文社會科學學院에는 중문과인 중국어언문학과, 철학과, 역사학과, 외국어학과, 사회학과, 정치학과 등 6개 학과가 있다. 중문과는 1926년에 설립되었지만, 1952년 단과대학 구조조정 시 잠시 폐과되었다. 하지만 1985년에 다시 개설되어 지금은 전공분야를 중국어언문학漢語言文學, 중외문화종합반中外文化綜合班 그리고 편집학제이학사학위반編輯學第二學士學位班, 이렇게 3개의 전공분야로 나누고 있다. 이 중 중국어언문학 전공만이 내국인과 외국인을 같이 모집한다. 중외문화종합반은 앞으로 중국과 외국 간 문화교류 분야에 종사하거나 비교문화연구를 연구할 인재를 양성하는 반으로 중국어와 영어로 수업이 진행된다. 편집학제이학사학위반은 문과와 이과를 결합한 복합형 인재 양성을 위한 분야다. 현재 중문과 석사 전공으로는 중국고대문학中國古代文學, 중국현당대문학中國現當代文學, 비교문학比較文學, 세계문학世界文學, 문예학文藝學, 언어학語言學과 응용언어학應用語言學, 중국어문자학漢語言文字學이 있지만, 이 중 중국현당대문학만이 박사학위 과정이 개설되어 있다.

대외한어문화교육센터對外漢語文化教育中心

인문사회과학단과대학 내에 대외한어문화교육센터가 있어서, 이곳에서 중국어 연수를 실시한다. 1988년에 설립한 이곳은 전임을 포함하여 출강하는 교수가 모두 100여 명 정도 된다. 연수프로그램은 장기연수과정과 단기연수과정으로 나뉘며, 장기연수생은 101에서 501학년까지 모두 5학년으로 나누어지고, 9단계의 반으로 구성되어 있다. 과목은 필수과목과 선택과목으로 나눠지는데, 필수과목은 일주일에 약 20시간 가량이 배정되어 있다. 각 과정마다 배운 내용에 대한 테스트가 있기 때문에 각 과정의 단계별 이수는 물론 테스트를 통과하여야만 공식 졸업장과 성적표를 받을 수 있다. 장기연수생은 봄,가을 학기로 나누어 1년에 두 번 모집한다. 단기 연수생을 위한 반은 여름 혹은 겨울 방학을 이용하여 개설된다. 연수과정을 이수하기를 원하는 장기 연수생인 경우는"칭화대학유학생사무실留學生辦公室"에서"칭화대학외국유학생신청표淸華大學外國留學生申請表"를 받아 수속을 하면 어학연수를 할 수 있으며, 단기 연수생인 경우는 이메일 혹은 인터넷을 통해 신청할 수 있다.

(2) 베이징대학

베이징대학은 베이징시 동북쪽 하이딩취 중관촌中關村에 위치하고 있다. 중관촌은 IT업계가 몰려있는 곳이기도 하다.

베이징대학은 1898년에 징스대학당京師大學堂이란 명칭으로 출발했다. 이는 중국 최초의 종합 대학이자 당시 중국 최고의 교육행정 기관이었다. 징스대학당은 1912년에 지금과 같은 베이징대학으로 개칭하였다. 베이징대학은 신문화운동인 5·4운동의 발원지이자, 마르크스주의 사상 전파의 근원지였으며 중국공산당의 최초 활

▲ **베이징대학** : 베이징대학 내의 호수 웨이밍후
베이징대학 내에 위치하고 있다. 호수가 너무 아름다워 이름을 지을 수 없어 '이름이 없는 호수'라는 뜻을 가지고 있다.

동기지였다. 베이징대학은 중국 역사 흐름에서 선도적인 역할을 담당해왔다. 1917년 교육자이자 민주주의 혁명가이며 중국 근대사에서 지대한 공헌을 한 차이위앤페이蔡元培 선생이 총장을 역임하면서 베이징대학은 자유와 번영의 길로 큰 걸음을 내딛기 시작하였다. 아울러 중국 근 · 현대사에 수많은 영향을 끼친 루쉰, 후스, 천두슈陳獨秀, 마오쩌둥 등이 베이징대학 교수 혹은 직원을 역임하였다.

1937년 항일전쟁으로 남쪽으로 피난을 갔지만 1946년 10월에 다시 베이징으로 돌아와 학교 문을 열었다. 개혁개방과 더불어 베이징대학은 전무후무한 발전을 하기 시작한다. 칭화대학과 베이징대학은 국가에서 적극 지원하는 '211공정' 의 수혜를 입으면서 신속하게 발전하였다.

중국어언문학과中國語言文學系

베이징대 인문학부에는 중국어언문학과中國語言文學系 일명 중문과가 개설되어 있다.

베이징대학 중문과는 규모면에서 중국 내 최고이다. 역사적으로나 학문적으로 베이징대학이 대내외에 자랑할 만한 학과 중 하나이다. 중문과에는 중국언어학漢語言語學, 고전문헌학古典文獻學, 응용언어학應用言語學 학과가 있으며, 박사 반에는 고대문학古代文學, 현당대문학現當代文學, 문예학文藝學, 중국어문자학漢語文字學, 고전문헌古典文獻, 비교문학比較文學, 언어학語言學 총 7개 학과가 개설되어 있다. 중문과에 속한 교수가 97명으로 베이징대학 문과계열 학과 중, 교수 수가 가장 많은 단과 대학이다.

중문과에 입학하는 학생들은 모두 전국에서 뛰어난 수재들로 매년 각 성의 문과 장원들 7명 정도가 입학하며, 여러 국가에서 온 유학생들도 많아 국제적인 특성을 띠고 있을 뿐 아니라 면학 분위기도 매우 좋다.

대외한어교육학원對外漢語教育學院

베이징대 사회과학 학부에는 대외한어교육학원이라는 단과대학이 있다.

1952년에 설립되어 외국에서 온 유학생들에게 전문적으로 중국어 교육을 담당하고 있다. 1961년에는 아프리카 학생들을, 1965년에는 월남에서 온 유학생 3천명에게 중국어 연수를 실시하였으며,

1972년에는 그 동안 문화혁명으로 인해 잠시 문을 닫았던 본 단과대학이 다시 유학생들을 모집하기 시작하였다. 1984년 10월, 교직원 28명에 베이징대학해외교육학원北京大學海外教育學院이라는 명칭으로 시작하여, 그 동안 여러 차례 구조조정을 거쳐 2002년 6월 29일에 베이징대학대외한어교육학원으로 다시 출발하면서 발전의 새로운 장을 열었다.

베이징대 안에 있는 대외한어교육학원은 칭화대와는 달리 석사학위를 취득할 수 있다. 이는 전국에서 최초로 중국 교육부가 외국인을 대상으로 중국어를 교육하는 대외한어교육 석사과정을 인정하는 기관이 되었다. 1986년부터 중국어를 전공하는 국내외 석사생을 모집하기 시작하였고, 지금은 석사를 지도하는 교수 12명과 석사생들이 있다.

1999년부터 매년 평균 약 5명의 석사 연구생을 모집하였으나, 최근에는 그 수가 증가하여 약 10명 정도를 모집한다. 최근 20년 동안 베이징대 대외한어교육학원은 국가 사회과학원 및 교육부의 13개 연구 프로젝트를 진행하면서 40여 권의 교재와 사전, 역서 등을 출간하였고, 논문집 10여 권에 발표 논문의 수만 해도 무려 400여 편이나 된다. 본 대학원은 이미 전 세계 십여 개의 유수한 대학과 활발한 교류를 진행하고 있다. 교류방법으로는 유학생을 모집하고, 교사를 해외로 파견하며, 외국대학들과 공동으로 교재를 편찬하고 공동 연구도 한다. 최근 몇 년 동안에는 영국의 켐브리지와 옥스퍼드대학, 미국의 스탠포드, 캘리포니아대학 등과 교류가 활발하다. 지금까지 이곳에서 배출된 약 80여 명의 교사를 일본, 미국, 한국, 독일, 프랑스, 태국 등 17개 국가와 35개 지역에 파견하여 중국어 교육을 담당하고 있다.

베이징대학은 캠퍼스가 아름답기로 유명하다. 캠퍼스를 돌다 보면, 규모가 꽤 큰 호수 하나를 발견할 수 있는데 이 호수가 웨이밍후未名湖이다. 호수 주변으로 길이 나있어, 자전거를 타거나 걸어서 호수 주변을 산책할 수 있다. 여름이면 호수 여기 저기 벤치에서 남녀 학생들이 데이트를 즐기는 장면을 종종 볼 수 있으며 겨울에는 호수가 꽁꽁 얼기 때문에 동네 아이들이나 어른 할 것 없이 와서 썰매나 스케이트를 타는 모습을 볼 수 있다. 호수 이름을 웨이밍후라고 하는 데는 이유가 있다. 호수가 너무 아름다워 이름을 지을 수 없기 때문에 이름이 없는 호수라는 뜻으로 웨이밍후로 지었다고 한다. 캠퍼스 한 가운데 위치한 아름다운 호수는 공부로 스트레스 받는 베이징대 학생들에게 신선한 공기와 심적인 위안을 주는 곳이기도 하다.

(3) 베이징어언대학北京語言大學

베이징에 있는 대학 중 외국인들이 가장 많은 대학을 꼽으라면 아마도 베이징어언대학을 꼽을 것이다. 베이징어언대학은 1962년 설립 당시 학교 명칭을 외국 유학생을 위한 고등교육기관이라는 뜻으로 외국유학생고등학교外國留學生高等學校라고 이름하였으나 1964년 6월 중국 정부의 허가를 얻어 베이징어언대학이라고 명칭을 바꾸었다. 베이징어언대학은 1996년에는 중국교육부로부터 인가를 받아 베이징어언문화대학北京語言文化大學으로 또 다시 이름을 바꿨다. 그리다가 2002년에는 지금의 명칭인 베이징어언대학으로 다시 이름을 바꿨다. 이는 중국에서 유일하게 유학생들을 대상으로 중국어와 중국문화를 전문적으로 교육하는 국제화된 대학인 동시에 중국 국내 학생들에게는 외국어, 컴퓨터과학 및 기술, 금융학, 멀티미디어교육 등 다양한 교육을 실시하고 있으며, 중국어교사 양성 프로그램도 갖추고 있다. 학교가 문을 연지 40년이 흐르는 동안 세계 160여 개 국가에서 온 유학생 9만 명을 양성하였으며 현재는 매년 9000여 외국 학생과 4000여 국내 학생들이 이곳에서 학문을 연마하고 있다. 문과대학人文學院안에는 대외한어학과對外漢語系, 중문과中文系, 예술학과藝術系, 사회과학부社會科學部와 중국문화연구편집부中國文化研究編輯部, 중화문화연구소中華文化研究所, 한학연구소漢學研究所 등 중국어문학계열의 여러 전공과 역사학, 법학, 예술학 등으로 구성되어 있다.

베이징어언대학은 외국인을 대상으로 하는 대외한어 즉 중국어 교육과 문화교육을 전문적으로 담당하는 교육기관일 뿐 아니라, 규모가 가장 방대하고, 오랜 역사와 전통이 살아 숨쉬는 학교이다.

한어진수학원漢語進修學院

베이징어언대학만큼이나 외국유학생들이 중국어를 체계적으로 배우고 중국문화를 이해할 수 있는 곳이 있다면 베이징어언대학 안에 있는 중국어 연수원 격인 한어진수학원이다. 베이징어언대학의 특징은 외국인을 대상으로 한 중국어 교육에 관한 역사가 깊고, 전문적인 대학답게 교재개발과 교육에 있어서는 매우 체계적이나 한국 학생들이 너무 많아 마치 한국에 있는 대학에서 중국어를 공부하는 듯한 착각에 빠져들게 만드는 단점이 있다. 따라서 학교과정 후에 중국인 튜터와 함께 공부하거나, 중국인과 많이 접촉하면서 중국의 생활문화를 많이 접한다면 별 문제가 없지만 학교과정 후에 쉽게 어울릴 수 있는 한국인들과 많은 시간을 보낸다면 공부에 진척을 쉽게 느끼지 못할 것이다.

한어진수학원은 약 100명 가량의 교수와 강사가 있으며, 교수와 강사진은 대내외적으로 경험이 풍부하며, 이들이 연구 개발한 교재들이 이미 세계 각 대학의 중국어과에서 널리 쓰이고 있다.

한어진수학원은 중국어를 배우기에 좋은 환경을 갖추고 있다. 멀티미디어강의실, 컴퓨터교실, 랩실 등이 있으며, 커리큘럼도 다양해 학생 개개인의 흥미와 수준에 맞게 선택하여 들을 수 있도록 과목이 40개 정도 개설되어 있다. 1년 정도의 연수과정을 모두 마치고 그에 상응하는 학점을 이수하면 졸업증서를 받게 된다. 연수 프로그램을 크게 구분하면 초급初級漢語進修, 중급中級漢語進修, 고급高級漢語進修 과정이 있고, 중국어훈련과정漢語普通話培訓과 중국어전문교육과정漢語言專科教育 등이 있다.

(4) 베이징사범대학北京師範大學

19세기 말, 청나라 정부는 중 · 일 갑오전쟁에서 패하자 일본에게 불평등조약인 마관조약 체결을 강요당했다. 그 후 세계 열강들이 앞다투어 중국을 집어삼키려 덤벼들자 민족의 위기가 날로 가중되는 상황에서 무엇보다 인재양성이 당면과제로 떠올랐다. 청나라 정부는 1902년 이러한 시대적인 요구에 부응하기 위해 징스대학당사범관京師大學堂師範館이란 명칭으로 베이징사범대학을 설립한다. 그 후 여러 차례 민족의 위기를 겪으면서 베이징사범대학은 시안으로 란저우蘭州로 이전을 하기도 했지만 1949년 다시 베이징으로 돌아와 베이징사범대학인 지금의 명칭으로 개칭하고 개교하였다.

50년대 초부터 베이징사범대학은 학생과 교직원 수가 증가하고, 구조조정을 거치면서 발전하기 시작하였으나, 1966년에 문화대혁명을 맞아 발전이 다소 지연되었나. 1977년 문화대혁명이 끝나자 베이징사범대학은 잃어버린 10년 세월의 공백을 메우기라도 하듯

많은 과를 증설하고 발전을 거듭하여 문화대혁명 전에 개설되었던 12개 학과 18개 전공, 1개 대학원에서 지금은 19개 단과대학, 52개 학부전공, 14개 대학원으로까지 발전하였다. 2005년 5월 베이징시 제9차 당대회에서는 21세기 새로운 건설사업 중 베이징사범대를 포함하여 베이징대, 칭화대, 런민대 4개 대학을 세계 일류 수준으로 끌어 올리자고 결의했다. 따라서 그 일환으로 다시 제2의 부흥기를 맞게 된 베이징사범대는 2004년까지 재학생 수가 5000명이 채 되지 않았지만 지금은 1만 6000명으로 증가하였으며 그 중 학부생이 8000여 명, 대학원생이 6000여 명, 그리고 단기 유학생이 약 2000명 가량 된다.

한어문화학원漢語文化學院

베이징사범대학 안에 있는 한어문화학원은 1965년에 설립되어 약 40년 동안의 교육 경험이 축적된 교육기관이다.

한어문화학원은 중국어와 중국문화를 배우러 오는 외국 유학생들을 위한 곳으로 장, 단기 중국어 연수 혹은 외국인을 위한 학부과정 그리고 언어학語言學, 응용언어학應用語言學, 중국어문자학漢語言文字學 등을 전공으로 하는 석, 박사과정이 개설되어 있다. 현재 이곳에 있는 교수, 교직원 수는 모두 49명으로, 그 중 교수가 24명, 강사 21명, 그리고 행정직 인원으로 구성되어 있다. 교사 중 약 95퍼센트는 국가에서 발급하는 '대외한어교학교사자격증對外漢語教學教師資格證書과 HSK최고급수준증서普通話水平一級證書를 소지하고 있으며 풍부한 교학 경험을 가진 분들이다. 한어문화학원은 중국어 교육을 위해 멀티미디어실과 랩실 그리고 시청각 교실 및 도서관 열람실 등 제반 시설을 다 갖추고 있다. 신입생이 입학하면 분반시험을 통해 각자 수준에 알맞은 반에 배정받는다. 아울러 회화실력은 월등하나, 한자 인지 능력이 떨어지는 경우라면 이런 학생에게는 모든 학년을 뛰어넘어 자신의 수준에 알맞은 과목을 선택할 수 있도록 하는 맞춤식 교육을 제공한다. 분반이 된 후에도 약 2주 간의 유예기간을 두고 있어서 2주가 지난 다음 최종적으로 반을 결정할 수 있다. 즉 2주 안에 수강신청을 변경할 수 있는 매우 탄력적이고 융통성이 있는 교육을 실시한다.

6개월 이상 연수과정을 수강한 학생들에게는 4년제 학부에 편입할 수 있는 제도가 마련되어 있다. 즉 100에서 402까지의 과정, 즉 100은 중국어를 전혀 모르는 초급자를 말하며 101부터 402까지는 1학년에서 4학년까지의 과정으로 이 안에는 모두 9단계 등급으로 나눈다. 같은 학년이지만 반이 서로 다른 경우에도 학년이 같기 때문에 같은 교재를 사용하여 공부하고, 매 학기가 끝나기 전에 학생이 교사에 대한 평가를 진행한다. 학부 학생은 학점제를 실시하여 일정한 학점을 취득하여야만 졸업이 가능하다.

한어문화학원은 언어능력을 제고시키는 과정인 언어기능과語言技能課, 중국문학과 문화에 관한 지식을 습득할 수 있는 중국문학문화지식과中國文學文化知識課와 언어이론을 접할 수 있는 언어본체이론과語言本體理論課로 크게 나누고, 언어기능과는 다시 또 회화, 읽기와 듣기, 신문읽기 등으로 세분화되어 있다. 언어본체이론과는 현대중국어現代漢語, 고대중국어古代漢語와 언어학 이론과목으로 구성되어 있다. 중국문학문화지식과는 중국현당대문학中國現當代文學, 중국사회풍속 등 세분화된 강의를 받을 수 있다. 뿐만 아니라 다양한 수요에 따라, 특히 중국에 주재하는 주재원과 공무원들을 위해 비즈니스 중국어 과정 또한 개설되어 있으며, HSK반, 중국서예, 회화, 무술 등 선택과목도 다양하다.

베이징사범대는 지리적 환경과 위치가 좋은 편이며, 실용적인 교육을 담당하고 있다.

이상에서 베이징에 소재하고 있는 대학 중 한국인들이 선호하는 대학, 중문과 그리고 외국인들의 중국어 연수를 담당하는 기관을 위주로 살펴보았다. 베이징대 대외한어교육학원은 기타 다른 대학의 중국어 연수 기관과는 차별화되어 있다. 베이징대 대외한어교육학원은 중문과 학부와 같은 위상을 차지하고 있으며 국내외 학생들을 구분하지 않고 모집하여, 함께 교육을 실시한다. 하지만 칭화대의 인문사회과학대人文社會科學學院에 설치되어 있는 대외한어문화교육센터, 베이징어언대학의 중국어 연수를 담당하는 한어진수학원 그리고 베이징사범대학 안에 있는 한어문화학원 등은 중국어 연수를 담당하는 기관으로 그간 중국어 연수 프로그램에 대한 과정을 이수하면 이수 증서만을 수여할 뿐 학위를 수여하지 않는다. 하지만 베이징대 대외한어교육학원에서는 점차 장기 연수과정에 대한 수요가 많아지자 이를 체계화하여 별도로 4년제 학부과정을 신설하고 이 과정을 모두 이수하면 인문학부과정 4년제를 이수한 것과 동등한 자격을 부여한다. 하지만 엄격히 구분하자면 각 대학의 인문사회과학대에 설치되어 있는 중문과 전공과정과는 교육의 심도 면에 있어서 현격한 차이가 있을 수밖에 없다. 왜냐하면 중국 학생들과 함께 경쟁하는 것이 아니라, 각 나라에서 유학 온 소위 중국어와 문화를 배우러 온 유학생들간의 경쟁이기 때문에 차이가 많다고 볼 수 있다. 따라서 이들 졸업장을 인문사회과학대 중문과를 졸업한 학사들의 졸업장과 과연 동등하게 바라볼 수 있는가에 대해서는 우리가 다시 한번 숙고해야 할 문제이다.

(5) 베이징의 대학가

베이징의 대학가는 우다오커우五道口라는 곳에 형성되어 있다. 이곳은 특별히 옷 가게와 조선족들이 경영하는 한국 식당이 많이 있으며, 한국인들이 경영하는 옷 가게, 장식품 가게 등이 밀집된 지역이다. 뿐만 아니라 이 부근에 새로 지은 아파트에는 한국인들이 많이 거주하고 있다. 말하자면 우다오커우는 살짝 LA의 한인타운 같은 분위기가 나는 곳이다 "핑민상창平民商場"이라고 지칭하는 시단에 대해서 중국인들은 "왕푸징은 전국민의 왕푸징이고王府井是全國人的王府井, 시단은 베이징 사람들의 시단이다西單是北京人的西單。"라고 말한다.

이 말은 베이징 사람들이 잘 찾는 쇼핑의 거리가 시단이라는 의미다. 시단은 한 때, 고가의 유명브랜드 제품만을 판매하는 쇼핑가로 변신하고자 했지만 실패하고 다시 일반 소비자들을 대상으로 하는 제품들이 거리를 메우고 있어 베이징 소비자들의 사랑을 받는 곳이다. 시단에는 보통 70년 정도의 역사를 가진 일명 "라오쯔하오老字號"라는 상점들이 국영백화점 형식으로 밀집된 곳이다. 하지만 90년에 들어서면서 중국 경제 발전에 힘입어 이곳에 현대식 백화점들이 들어오면서부터 국영백화점들의 타격이 날로 심해졌다. 국영백화점들이 경영난에 허덕이자, 주식제를 도입하고 대대적인 자본을 투입하여 전통적인 제품들을 진열한 백화점을 현대적인 상품으로 교체하면서 상권이 활기를 띠기 시작하였다.

90년대 초부터 두 차례에 걸친 대대적 정비 작업을 통해 2003년 다시 오픈한 이곳은 최신 유행하는 제품들이 즐비하다. 세계적인 유명브랜드의 의류, 가방, 신발, 화장품, 보석 가게가 들어서 시단은 쇼핑천국으로 변모했다. 시단은 비록 번화하고 베이징의 유행을 선도하기 때문에 대학생들도 선호하는 거리지만 우다오커우와 다소 다른 점이 있다면 우다오커우가 훨씬 더 젊은 대학생로 북적이는 거리라는 점이다. 아울러 우다오커우에는 한국인이 경영하는 가게가 많아서 한국어가 통한다는 점이다. 가끔 한국이 그리울 때 이곳을 찾으면 고향에 대한 향수와 외로움을 달랠 수 있다.

5) 중국 유학 준비

중국으로 유학은 어떻게 가야 할까? 중국으로 유학을 가겠다는 결심이 섰다면 먼저 갖추어야 할 조건이 있다. 미국으로 유학을 가려면 토플점수 혹은 GRE 점수가 일정 수준 도달해야 하는 것처럼 HSK 중국한어수평고사漢語水平考試 점수가 있어야 한다. HSK는 제1언어가 중국어가 아닌 사람의 중국어 능력을 평가하기 위해 중국 정부에서 만든 중국어 시험이다. HSK는 기초(1급~3급), 초중등(3급~6급), 고등(9급~11급) 3종류로 구분된다. 초중등HSK는 영어의 TOEFL, 고등HSK는 영어의 GRE에 해당하는 시험이다. 중국 대학 학부과정 혹은 석박사 과정으로 유학을 가려면 적어도 HSK 6급 이상은 있어야 한다. 즉 6급에서 11급까지의 시험합격증서를 가지고 있다면 중국대학으로의 유학은 일단 문제 없는 셈이다. HSK 시험은 매년 6번 정도 있고, 서울을 포함한 여러 도시에서 진행되고 있다. HSK에 관련된 자세한 사항, 즉 시험 일정, 접수, 응시 등에 대한 정보를 좀 더 자세히 알고 싶다면 사이트(http://www.hsk.or.kr)에서 필요한 정보를 얻을 수 있다.

자비 유학과 국비유학

유학은 크게 자비유학과 국비 유학 두 종류가 있다. 물론 자비로 가는 문이 넓어 대부분 자비유학을 선택하지만, 국비로 가는 경우도 있다. 자비로 갈 경우는 본인이 가고 싶은 대학의 사이트에서 신입생 모집, 특히 외국학생 모집란을 유심히 살펴 온라인으로 신청하는 경우가 많다. 이 경우 보통 준비해야 할 기본적인 서류는 졸업 및 성적 증명서 영문본과 HSK 6급 이상의 증서, 중문본 교수 추천서, 자기소개서와 연구계획서 등이다. 이때 지원하는 과정이 석사 혹은 박사과정인 경우 지도교수 선택에 비중을 두어야 한다. 중국에서 석사, 박사 학위과정을 이수할 경우 우리처럼 먼저 과정을 이수하고 지도교수를 정하는 것과는 달리, 자신의 전공 분야와 그에 따른 지도교수를 먼저 선택해야 한다. 아울러 지도교수를 선정할 때는 신중을 기해야 한다. 일례로 본인의 전공은 어학 중 중국어 어법인데, 어학 교수 중 방언을 하시는 분을 선택하여 정작 지도를 받지 못해 박사코스를 7년을 하신 분을 본 적이 있다. 따라서 단지 보여지는 정보에 의존하는 것보다 그곳에서 유학하는 선후배, 혹은 유학생들이나 학교측에 충분히 문의를 한 다음 정하는 것이 좋다.

서류를 제출하고 나면 서류 상으로 문제가 없을 경우 지원자에게 필기시험과 면접시험 날짜를 통보해 준다. 필기시험도 사전에 정보를 입수한 다음 응하는 것이 좋다. 필기시험과 면접시험을 치른 후 입학여부를 기다리면 된다.

국비장학생으로 유학을 가고 싶을 경우 한국정부 국비유학생 선발관련 정보를 인터넷(http://yuhak.ied.go.kr 국제교육진흥원)을 검색하면 관련 정보를 얻을 수 있다. 한국정부 국비유학생 선발 대상은 대학원(석사 또는 박사)과정으로 매년 선발하는 인원 수는 다르지만 선발인원이 평균 2~3명 정도 된다. 지원 자격은 4년제 대학 졸업자 중 대학 전학년 평균성적이 80점 이상인 자로 대학총장의 추천을 받아야 한다. 아울러 남자는 군복무를 필한 자이거나 혹은 면제자이어야 한다. 한국 교육과학기술부 소속기관인 국제교육진흥원에 지원서를 제출한 후 한국교육과정평가원에서 주관하는 시험에 통과하고 최종선발 되면 주중한국대사관에 합격자 명단을 통보한다.

중국정부 국비장학생도 있다. 이 장학생은 한 · 중 양국 교육부간에 체결한 '한 · 중 교육교류협정'에 따라, 중국 정부가 초청하는 국비장학생 선발 프로그램이다. 대상자 또한 석사, 박사과정으로 제한되어 있고, 지원할 때 학부 전공과 동일하거나 유사한 전공으로 지원해야 된다는 제한이 있다. 매년 선발 인원은 10명에서 15명 정도이다. 중국정부 국비장학생 지원자 중 박사 학위에 지원할 경우 연령제한이 있다.

한국 교육과학기술부 소속기관인 국제교육진흥원에서 지원서를 받아 접수 한 후 시험을 거쳐 1차에 통과되면 주한 중국대사관의 추천을 받아 중국 국가 유학기금관리위원회에서 최종 선발을 한다. 이에 대한 자세한 정보도 마찬가지로 국제교육진흥원 사이트에서 얻을 수 있다. 중국 정부는 중국의 각 대학 중 외국인이 유학할 수 있는 대학을 매년 지정하여 발표하고 있다. 현재 중국 정부가 지정 발표한 중국 대학이 400개를 훨씬 넘고 있다.

본인이 지원한 대학에서 입학허가서를 받은 후에는 본격적으로 유학 준비를 해야 한다. 물론 출국을 위한 비자수속 등 여러 가지의 준비가 따르겠지만, 가장 중요한 것은 단연 중국어 공부일 것이다.

대부분 학생들은 입학허가서를 받고 난 후, 이제 중국으로 유학을 가는데 그곳에 가서 학위 공부를 하면서 중국어 공부를 하자라고 생각하겠지만 그렇다면 오산이다. 유학생활이 시작되면 수업, 기숙사 생활, 공부 등으로 이어지기 때문에 중국 친구들과의 접촉은 물론 여유를 가지고 중국어를 배울 수 있는 시간이 없다. 따라서 중국어 공부를 하려는 한국 학생들이 학위과정과는 달리 현지에서 중국 친구에게 따로 과외비를 지출해가며 배우고 있다. 하지만 이것도 여의치 않다. 학과공부에 시달리다 보면 따로 시간 내어 중국어 공부를 하는 것도 부담스럽다. 이런 저런 이유로 중국이 공부를 소홀이 하다 보면 유학을 장기간 하고 왔지만 중국어 실력이 형편이 없는 사람들도 있다.

그렇다면 어떻게 중국어 공부를 할 수 있는가? 물론 중국친구들과 만나 이야기를 하거나 혹은 개인레슨을 받는 방법도 있겠지만 학원을 찾는 방법도 있을 것이다. 일반적으로 HSK나 중국어 공부를 체계적으로 접근할 수 있는 학원이면 모두 괜찮다. 일례로 중국 교육부는 향후 중국의 발전에 따라 세계에 중국 언어, 문화에 대한 이해를 증진시키려는 목적에서 중국어 학습이 비교적 활발한 국가에 중국어 교육을 목적으로 하는 공자아카데미Confucius Institute를 설립하고 있다. 2004년 11월 21일 세계 최초로 중국은 한국에 공자아카데미(한국본부)를 설립하였다. 공자아카데미는 중국 정부가 교육 컨텐츠 및 각종 지원을 하고, 한국인의 학습자 실정에 맞는 중국어 교육 사업을 단계적을 추진하고 있다.

중국어뿐만 아니라, 본인이 앞으로 유학을 가서 전공을 해야 할 분야의 한국어 책과 자료를 구해 미리 공부해 볼 수도 있다. 요즘은 이전과는 달리 다양한 전공으로 유학을 가는 경우가 많다. 예전에는 중국문학, 중국어학 전공으로 유학을 가는 경우가 많았지만, 지금은 법학, 정치학, 경영학, 경제학 등 다양하다. 한국어 서적을 이용하여 전공에 관한 배경지식을 쌓아 둔다면, 현지에 가서 중국어가 잘 들리지 않을지라도 공부하기가 수월할 것이다. 중국 속담에 "여우즈저스징청有志者事竟成 의지만 있으면 원하는 일을 이룰 수 있다", "스상우난스世上無難事, 즈파여우신런只怕有心人 세상에서 아무리 어려운 일이라도 하겠다는 의지만 있다면 못 이룰 일이 없다."는 이야기가 있다. 모든 것은 자신의 의지와 어려운 난관을 헤쳐나가고자 하는 마음이 그 해답일 것이다.

베이징 이야기

초판인쇄 2008년 7월 18일

초판발행 2008년 7월 30일

지 은 이 김진아 · 김윤진

펴 낸 이 박 철

펴 낸 곳 한국외국어대학교 출판부

130-791 서울특별시 동대문구 이문동 270

전화 02)2173-2495~6

팩스 02)2173-3363

홈페이지 http://press.hufs.ac.kr

전자우편 press@hufs.ac.kr

출판등록 제6-6호(1969. 4. 30)

편집 · 디자인 (주)이환D&B 02)2254-4301

인쇄 · 제본 삼진피앤씨(주) 02)2271-0860

ISBN 978-89-7464-503-8 03010 **정가** 14,000원

※잘못된 책은 교환하여 드립니다.